福祉社会学会

福祉社会学研究 21

Journal of Welfare Sociology 2024

福祉社会学研究

21

学文社

目　次

4

┃書　評┃

｜特集論文Ⅰ｜

福祉社会学の課題と展望――学会設立 20 年に寄せて

| 特集論文Ⅰ |

特集 福祉社会学の課題と展望
——学会設立 20 年に寄せて

平野　寛弥

　本特集は，福祉社会学会第 21 回大会における 20 周年記念シンポジウムでの報告内容をあらためて論じることを目的に企画されたものである．以下では，本特集に収められた各論文を読み進めるうえでの導線を提供するべく，本シンポジウムの趣旨と背景について説明するとともに，各論文の概要およびそこから得られる示唆について述べることにしたい．

　21 世紀もすでに 20 年あまりが経過し，社会にも政策にも大きな変化が生じている．このような変化をどのように受け止めて，分析や解釈を加えてフィードバックしていくのかが社会科学に携わる研究者や学会には求められているところである．そしてなによりも 2023 年は，福祉社会学会設立 20 年目の節目に当たる．そこで研究委員会では，この節目の年にこれまでの福祉社会学研究の歩みを振り返るとともに近年の社会や政策の動向をふまえ，今後の研究の方向性を見据える機会を設けることにした．具体的には，以前から本学会でも強い関心が寄せられてきた家族，ケア，地域という 3 つの研究領域に焦点を定め，当該領域で活躍する 3 名の会員に各研究領域の近年の動向や今後の研究に向けた示唆について報告してもらったうえで，それをもとにコメンテーターを交えて議論する形をとることにした．いずれもご多忙ななかでご登壇くださったシンポジストの稲葉昭英会員（慶應義塾大学），森川美絵会員（津田塾大学），高野和良会員（九州大学），またコメンテーターの天田城介会員（中央大学），三井さよ会員（法政大学）には，この場を借りて感謝申し上げたい．

　当日のシンポジウムは，三年ぶりの対面開催ということにも後押しされて多くの参加者が詰めかけるなかで開催され，それぞれの報告に多くの質問が寄せ

ひらの ひろや｜上智大学総合人間科学部・准教授｜h_hirano@sophia.ac.jp

られるなど，実り多いものとなったが，時間の制約により十分に議論できないままとなった論点も残された．本特集に収録された 3 本の論文では，当日の報告で十分に触れられなかった点も含め，シンポジストそれぞれの議論がより詳細に展開されている．それらを読み進めながら，福祉社会学研究の現状と今後の発展可能性について思考を深める機会にしていただければ幸いである．

　では簡単に各論文の概要を紹介しておこう．稲葉論文では，2000 年以降に進展した計量家族研究の成果を紹介しつつ，近年の家族の変化の様相について触れたのち，それらをふまえたうえでの福祉社会学研究の課題が論じられている．まず，社会階層によって生じる家族行動の違いが子どものライフコースに影響を与え，その結果として社会階層の世代間再生産が引き起こされるという，社会階層と子どものライフコースの格差の連関が解明されてきたことが近年の計量家族研究の成果であるという．あわせて，同棲の増加と同性婚の増加に起因するアメリカの「結婚の脱制度化」に関する議論を紹介するとともに，日本における結婚の脱制度化の状況についても言及し，伝統的な家族観にとらわれないが伝統的家族を実現できる大卒層と，伝統的家族観を支持しながらもその実現が困難なために結果として家族の多様化が生じる非大卒層とで，階層間格差があることを指摘している．そして上記の階層間格差は，近年の男女共同参画やワークライフバランスの進展で促進されてすらいる状況をふまえると，こうした政策の意図せざる結果が生み出される連関を解明することにこそ福祉社会学の可能性と存在意義があるのではないかというのが，本論文の結論であった．

　続く森川論文は，福祉社会学におけるケア研究の課題として，ケアの実践と政策それぞれの分析や理論化を架橋することの重要性を指摘するとともに，社会変動を考慮に入れて今後のケアのあり方を問うことの重要性を主張している．まず，福祉社会学の対象としてのケアの位置づけを紐解くなかで，福祉社会学におけるケア研究が臨床での相互行為としてのケアに限定されるものではなく，集団や組織におけるケアの提供や管理のあり方，社会的行為としてのケアの社会問題化や運動とそれらを受けて展開されるケアの政策化や資源配分の計画化，さらにケアの分配の基盤としての法制度までを含むものであるということが述べられている．そのうえで，ケアの実践や経験の現象学的理論化を目指す臨床

研究と，ケアの制度や政策の検証・構想を担う政策研究は，それぞれの知見を活かし合えていないと指摘している．他方で，社会変動を考慮に入れた今後のケアのあり方を問う題材としてケアを取り巻くテクノロジーの進化とそれに基づく「科学的介護」政策がもたらすリスクが取り上げられている．蓄積されたデータに基づく科学的介護の外部に位置づけられた利用者の意向や価値観をふまえた判断や専門技能の活用が，非科学的なケア実践として周辺化されてしまう可能性があるという危惧を示したうえで，それを乗り越えるべく，「科学的根拠に基づくケア」の多次元化の可能性の探求が提案されている．

　最後の高野論文は，現在の過疎農村地域において，生活が地域の内部で完結せず，地域の内部と外部との間で日常的に移動を繰り返す住民が増加しつつある状況に目を向け，現代の過疎農村地域の生活構造の実態を明らかにしようとしたものである．具体的には，過疎農村地域の近隣都市に居住し，日常的に広域移動を繰り返す生活を送りながら，親に社会的支援を提供している「近距離他出子」に着目することで，彼らを含む多様な生活主体の存在に留意しつつ，そこに関係する人びとの社会移動の状況までを視野に入れた「過疎内包型地域圏」として生活圏域を捉え直し，過疎地域の地域構造や生活構造を把握しようとしている．そうした関心の下，山口県萩市の田万川地区を対象に行われた調査の分析結果からは，県境を超えた隣接市との間で日常的な移動が行われ，生活圏が形成されていることや，他出子とはいえ依然として子どもが過疎高齢者となった親にとって頼りにされる存在であることがうかがわれる．もはや農村の生活は農村内部で完結せず，成員の範囲や外部との境界が変化しつつある一方で，空間的には離れて暮らしていてもなお家族は生活支援の担い手として強く期待されているということだろう．同時に，この事実をふまえた対応が必要である，との含意も読み取れる．

　以上の論文はいずれも多くの示唆を含んでいるが，筆者からは 2 点指摘しておきたい．ひとつは日本社会の各所で生じている脱制度化の進行である．稲葉論文では結婚の脱制度化が取り上げられ，社会規範の弛緩が同棲の増加や離婚の増加といった家族行動の多様化を引き起こし，結婚の象徴的な意味の変容をもたらしているとの指摘があった．同様に，高野論文が扱った過疎農村における「家族」や「地域」においてもまた，三世代同居や地域内部での生活の完

結といった伝統的なパタンからの移行が進んでいるように，脱制度化といえる変化が生じている．さらに注目したいのは，どちらの脱制度化も意識に先行して現実の変化が生じる形で進行している点である．稲葉論文での指摘にあるように，結婚の脱制度化については，非大卒層で顕著にみられるという階層差が存在し，脱制度化を望まない層において社会経済的事情により脱制度化が進行しているわけであるが，同様の状況は過疎農村地域における家族にも見出しうる．必ずしも離れて暮らすことを望んでいるわけではない家族が，生活を維持するために子どもは近隣都市に暮らし，日常的に親の支援に通う形をとることを余儀なくされていたり，過疎化によりその内部で生活を完結せしめることができなくなった地域が，買い物や出勤を目的とした近隣都市への日常的な移動行動により圏域を拡げることで維持されていたりする状況は，望まざるところで生活上の事情により脱制度化が先行して生じている例そのものであろう．近年は意識の多様化にあわせて従来の政策や制度を変革することの必要性がしばしば指摘されるが，望まない形で生じている社会変動に翻弄されている人びとに目を向け，その実態を分析し明らかにしたうえで適切な政策的対応のあり方を検討することもまた福祉社会学研究の課題であるといえる．

　もうひとつは，テクノロジーの発達が人びとの生活やそれを支える政策や実践にもたらす影響を検討することの重要性である．森川論文では，エビデンスとなるデータに基づいた「科学的介護」が推進されていくことで，利用者の個別のニーズや希望をふまえたケア実践から見出されてきたケアの合理性が「非科学的」なものであることを理由として周辺化してしまうリスクについて指摘している．科学的な最適解が追求されるなかで，これまでケア実践の場で尊重されてきた利用者の意向や価値観が軽視されてしまいかねないというのは当然の懸念であろう．他方で，これまで検討されてこなかった類のサービスの利用が新たな選択肢のひとつとして提案されたり，利用者が気づいていないニーズについて，本人が認識できるように促すといった，利用者の認識や抱えている問題解決の改善に寄与する可能性もある．また個人情報の集積データの活用については，「セルフトラッキング（自己追跡）」（堀内 2022）のように個人の自律を促進する技術としての可能性を見出す動きもある．したがって近年注目を集めている関係的自律の観点から，ケア実践への科学的介護の望ましい活用法

を検討することも必要なのではないだろうか．こうしたデータサイエンスの知見をはじめとするテクノロジーの発展が個人の生活やウェルビーイング，および社会にもたらす影響の解明は，福祉社会学において今後取り組まれるべき課題であろう．

文　献

堀内進之介，2022，『データ管理は私たちを幸福にするか？——自己追跡の倫理学』光文社．

| 特集論文 I |

男女共同参画の進展と
子どものライフコースの不平等
——計量家族研究からみた福祉社会学研究の課題

稲葉　昭英

　社会政策が家族主義的であるか否かにかかわらず，ほとんどすべての社会で家族は人びとの生活を保障する，人びとにとってもっとも身近で重要な共同体であり続けている．近年の家族研究によって明らかにされてきた家族の変化はどのような新たな研究課題を福祉社会学に突き付けているのだろうか．2000年以降の家族研究は社会階層による子どものライフコース格差を明らかにし，そうした格差がひとり親，貧困・低所得といった要因によって生じることを明らかにしてきた．しかし，ここにきて日本では出産退職の減少に伴う大卒共働きカップルが増加しており，豊かな層がより豊かになる形で格差が拡大し始めている．こうした新たな格差は男女共同参画やワークバランス推進の意図せざる結果として促進された側面がある．社会政策の意図せざる結果に注目し，その分析を行っていくことに福祉社会学研究の課題と存在意義があると本研究は考える．

　キーワード：家族変動，社会階層，格差，子どものライフコース，意図せざる結果

1　はじめに

　家族研究は 2000 年以前と以降で大きく方法論を異にする．両者を画するものは，後者における公共利用データの利用である．1999 年 1 月に実施された日本家族社会学会による「第 1 回全国家族調査」(NFRJ98：National Family Research of Japan 1998)，2000 年に大阪商業大学によって実施された「日本版総合的社会調査」(JGSS2000：Japan General Social Survey 2000) はいずれも研究者への公開を目的としたわが国初の公共利用データであった．これらの

いなば あきひで｜慶應義塾大学文学部・教授｜akihide.inaba@keio.jp

データの出現によって，研究者は代表性のある大規模かつ良質なデータを利用・分析することが可能になった．この後，わが国でもっとも歴史のある学術社会調査である「社会階層と社会移動全国調査」(SSM：Social Stratification and Mobility Survey) や内閣府の実施した各種の世論調査データも公開されるようになり，2000 年以降には研究者が利用可能なデータが多数出現することになった．公共利用データの出現はデータを収集するさまざまなコストから研究者を大きく開放し，短時間での分析を可能にしたために，これらを利用した研究は飛躍的に増加することになった．この結果として，家族を扱う研究はいわゆる家族研究者を超えて広く経済学者や教育社会学者によってもなされるようになった（以下，これらを計量家族研究とよぶ）．

　本稿では主としてこうした近年の計量家族研究の成果に注目しながら，家族の変化とそこから提起される福祉社会学研究の課題について論じていきたい．

2　社会階層と子どものライフコースの格差

2.1　Diverging Destinies

　2000 年以降の計量家族研究に決定的な影響を与えた研究のひとつが 2004 年に発表された Sara McLanahan による論文 "Diverging Destinies" (McLanahan 2004) である．Diverging destinies とは（子どもの）「分岐する運命」を意味するが，これは社会階層によって第二の人口転換[1] といわれる家族行動の多様化の様相が異なり，そのことが子どものライフコースの大きな格差を引き起こすという指摘である．高学歴の親は高学歴のパートナーを有し，共働き・晩婚といった家族行動をとることが多い．彼女ら／彼らの結婚は経済的に安定しているために相対的に安定し，その子どもは経済的に豊かで良好な家庭環境のなかで育っていくことになる．一方で非高学歴層の親は非高学歴のパートナーをもつことが多く，経済的な不安定性ゆえに婚外出生や離婚の発生確率が高く，ひとり親世帯が形成されやすい．子どもは不安定な両親の関係を経験すると同時に経済的に豊かでない家庭環境のなかで育っていく．こうして高学歴層・非高学歴層間の子どもの教育達成やそれに引き続く職業達成に大きな差異が生じ，それがライフコース上のさまざまな格差に結びつくことになる．これらの

議論は，社会階層の再生産および格差の拡大が家族行動を媒介として生じることを指摘した点で，家族研究者のみならず社会階層研究者にも大きな関心を呼ぶこととなった．

　McLanahan の議論を受けて Raymo and Iwasawa（2017）は国立社会保障・人口問題研究所による出生動向基本調査のデータの経年比較から日本における Diverging Destinies の状況を検討した．結論は Diverging Destinies 命題があてはまる部分とそうでない部分がある，というものであった．彼らは母親の学歴を中学校，高校，専門学校，短大，4 年制大学の 5 つに区分し，さまざまな家族行動の学歴階層間の差異とその経時的な変動を検討した．この結果，婚前出生（結婚の 1 か月以上前の出生）および離婚は中卒層に，妊娠従属婚は専門学校卒以下で増加傾向がみられるが，同棲や婚外出生は学歴階層にかかわらず概して低いこと，出産後の継続就労は学歴階層にかかわらず増加傾向にあるが四年生大学卒と専門学校卒にこの傾向が著しいことなどが指摘されている．総じて非高学歴層の家族に不安定な傾向がみられ，また高学歴層で出産退職を伴わない形での共働きの増加などの傾向がみられるが，アメリカに比較すると変化は二極化とよぶほど極端なものではないようだ．

　出生動向基本調査は子どもの教育達成などの情報は得られないが，出身階層による子どものライフコース上の不利を扱う日本の研究は近年増加している．それらを列挙するならば，15 歳時点で父不在世帯（ほぼ母子世帯と考えられる）に居住していた子どもたちの大学進学率が低いこと，この傾向が女子に顕著であることを SSM2005 データから指摘した稲葉（2011a）およびこの傾向を SSM2015 データで追試した斎藤裕哉（2018），同データから教育達成のみならず職業達成にも不利が示されることを示した斉藤知洋（2018），JGSS 累積データを用いて母子世帯のみならず父子世帯出身者の教育達成上の不利を明らかにした余田（2012），内閣府「親と子の生活意識に関する調査」（2011 年）を用いて中学 3 年生の教育アスピレーション（大学進学希望）について母子・父子世帯出身者の低さとその生成メカニズムについて検討した余田（2014），同データによってひとり親世帯の中学生の学業成績は二人親世帯の子に比して顕著に悪いこと，母子世帯の子の成績の不利は経済的問題によって説明されるが父子世帯の子には必ずしもあてはまらないことを明らかにした稲葉（2012），同データ

から貧困世帯の中学生のメンタルヘルスが女子にのみ顕著に悪く，このことは
親との関係の悪さや経済的な問題が説明することを示した稲葉（2021），PISA
2000 データを用いて 15–16 歳の子の読解力について分析し，ひとり親世帯の
子に学力の低さがみられ，とくに母不在世帯でこの傾向が顕著であることを指
摘した白川（2010）などがあげられる．

　なお，これらの研究では 15 歳時点の母子世帯（父不在世帯）居住と貧困・
低所得が互換的に用いられていることも多いが，文部科学省による 2013 年度
「全国学力・学習状況調査」の個票データを用いて小学校 6 年生と中学 3 年生
の国語・算数の正答数についての分析を行った卯月・末冨（2015）では，性別
や親の学歴を統制しても相対的貧困・ひとり親それぞれに有意な負の効果が示
されており，貧困・低所得とひとり親はそれぞれが独自の効果を有するようだ．
こうした不利が生じるメカニズムが完全に解明されているわけではないが，日
本でも貧困・低所得世帯やひとり親世帯で育つ子どもには学歴達成上の不利が
存在することはほぼロバストな知見であり（中澤・余田 2014），McLanahan
の主張と整合的といえる．なお，こうした研究はともすればひとり親の不利を
ラベリングするという批判もありうるが，これについてはひとり親に問題があ
ると考えるのではなく，ひとり親が不利になる社会の構造が存在すること，そ
うした構造を改変することで不利を解消していくという社会モデルの観点から
その意義を認めるべきであろう．

2.2　Parenting への注目

　McLanahan 以上に社会階層の世代的再生産のメカニズムに注目し，子ども
への関わり（parenting）の差異からそれを明らかにしようとしたのが Annette
Lareau である．Lareau（2003）は文化資本を媒介とした社会階層の再生産と
いう Pierre Bourdieu の理論に大いに準拠しながら子育て中の家族に対する長
期間の参与観察とインタビュー調査を行い，中間階級（大卒ホワイトカラー層）
の子育てがリーダーシップや大人とのコミュニケーションスキルを醸成するこ
とを目的とした意図的育成（concerted cultivation）という形をとるのに対して，
労働者階級（非大卒ブルーカラー層）および貧困層では子どもの好きなようにさ
せる自然的放任（accomplishment of natural growth）という形がとられること

を指摘した．この研究には家族の変化という視点は大きくはないが，子どもへのかかわりという家族行動の差異が子どものライフコースに与える影響とその結果としての社会階層の世代的再生産に注目した点で大きな関心を集め，日本の研究者にも大きな影響を与えた．

こうしたなかで本田（2008）は内閣府による「青少年の社会的自立に関する意識調査」（2005 年）の個票データを用いて社会階層による子どもへのかかわりの差異について分析し，親が大卒の場合には子どもへのかかわりを「きっちり」と，つまり勉強や生活習慣の習得への関与が強いことを明らかにしている（ただし，このデータは母親に回顧法で回答してもらっているという限界がある）．

松岡（2019）は大規模パネルデータである 21 世紀出生児縦断調査のデータを用いて小学校 3 年生から中学 1 年生までの期間について，親の学歴と塾，習いごと（スポーツ，芸術，音楽，英語，そろばんなど），メディア視聴（テレビ，およびゲーム），文化施設（美術館，音楽会，動植物園など）の利用の関連について検討した．この結果，小学校 3 年生時点では両親大卒の子に塾，習いごと，文化施設の利用がもっとも多く，メディア（テレビ，ゲーム）視聴が少ないこと，こうしたパターンは高学年でも示されること，ただしどの階層でも習いごとや文化施設の利用が学年を経るごとに漸減し，塾の利用が高まっていくこと，この傾向は両親大卒層で顕著であることが明らかにされた．アメリカに比較すると日本は階層による家族の不安定性の差異はそれほど大きいわけではないようだが，子どもへの接し方の差異に関しては同様のパターンがみられるといってよいだろう．

3　結婚の脱制度化

3.1　Cherlin による議論

McLanahan や Lareau と並んで現在の計量家族研究に大きな影響を与えたのが Anderew J. Cherlin による「結婚の脱制度化」に関する論稿である．脱制度化とは「人びとの行動を定義づける社会規範が弛緩すること」とされる（Cherlin 2004）．Cherlin はアメリカにおいて結婚の脱制度化をもたらした最大の要因は同棲の増加と同性婚の増加であるとする．同棲はもともとは低所得

層でのみみられた現象であり，短期間のうちに解消されるか結婚に移行するかする一時的な現象と考えられていた．しかし，離婚および再婚の増加に伴い，同棲が全階層に拡がっていき，低所得層では同棲の長期化がみられるようになっていく．同様に同性婚の法制化はアメリカにおいて 2000 年以降急速に進展し，現在ではすべての州で同性婚が認められるようになった．このように結婚の脱制度化は進展したが，このことによって結婚は象徴的な意味を大きく有するものとなった．

　Cherlin は 2020 年にあらためて結婚の脱制度化に関する諸命題の検討を行い，社会階層による脱制度化の状況を整理した（Cherlin 2020）．これらの議論は稲葉（2023a）に詳しいが，要約するならば脱制度化の進行は貧困・低所得層において大きく，中高所得層では小さい．彼によれば，同棲は全階層に普及したが，貧困・低所得層では子どもの出生後も同棲から結婚への移行が起こりにくく，このためパートナー間の関係は不安定化しやすい．一般に同棲は結婚に比して解消されやすい側面があるために貧困・低所得層ではパートナー関係が解消されひとり親世帯へと移行することも多い．貧困・低所得層において同棲が長期化するのは離婚のリスクが高いためであり，結婚は男性の雇用の安定やパートナー関係が安定する 40 代前後に成立する傾向がみられ，結婚は家族生活のスタートを意味するのではなく「到達点」になったという．このため結婚することの象徴的な意味はむしろ増しており，ある種の業績の指標として尊敬の対象になっているという．一方，中高所得層の同棲は子どもの出生に伴って結婚へと移行し，結婚は子育てを進めるエンジンになっているという．

　彼の指摘で重要な点は，家族の変化は貧困・低所得層で大きいこと，またそうした家族のあり方は必ずしも家族に関する考え方や意識と整合的とはいえないことを指摘した点である．貧困・低所得層の女性たちは安定した家族や結婚にあこがれをもち，出産および子育てに高い価値を置いている．そうした価値を置いているからこそ，パートナーが安定的な雇用につき，浮気をしないことがほぼ確実になるまで結婚を控えるのである．

　この議論とは独立に，日本では初婚を継続させている世帯（初婚継続世帯）では家族や夫婦関係の変化が小さいこと，初婚が継続していない世帯（非初婚継続世帯：ひとり親世帯，再婚世帯，未婚長期親元同居世帯など）の増加が家族の

大きな変動を伴うものであることが指摘されてきた（稲葉 2011b）．Cherlin の議論と対応させるならば，中高所得層では従来型の初婚継続世帯が形成されるのに対して貧困・低所得層では従来との差異が大きな非初婚継続世帯が形成されることが多いと整理することができるだろう．

3.2　日本における状況

　結婚の脱制度化について，稲葉（2023a）は日本の全国確率標本データである全国家族調査データ（NFRJ98，NFRJ08，NFRJ18）を用いて 20 年間の変化を検討した[2]．対象者の年齢を 28-72 歳に統一し，性別・学歴別（非大卒／大卒）・年齢別に家族についての意見・態度，婚姻上の地位などを比較したところ，非婚の許容度である「夫婦はお互いの同意があれば入籍しなくても構わない」，離婚の許容度である「結婚しても相手に満足できない時は離婚すればよい」という意見への支持度は男女ともに非大卒層で低く，近年ほど大卒層との差異が大きくなっていた．

　一方，婚姻上の地位に関して 40-49 歳の男女それぞれについて検討した結果，男女ともに近年ほど初婚継続者が減少しており，この傾向は非大卒で顕著であ

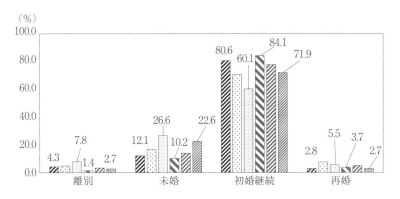

図 1　NFRJ データによる調査時点別・学歴別婚姻上の地位
（40-49 歳男性）

出典：稲葉（2023a）

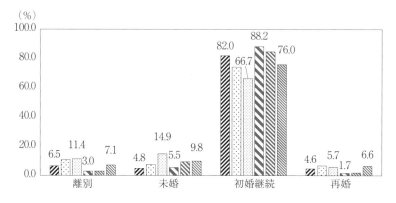

図2　NFRJ データによる調査時点別・学歴別婚姻上の地位
（40-49 歳女性）

出典：稲葉（2023a）

った（図1，図2）．かわって男女ともに離別・未婚は近年ほど非大卒層で増加
しており，結果として非大卒層の女性にひとり親世帯比率が高まっていた．他
方，いわゆる未婚の父・母に相当する婚外出生は3時点を通じてほとんどみ
られなかった．このように，日本では(1)伝統的・保守的な家族観は非大卒層に
支持されているが，(2)そうした家族の実現度は非大卒層で低く，大卒層で高い．
同棲に関しては NFRJ で把握することができないが，(3)出産後も非婚のまま同
棲を続けるような婚外出生のパターンはほとんどみられず，妊娠・出産後は結
婚する，もしくは妊娠中絶が選択されていることが推察される．アメリカとの
大きな違いは(3)の婚外出生の少なさであり，このことが結果として貧困・低所
得の世代的再生産を抑止している側面がある．すなわち，結婚が難しい場合に
は出産が控えられているということでもあり，このことがひとり親世帯の発生
率を抑止することで貧困・低所得の世代的再生産を弱めている側面があるとい
える．
　このように，大卒層では非伝統的な家族観が許容されているが，伝統的な家
族のあり方ともいえる初婚継続家族が実現されているのに対して，非大卒層で

は自分たちが支持している家族観を実現できる確率が低い．そうした意味では非大卒層にみられる家族の多様化は意図せざる結果として生じている側面が強く，意識に先行して現実の変化が社会の非上層から生じているという点ではアメリカと同様の傾向を看取できる．この点では意識の変化から家族の変化をとらえようとする方法には限界があるともいえる．

4　男女共同参画と家族間格差

4.1　出産退職の減少

　2000 年以降の日本社会の変化のひとつに，社会全体での男女共同参画の進展を挙げることができる．2015 年に成立・施行された女性活躍推進法（女性の職業生活における活躍の推進に関する法律）は事業主に対して管理職に占める女性比率の向上などの目標実現に向けた行動計画の策定を求めた．こうしたこともあって，徐々にではあるが管理職に占める女性比率が上昇しつつある．これらはそれ以前から取り組まれていたワークライフバランス推進の結果でもあるだろう．政府によって 2007 年に「仕事と生活の調和憲章」が策定されて以降，厚生労働省を中心にワークライフバランスの推進にはさまざまな取り組みがなされてきた．こうしたこともあって女性の出産退職は徐々に減少していき，特に大卒（短大・高専・4 年制）女子に顕著な減少傾向がみられるようになる．2022 年から 23 年にかけて内閣府男女共同参画局が実施した「新しいライフスタイル，新しい働き方を踏まえた男女共同参画推進に関する調査」（以下内閣府 2022 調査と略）では 2 歳以下の子どもをもつ大卒有配偶女性の 4 割が正規雇用で就労中であった（稲葉 2023c）．なお非大卒でもこの数値は 3 割近くと高い．かつては就労中（正規・自営業を含む）の女性の出産後の継続就労率は 4 割程度であったが，2021 年に実施された第 16 回出生動向基本調査の結果でも，2015–18 年の期間中に第一子の出生を経験した女性の就業継続率は 69.5％とそれ以前と比較して大きく上昇している（国立社会保障・人口問題研究所 2022）．就労との両立にもっとも困難が予測される末子 2 歳以下での就労率が高いことは，こうした変化はコーホートの特性によって生じていることを示唆している．こうした変化のどこまでが政策の結果として生じたものなのかは

議論の余地があるが，乳幼児を抱えた女性が就労を継続しやすい環境はかつてよりは整ってきていることは確かだろう．それでは，こうした変化は子どものライフコースの格差にたいしてどのような含意をもつのだろうか．

4.2　所得格差の拡大

　結婚の多くは学歴同類婚もしくは女性にとっての学歴上昇婚でなされることが明らかにされている（打越 2016）．大卒女子の配偶者が大卒以上の学歴を持つのであれば，女性の出産退職の減少は大卒者二人分の所得を稼ぐ高所得の共働きカップルが成立することを意味する．尾嶋（2011）は SSM2005 データを用いてこうした正規職共働きの増加による所得格差の増大を指摘している．尾嶋は夫に近い所得，夫以上の所得を稼ぐ妻が次第に増加していることを指摘し，夫の所得の上昇と妻の就業率が逆比例するといういわゆるダグラス＝有沢法則が SSM2005 データでは観察されないこと，妻所得が世帯所得の不平等を生み

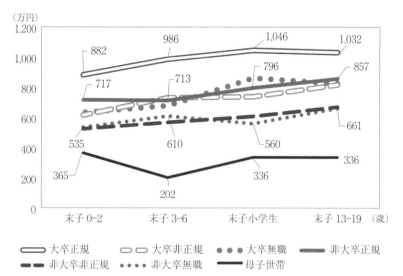

図3　ライフステージ別にみた妻学歴別・妻就業形態別および母子世帯の世帯
　　　年収の平均値（単位：万円）

（内閣府「令和4年度　新しいライフスタイル，新しい働き方を踏まえた男女共同参画推進に関する調査」）
出典：稲葉［2023c］を加筆修正

出す傾向を指摘した．近年の状況について，既述の内閣府 2022 調査のデータを用いて末子年齢段階別に有配偶女性の学歴別・就労形態別の世帯所得の平均値を比較したのが図 3 である．比較のために母子世帯の平均値も示した．

　図 3 では夫の就労形態は統制していないが，有配偶者の場合は学歴を問わず夫のほとんどは正規雇用に従事している．一見して理解できるように，大卒の正規職女性の世帯収入の平均値は際立って高く，非大卒無職・非大卒非正規世帯とは総じて 300 万円以上，末子小学生のステージでは 500 万円近い差が生じている．母子世帯との差はさらに大きく，末子 0–2 歳時点では 500 万円強，小学生の時点では 710 万円と，子どものライフコース上に格差が拡大している様子がうかがえる．男女共同参画の推進自体は多くの人にとって望ましいものと考えられるが，その意図せざる結果として世帯の所得格差が拡大し，子どものその後のライフコースにも影響が生じていると考えられる．

4.3　女性の就労と育児

　それでは，女性の出産退職の減少および大卒共働きカップルの増加は親と子のかかわりのどのような変化を伴うものなのだろうか．社会生活基本調査によ

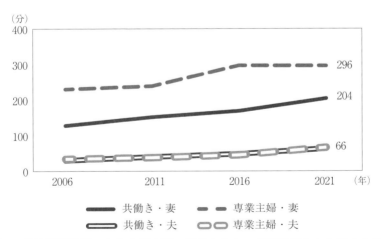

図 4　妻就業形態別にみた 6 歳未満の子どもをもつ有配偶男女の 1 日あたり育児時間平均値

（社会生活基本調査，単位：分，横軸の数値は調査年）

る 2006 年から 2021 年までの 15 年間の変化を検討してみよう[3]．図 4 は 6
歳未満の子ども（未就学児）をもつ有配偶男性・女性の育児時間の 1 日あたり
平均値を調査時点別に妻の就業形態別（共働き［非正規・自営を含む］，専業主婦
別）に示したものである．共働き世帯の増加にもかかわらず，妻の育児時間は
近年ほど増加しており，専業主婦がもっとも育児時間は長いものの，時系列上
の変化はほぼ同様のパターンを示している．共働きの妻は 15 年間で 76 分育
児時間が増加しており，この年齢を 3 歳未満に限定するとこうした増加傾向
はもっと顕著なものとなる．なお，家事時間はこの期間中に減少しているが，
育児時間と相殺されるほどの大きな減少ではない．夫の育児時間も時系列に沿
って漸増しているが，共働き・専業主婦世帯間にほとんど差はなく，全体が同
じ基調であり，15 年間で約 30 分の増加が示されている．この傾向は 3 歳未
満の子どもに限定してもほぼ同様である．

　社会生活基本調査の結果からは妻の学歴による差異はわからないため，既述
の内閣府 2022 年調査データ（稲葉 2023c）をもちいて末子未就学の時期の夫
の育児時間を妻学歴別・妻就業形態別に検討してみると，妻の学歴による顕著
な差異は示されず，妻就業形態との交互作用も示されない（妻の育児時間は専
業主婦で長いが，学歴による差異は示されない）．時間という指標を用いた限りで
は大卒共働きカップル固有の子どもへの関わりの差異は検出し得ないというこ
となのかもしれない．しかし，21 世紀出生児縦断調査データの詳細な分析を
行った松岡（2019）によれば，子どもへのかかわりは未就学の段階ですでに親
の学歴による大きな差異がみられ，親が大卒の場合には本の読み聞かせなどの
関わり，食事やおやつなどを規則正しい時間のもとに与える，テレビの視聴時
間やゲームを制限する，食事の内容（健康への影響など）に留意する，といっ
た傾向が有意に高く，習い事も次第に増加していくという．松岡は母親の就業
形態の効果については言及していないため，共働きか否かの違いについての情
報は得られないが，大卒の母親たちが意図的育成という形で子どもに接してい
ること，非大卒層の子との格差は子どもの年齢とともに増加していくことは明
らかなようだ．

　以上の帰結として大卒共働きカップルの子は，経済的にも，親の関与につい
てもより恵まれている状態にあると考えられる．こうした世帯では親子の接触

時間が限定されるために今後は習い事の利用が一層増加することが予想される．実際に高学歴層ほど子どもの教育費に多くをかけることを松岡（2019）は報告している．この対極にあると考えられるのが母子世帯の子である．母子世帯の貧困・低所得の問題は従来から指摘されてきたが，この傾向は現在でも変わらないところか，より悪化しているという指摘もある（斉藤 2023）．ここから，従来以上に子ども間の格差が大きくなっていることが推察できる．この格差は母子世帯の貧困化以上に，大卒共働き世帯の有利性が相対的に増大することで大きくなっていると考えられる．

4.4　格差の拡大にどう対応すればよいのか

　世帯のさまざまな格差が子どもに及ぼす影響は最小化される必要があること，それはより恵まれない状況下にある子どもの状態を改善することによってなされるべきであることはおそらく異論のないところであるように思われる．所得格差の縮小を目指す政策としては社会手当などの直接的な現金給付と教育費の無償化などによる現物給付の方向が従来から存在するが，「親の関わりの格差」を縮小することは簡単ではない．

　この点で近年の家族研究から提示されている注目すべき要因として母子世帯における元配偶者のかかわりをあげることができる．厚生労働省による「全国ひとり親世帯等調査」（厚生労働省 2022）によれば日本において養育費の取り決めを行っている離別母子世帯は 2021 年で 46.7％であり，調査時点で元夫から養育費を受けとっている世帯は 28.1％に過ぎない．面会交流については同様に取り決めをしている世帯が 30.3％，調査時点で交流を行っている世帯は 30.2％と，どちらも低調である（なお，養育費・面会交流ともに母親の学歴が高いほど実施頻度が高くなる）．しかし，別居している父と子の関係が子に及ぼす影響は小さくないことがいくつかの研究から明らかにされている．

　「オランダ新しい家族調査」データを用いた Poortman（2018）は，離別前に父の子へのかかわりが大きかった場合には，離別後の父との面会交流が女子のさまざまな well-being に肯定的な影響を与えることを指摘した．同様に稲葉（2023b）も離別母子世帯における非同居父と子との関係（友達のことについて会話すること，自分のことをわかってくれること）は女子の自己肯定感に肯定

的な影響を与えていることを示した．これらの研究はまだ始まったばかりではあるが，母子世帯における非同居父の役割に注目していく必要を物語っている．

　非同居親による養育費の支払いと面会交流には関連が大きいことが知られており（独立行政法人労働政策研究・研修機構 2017），こうした非同居親との関係が子どもにもたらす肯定的な効果を維持していくことも，格差の解消のためには求められるものとなるだろう．既述のように養育費の支払いや面会交流の実施は母親の学歴と関連するため，母子世帯内の格差も無視できないことがわかる．離婚後の共同親権の導入については国会で審議が始まったばかりだが，元配偶者の関与を権利と義務として制度的に確保していくためには家庭裁判所の人材の増員および権限の強化をはじめとして制度的な改善が必須となる．また，離婚後も配偶者に一定の義務が課されることは，離婚が簡単に成立しなくなることを意味し，このことはヨーロッパでみられたような事実婚の増大をもたらす可能性もあるだろう．今後の共同親権の導入によって予測される変化として注目すべきである．

5　結　　論

　2000 年以降の計量家族研究は家族の階層間格差およびそこから派生する子どものライフコースの格差に注目するようになった．こうした子ども間の格差は大卒共働きカップルの増加の結果として拡大しつつあることが推察されるのであり，そうしたなかで母子世帯をはじめとするひとり親世帯出身者の不利は相対的に大きくなっているといえる．

　さらに注目すべきは，こうした格差の拡大が男女共同参画やワークライフバランス推進の結果として生じている側面があることである．もちろん，格差の拡大は政策の意図せざる結果であり，政策自体は批判されるべきものではない．ただ，男女共同参画やワークライフバランスの推進はとくに就業による利益が相対的に大きい高学歴の女性およびその家族にとってよりメリットが大きかった側面があり，これらの政策が格差の拡大を促進した側面があることは否定できない．

　福祉社会学にとっては子どもの貧困をはじめとする貧困や格差の問題はなじ

み深いテーマであるが，現在生じている格差の拡大は高学歴層がより富裕化することで生じていることが推察されるのであり，これまでとは異なったプロセスで生じているという特徴がある．社会問題の解決を意図した政策が，意図せざる結果としてあらたな社会問題を生み出すこと，こうした要因の連関の解明にこそ福祉社会学の可能性と存在意義があるように思われる．

注

1）先進国において合計特殊出生率が人口再生産水準を下回る現象が持続・慢性化することを第二の人口転換とよぶ．
2）NFRJ98 は 1999 年，NFRJ08 は 2009 年，NFRJ18 は 2019 年に実査が行われている．
3）社会生活基本調査の生活時間の測定は，指定された 2 日について，各 24 時間の時間をどのように使ったかを被調査者が調査票に記入して回答するもので，育児は「乳幼児の世話」「子供のつきそい」「子供の勉強相手」「子供の遊びの相手」「乳幼児の送迎」「保護者会に出席」などが例示されている（就学後の子供の身の回りの世話は家事とされている）．

文　献

Cherlin, Andrew J., 2004, "The Deinstitutionalization of American Marriage," *Journal of Marriage and Family*, 66: 848–61.
————, 2020, "Degrees of Change: an Assessment of the Deinstitutionalization of Marriage Thesis," *Journal of Marriage and Family*, 82: 62–80.
独立行政法人労働政策研究・研修機構，2017，『子どものいる世帯の生活状況および保護者の就業に関する調査 2016（第 4 回子育て世帯全国調査）』JILPT 調査シリーズ 175，（2023 年 10 月 1 日取得，https://www.jil.go.jp/institute/research/2017/175.html）．
本田由紀，2008，『「家庭教育」の隘路　子育てに脅迫される母親たち』勁草書房．
稲葉昭英，2011a，「ひとり親家庭出身者の教育達成」佐藤嘉倫・尾嶋史章編『現代の階層社会 1　格差と多様性』東京大学出版会，239–52．
————，2011b，「NFRJ98/03/08 から見た日本の家族の現状とこれから」『家族社会学研究』23（1）：43–52．
————，2012，「ひとり親世帯と子どもの進学期待・学習状況」『親と子の生活意識に関する調査報告書』内閣府子ども若者・子育て施策総合推進室，191–8．
————，2021，「貧困と子どものメンタルヘルス」『家族社会学研究』33：144–56．
————，2023a，「結婚の脱制度化命題の検討」『三田社会学研究』29：3–18．
————，2023b，「離別母子世帯における非同居父と子の交流が子におよぼす影響」『離婚・再婚家族と子ども研究』5：2–19．
————，2023c，「出産退職の減少とその意味」マーケティング・コミュニケーショ

ンズ編『令和4年度　新しいライフスタイル，新しい働き方を踏まえた男女共同参画推進に関する調査報告書』193-8，（2023年10月1日取得，https://www.gender.go.jp/research/kenkyu/pdf/lifestyle_r04/10.pdf）.

国立社会保障・人口問題研究所，2022，『現代日本の結婚と出産—第16回出生動向基本調査（独身者調査ならびに夫婦調査）報告書』（2023年10月1日取得，https://www.ipss.go.jp/ps-doukou/j/doukou16/JNFS16_Report04.pd）.

厚生労働省，2022，『令和3年度全国ひとり親世帯等調査結果報告』，（2023年10月20日取得，https://www.mhlw.go.jp/stf/seisakunitsuite/bunya/0000188147_00013.html）.

Lareau, Annette, 2003, *Unequal Childhoods: Class, Race and Family life* (*2nd edition*), University of California Press.

松岡亮二，2019，『教育格差』ちくま書房.

McLanahan, Sara, 2004, "Diverging Destinies: How Children are Faring Under the Second Demographic Transition," *Demography*, 41: 607-27.

中澤智恵・余田翔平，2014，「〈家族と教育〉に関する研究動向」『教育社会学研究』95: 171-205.

尾嶋史章，2011，「妻の就業と所得格差」佐藤嘉倫・尾嶋史章編『現代の階層社会1　格差と多様性』東京大学出版会，113-27.

Poortman, Anne-Rigt, 2018, "Postdivorce Parent-Child Contact and Child Well-being: The Importance of Predivorce Parental Involvement," *Journal of Marriage and Family*, 80: 671-83.

Raymo, James M. and Miho Iwasawa, 2017, *Diverging Destinies: The Japanese Case*. Springer.

斉藤知洋，2018，「母子世帯の子どもと職業達成」荒牧草平編『2015年SSM調査報告書2　人口・家族』2015年SSM調査研究会，141-57.

―――，2023，「離婚に伴う女性の経済状況の変化――長期パネルデータを用いた再検討」『人口問題研究』79(1): 64-84.

斉藤裕哉，2018，「定位家族構造と教育達成の関連」中澤渉編『2015年SSM調査報告書5　教育Ⅱ』2015年SSM調査研究会，37-55.

白川俊之，2010，「家族構成と子どもの読解力形成――ひとり親家族の影響に関する日米比較」『理論と方法』25: 249-65.

打越文弥，2016，「学歴同類婚の世代間連鎖とその趨勢――大規模調査データの統合による計量分析」『家族社会学研究』28(2): 136-47.

卯月由佳・末冨芳，2015，「子どもの貧困と学力・学習状況――相対的貧困とひとり親の影響に着目して」『国立教育政策研究所紀要』7(1): 47-54.

余田翔平，2012，「子ども期の家族構造と教育達成格差――二人親世帯／母子世帯／父子世帯の比較」『家族社会学研究』24: 60-71.

―――，2014，「家族構造と中学生の教育期待」『社会学年報』43: 131-41.

abstract

Progress in Gender Equality Society and Inequality in Children's Life Course: Research Issues in Welfare Sociology from the Perspective of Quantitative Family Studies

INABA, Akihide

Keio University

Since 2000, family studies in Japan have revealed disparities in children's life course based on social class. These disparities stem from factors such as single parenthood, poverty, and low income. However, a recent surge in college-educated dual-income couples, coupled with a decrease in women's childbearing retirements, has led to a widening of societal disparities, particularly among the middle class in Japan. These new inequalities have emerged as unintended consequences of gender equality policies and the promotion of work-life balance. It is contended in this study that Welfare Sociology research should focus on identifying and analyzing these unforeseen outcomes of social policies.

Keywords：family change, social stratification, inequality, children's life course, unintended consequences

福祉社会学におけるケア研究
——臨床研究と政策研究の架橋

森川　美絵

　本稿では，福祉社会学におけるケア研究のあり方について，臨床研究と政策研究の関係性や社会変動とのかかわりに着目して議論する．前半では，福祉社会学の対象としてのケアの位置づけられ方や，福祉社会学の特徴をふまえたケア研究について，『福祉社会学研究』の特集等に掲載された「福祉社会学の対象とあり方，課題」にかかわる議論を参照して整理する．そのうえで，ケア研究の課題として，ケアの実践・臨床にかかわる研究とケアの政策研究をつなぐ作業が不十分であること，そのことが実務的な政策立案の場における研究知見の活用を難しくしていることを指摘する．

　後半では，社会変動を考慮にいれた議論の重要性を確認し，テクノロジーの進化という社会変動にかかわり，今後のケア研究で扱うべき研究テーマについて具体例を示す．政府が現在推進している「科学的介護」政策がケア実践にもたらしうるリスクを指摘し，そうしたリスクへの対抗的視点を持つ研究の一つとして，「科学的根拠に基づくケアの多次元化」を志向した研究があることを示す．また，その研究例として，筆者らが取り組んでいるケア評価尺度の開発と応用に向けた研究を紹介し，これらが，臨床場面のケアの現象学的理論化とケア政策研究とを架橋する試みでもあることを論じる．最後に，「科学的介護」時代の福祉社会学的なケア論とケア政策研究の関係，両者の架橋についてあらためて整理し，本稿のまとめとする．

キーワード：ケア，臨床研究，政策研究，テクノロジー，エビデンス

1　はじめに

　ケアに関する福祉社会学の蓄積を総括してみたいという私の欲望は，すぐに絶望に変わった．『福祉社会学研究』の創刊号（2004）から最新号まで，「人が生きることを支える相互行為」といった包括的なケア定義で，とりあえず操作的にはケア，支援，福祉実践，介護，介助，扶養，子育て，支え合い，などを

もりかわ みえ｜津田塾大学総合政策学部・教授｜mie@tsuda.ac.jp

キーワードとして文献を眺めてみたものの，対象の広範さ・多様さ，かつ，ケアの研究とそうでない研究の判別困難などの壁にぶつかり，何をどう整理するのかの段階で完全に行き詰まったのである．

　そこで，第 2 節では，「福祉社会学の対象とあり方，課題」にかかわるこれまでの議論，具体的には，『福祉社会学研究』の特集，特別論文，会長講演，基調講演等における議論を参照しながら，福祉社会学の対象としてケアはどのように位置づけられ，また，福祉社会学の特徴をふまえたケア研究とはどのようなものであるといわれてきたのか，整理を試みる．次に，第 3 節では，福祉社会学におけるケア研究の課題として，ケアの実践・臨床と政策，それぞれの分析や理論化を架橋する作業について，臨床的なケア研究，ケアの政策研究，それぞれの立場からの課題について議論する．

　後半では，社会変動を考慮にいれた議論の重要性について確認したうえで，テクノロジーの進化という社会変動下での，臨床場面のケアの現象学的理論化とケア政策研究とを架橋する試みについて議論する．情報通信技術の拡大とデータサイエンスの広がりといった社会変化のなかで，公的領域におけるケアの実践やケア政策は，ますます「エビデンスとなるデータ」との付き合い方が問われるようになってきた．第 4 節では，そうしたなかで政府が推進している「科学的介護」政策の概要を示したうえで，それがケア実践にもたらしうるリスクについて指摘する．そして，第 5 節では，そうしたリスクへの対抗的視点を持つ研究のひとつとして，「科学的根拠に基づくケアの多次元化」を志向した研究があることを示す．その研究例として，筆者らが取り組んでいるケア評価尺度の開発と応用に向けた研究を紹介し，これらが，臨床場面のケアの現象学的理論化とケア政策研究とを架橋する試みでもあることを論じる．

　最後に，「科学的介護」時代の福祉社会学的なケア論とケア政策研究の関係，両者の架橋についてあらためて整理し，本稿のまとめとする．

2　福祉社会学の対象としてのケアと福祉社会学的ケア研究

　福祉社会学の対象としてケアはどのように位置づけられ，また，福祉社会学の特徴をふまえたケア研究とはどのようなものであるといわれてきたのだろう

か．福祉社会学会の初代会長・副田義也は，学会発足時の講演で，福祉社会学を連字付社会学としたうえで，その対象を社会学の理論に則して体系化した（副田 2004）．その体系のなかでは，扶養・介護が，「相互作用」という対象カテゴリの具体的テーマとして位置づけられている（図1）．このことは，福祉社会学の対象としてケアをとらえる際に，ケアを「相互行為」としてとらえることが基本となることを示唆している．

　また，この体系においては，相互行為としてのケアは，「集団・組織」や「社会的行為」といった他の対象カテゴリと，相互規定の関係ないし全体と部分の

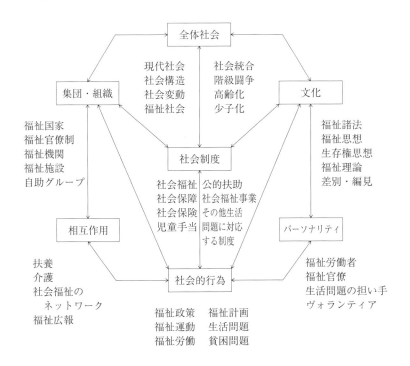

注1) ボックス内の概念＝社会学の主要な対象．
注2) ボックス下の概念＝福祉社会学のより具体的な対象．
注3) ←→＝全体と部分の関係．相互規定の関係．同一事象の異なるアスペクトを
　　　表現する関係など．

図1　福祉社会学の対象

出典：副田（2004）図2より抜粋

関係として位置づけられる．「集団・組織」カテゴリの具体的対象には，福祉国家，福祉官僚制，福祉機関，福祉施設，自助グループなどが例示されており，「社会的行為」カテゴリの具体的対象には，福祉政策，福祉計画，福祉運動，福祉労働，生活問題，貧困問題などが例示されている．このことは，相互行為としてのケアを分析するうえで，これら具体的対象との相互規定関係や部分―全体の関係性に留意することの重要性を示唆している．

　そして，「集団・組織」カテゴリや「社会的行為」カテゴリに含まれる具体的対象を主たる分析対象としてケアを論じようとする際にも，すなわち，福祉国家や福祉官僚制，福祉施設に焦点を当てたり，福祉政策，福祉計画，福祉運動，福祉労働，生活問題，貧困問題に焦点を当てたりしてケアを論じようとする際にも，それらのあり方と，相互行為として実践されるケアとがどのような相互規定関係にあるのかを考慮することが重要であることを示唆している．

　『福祉社会学研究』の創刊号（第 1 巻）では，ほかにも日本の福祉社会学研究の方法論的な課題や福祉社会学的研究らしさに関する議論が，特集として組まれている（特集 1「福祉社会学の日本的展開」，特集 2「福祉社会学研究のフロンティア」）．それぞれの特集の解題では，福祉社会学の今後の課題として「個人，地域，国家，国際社会という，いろいろな場をトータルにとらえる」ことが挙げられ（直井 2004: 35），また，「マクロレベル，メゾレベル，ミクロレベルに特化した研究が一般的であり，それらは独立になされている場合が多い．そのため，各レベルの間のコミュニケーションが十分になされていないといえる．（中略）しかし，福祉の分野では，それらのレベルの関連性への認識がとりわけ，重要である」（三重野 2004: 79）など，マクロ，メゾ，ミクロのレベル間の関連性への認識の重要性が示された．場の複層性を自覚して複層の全体像を捉える研究や，マクロ，メゾ，ミクロの現象の相互規定関係を考慮に入れた研究は，福祉社会学会の創設時から重視され，かつ，研究の課題とされてきたが，これらは「ケア」を福祉社会学として研究するうえでの課題でもあるといえる．

　また，社会におけるケアのありようを相対化する理論枠組みとして，比較研究の文脈では，「福祉ミックス」（ヒル 2006）や「ケアダイヤモンド」（落合 2014）などの福祉多元主義のアプローチが重視されている．福祉ミックスやケアダイアモンドは，ケアの供給源としての家族，コミュニティ，市場，国家

の「組合せ」に着目しており，これらも「場」の相互規定や相互関連をとらえる方法論的枠組みとして位置づけられよう．

　その後も，福祉社会学らしい研究とは何かについての議論は，学会において何回かなされている．武川正吾は，会長講演において，「社会学的想像力と社会調査の二つが社会学の研究にとって車の両輪」（武川 2011: 129）と述べている．そして，「社会学的想像力」（C. W. ミルズ）に寄せて「福祉社会学の想像力」の重要性，すなわち，「いっけん個人的に見える問題がじつは社会構造に由来することを明らかにする」「私たちが自明視していることを疑ってみる」ことの重要性を指摘する（武川 2011）．これをケア研究に適用すれば，「目の前で生じているケアの現象，自明と思われるようなケア経験」について社会調査を通じて把握すること，それが「一体それがどのような現象であり，それがなぜ，どのようにして成立しているのか」を理論化していくことが，ケアを福祉社会学的に探求する一歩といえるかもしれない．

　ただし，「どのように理論化するのか」という点での課題も大きい．社会学の方法論的特徴のひとつは，「社会現象を調査研究し，その成果に基づいて理論を構成する，という現象学的方法」（山手 2007: 6）である．こうした現象学的方法をベースに，「生きるということ／『生きる場』にかかわる『泥臭さ』」に正面から向き合い理論化することの意義が確認されている（三井 2015: 22）．そして，福祉社会学の想像力で重視される「個人的な問題や経験と社会構造との関連」や，これまでみてきた福祉社会学的研究のあり方についての議論を考慮すれば，現象学的な理論化に関しても，そこに現象しているケアと社会構造との関係や他の位相・水準・場との相互規定関係を把握・理解することや，相互規定関係の全体象をとらえることまでを，理論化の視野に入れることが望ましいといえる．

　以上から導き出される福祉社会学的なケア研究のモデル的なあり方とは，現象の自明性への疑いから始まり，第一に，「泥臭さ」に向き合った現象の理論化に取り組み，第二に，とらえた現象と他の社会現象との相互規定のあり方——社会構造やさまざまな場の動きとの関連性，ミクロ・メゾ・マクロの関連性，福祉ミックスとの関連性——を明らかにする，こうした 2 つの取り組みを内包するものといえる．たとえば，井口（2020）は，こうしたモデル的なあ

り方を具現化した貴重な成果のひとつであろう．

　ただし，こうしたモデル的な研究を実践することは容易ではない．とりわけ投稿論文のように文字数が限られたなかでの研究成果の提示においては，困難も大きい．『福祉社会学』に掲載される自由投稿論文は，ケア関連のテーマに研究が集中し，その手法も質的研究（インタビュー，観察，フィールドワーク等）が中心である傾向が続いている（田渕 2014；平岡 2022）．しかし，自由投稿論文の投稿原稿は，質的研究として現象の詳細な記述はなされていても，その理論化までには至らないものも多いことも指摘されている（三井 2015）．著者自身が編集委員や編集長を担当した 17 号（2019 年）から 20 号（2022 年）をみても，その状況が改善されているようには思われない．研究において，「現象の理論化」という第一段階の遂行自体がままならないうえに，さらに第二段階としてより広い社会的文脈，社会構造や制度政策と関連づけた理論化を求めるのは，「モデル的なあり方」の要求水準として相当に高いといわざるをえない．ここであげた「モデル的なあり方」が成果発信の標準となり普及することについて，楽観的な見通しを立てることはできない．

3　ケアの臨床研究と制度・政策研究との関係性

　以下では，福祉社会学におけるケア研究の課題として，ケアの実践と政策，それぞれの分析や理論化を架橋する作業や，社会変動を考慮にいれた議論の重要性を指摘したい．

　福祉社会学において，ケアに関する研究は，臨床場面における相互行為に限定されるものではない．図 1 で，相互行為としてのケアと相互規定の関係ないし別の側面からケアをとらえるものとして，行政機関や事業者，福祉施設，自主グループといった「集団・組織」におけるケアの提供・管理のあり方や，「社会的行為」としてのケアの社会問題化や社会運動，それらを受けて展開されるケアの政策化や資源配分の計画化，がある．また，それらと影響しあう「社会制度」として，ケアの流通・分配の基盤としてのケアの法制度がある．これらに関する研究も，網羅的に列挙することはできないが，福祉社会学としての蓄積がある．学会の会長にもなった藤村正之による研究（藤村 1999）は，福

祉社会学会の発足前ではあるが，ケアの資源配分の基本的な編成とその類型，その変容を扱った貴重な成果といえる．また，高齢者，障害者，子ども・子育てなど，既存の制度の領域区分に即して，領域内での集団・組織，制度や政策の実態や変容について，分析・理論化に取り組んだ研究も一定ある．以下では，ケアの制度・政策にかかわる研究と，臨床場面における相互行為としてのケアの現象学的記述や理論化を行う研究との間の関係性について，問題提起的に論じてみたい．

　前節で述べたように，福祉社会学としての臨床的なケア研究から，制度・政策を含む社会構造との相互関係を視野に入れた理論化を進めることについては，重要性のみならず，現実には遂行困難がある．それでは，主たる分析対象をケアの政策や制度とする福祉社会学研究（以下では，「ケアの政策研究」と整理する）の側からは，臨床的なケアとの相互関連を視野に入れた研究をどのように展開していくことが可能なのだろうか，また，そこに，どのような困難や課題があるのだろうか．

　第一に，ケアの政策・制度の展開や変容についての分析の射程を，組織的なケア管理や，ケアの与え手と受け手の関係への影響にまで広げて検証する，という展開があるだろう．たとえば，介護保険制度を通じた介護サービスの標準化を，臨床場面の介護労働者と利用者との関係への影響を含めて考察した研究（森川 2015）や，介護や保育におけるサービスの準市場化政策の影響を，自治体，サービス供給機関，家族のケア関係という位相で検討する研究（角 2021）などが，該当するだろう．これに限らず，制度政策が，個人的ないし身近な相互行為として経験されるケアをどのように規定するのかに言及した研究は少なくない．とはいえ，こうした研究において，臨床場面のケアを主たる分析対象にした先行研究の知見と綿密に付き合わせた分析や考察が展開されているかというと，必ずしも十分ではないかもしれない．

　第二に，ケアの政策研究には，「泥臭さ」を見据えた現象の理論化というケア論の果実を，制度・政策の検証や構想に活かす，という展開があるだろう．たとえば，ケア行為が発生する「場」の力や「ともに生きる」実践の理論化（三井 2021）や「贈与」関係としてのケア経験の理論化（深田 2013）は，地域共生社会や居場所作りに関する政策，「ケアの生産性の向上」といったケアサー

ビスの事業運営にかかわる政策について分析する際に，批判的検証やオルタナティブな政策を構想する視点を提供する可能性がある．

　しかし，ケアの政策研究の側からのこうした取り組みは，それほど活発ではないかもしれない．また，ケアの政策研究の側からは，臨床場面でのケアの現象学的理論化の知見は，制度や政策の分析や構想に応用しにくいと感じられる場合もあるかもしれない．そして，臨床場面を中心にケアの現象学的理論化の研究を進める研究者の側にも，現場の知見が制度・政策に与える示唆を検討するのは自分の役割ではない，という認識があるかもしれない．

　このように，福祉社会学の研究活動自体において，「泥臭さ」を見据えた現象の理論化を目指すケア論と，ケアの制度・政策の検証や構想に関する研究との間には，互いの研究の果実を活かしあう余地がかなり残されている，つまり，果実を十分に活かし合えていないというのが，現状であろう．

　しかも，こうした現状は，福祉社会学の知見と，実務的な政策形成や制度運営，計画策定を架橋するのは誰の仕事かという課題とも密接にかかわっている．研究者のなかには，学術的知見を具体的な政策の議論に応用するのは，研究者の役割を超えていると考える人びともいるだろう．しかし，実際の国や自治体などにおける審議会や自治体計画策定の委員会などにおいて，ケアの研究者は「学識者」という立場での発言が求められ，研究者も具体的な制度・政策・計画を生み出す関係者になることが，ままある．審議会や委員会では，「現場の状況」を考慮した政策や計画の策定が行われるが，学識者のなかには，「研究者は現場のことを知らない」という理由で，「現場の実情」についての議論は「事業関係者，実務者，ケア当事者」に委ねることもあるかもしれない．しかし，「現場で起こっていること」すなわち現象学的理論化の知見を，政策・計画・制度運営に架橋することは，「現場関係者」ではなく「学識者」の役割になるだろう．「学識者」には，臨床的なケア研究者が就任することもあれば，ケアの政策研究者が就任する場合もある．「泥臭さ」を見据えた現象の理論化を目指すケア論と，ケアの制度・政策の検証や構想に関する研究，どちらの立場にあっても，実務的な政策形成や制度運営，計画策定という場にかかわれば，両者を架橋する視点や具体的知見を提出することが求められる．学術的知見を政策形成に応用する役割は，行政職員，住民代表，事業関係者などが担うべき

だという主張もありうるが，応用しうる知見を審議の場に提供するのは，研究者であろう．

4　社会変動とケア研究

4.1　テクノロジーの進化

ケアの臨床研究であれケア政策研究であれ，社会変動を視野に入れた議論の重要性は増していくだろう．福祉社会学が取り組むべき現代の社会変動として，少子高齢化，グローバル化，リスク社会化の 3 つが指摘されている（藤村2017）．少子高齢化が高齢者介護や子どものケアに大きな影響を及ぼすことはいうまでもない．グローバル化に関しても，ケアは密接に結びついており，2009 年の『福祉社会学』第 6 号でも，特集「介護労働のグローバル化と介護の社会化」が設定されている．ケアをリスク社会化と関連づけた議論は，学会誌の特集にはなっていないが，ケアのテクノロジーの進化がケアの危機をもたらす可能性などは，有力な検討課題となろう．

情報通信技術の拡大とデータサイエンスの広がりといった社会変化のなかで，公的領域におけるケアの実践やケア政策は，ますます「エビデンスとなるデータ」との付き合い方が問われるようになってきた．介護の分野では，EBM（科学的根拠に基づく医療）を援用した「科学的介護」が政府の政策として推進されている．以下では，「科学的介護」を推進する政策の概要を示したうえで，それがケア実践にもたらしうるリスクについて論じたい．

4.2　「科学的介護」政策の展開

厚生労働省は，「科学的介護」を「科学的裏付け（エビデンス）に基づく介護」と定義し，「科学的裏付け（エビデンス）に基づいた介護の実践が行われること」「科学的に妥当性のある指標等を現場から収集，蓄積し分析すること」「その分析の成果が現場にフィードバックされること」，これらが循環的に行われるよう政策を進めることで，科学的介護が普及・推進されると説明している（厚生労働省老健局老人保健課 2024）．

この「科学的介護」の実現に向け「科学的に妥当性のある指標等を現場から

収集，蓄積し分析する」ためのデータベースとして構築されているのが，「科学的介護情報システム（LIFE）」である．LIFE は，「介護サービス利用者の状態や，介護施設・事業所で行っているケアの計画・内容などを一定の様式で入力すると，インターネットを通じて厚生労働省へ送信され，入力内容が分析されて，当該施設等にフィードバックされる情報システム」であり，2021 年から運用が開始されている（厚生労働省老健局老人保健課 2024）．

　政府による「科学的介護」を推進する政策は，2010 年代後半から始まっている．政府の「未来投資戦略 2017（2017 年 6 月公表）」では，「介護予防や要介護状態からの悪化を防止・改善させるための先進的な取り組みが必要」として，科学的介護の実現に向けたデータ収集・分析を行うためのデータベース構築の方針が示され，政府方針のもと，2017 年度からは，通所・訪問リハビリテーション事業所からリハビリテーションの情報が収集されるようになった．また，2020 年度からは，すべての介護サービスを対象に高齢者の状態やケア内容の情報収集が開始された．2021 年度には，これらの情報収集のシステムを統合し，データベース LIFE の運用がスタートした．運用スタート直前の 2021 年 3 月末時点で，約 6 万事業所にデータベースにアクセスする ID が発行されている（厚生労働省老健局老人保健課 2024）．

　政府は，LIFE の普及（利用する事業所の拡大）を進めるため，その利用を介護報酬上でも評価している．具体的には，LIFE の利活用の体制を作った事業所には「科学的介護推進体制」加算が付与され，また，以下の項目についてLIFE を活用した場合にも加算がつく．その項目とは，個別機能訓練，ADL 維持，リハビリマネジメント，褥瘡マネジメント，排泄支援，栄養マネジメント／アセスメント，口腔衛生管理／機能向上，である（厚生労働省 2023）．

　政府は，LIFE の運用により，利用者の状態やケアの計画・内容が，全国の事業所で共通のデータ項目で評価され，蓄積できるようになるとしており，現在はデータの蓄積を進める段階で，今後はデータ分析結果のフィードバックを本格化していくとしている．また，現場へのフィードバックの現状（2022 年 6 月時点）は，全国の介護事業所が登録した情報の集計結果にとどまっているが，「将来的には，個々の利用者に，受けているケアの効果が十分であるか，適切なケアが何か，を示すことが目指される」という（厚生労働省 2023）．

4.3　「科学的介護」がもたらす危機——利用者の価値観・意向，ケアの合理性

　政府は，科学的介護を推進するため，データベース LIFE の利用促進策を講じてきた．政策の前提には，LIFE に収集・蓄積されるデータは，利用者の状態やケアの計画・内容の適切性，ケアの効果について「根拠ある分析結果」を算出するためのデータであるという理解がある．それでは，具体的にどのような情報が収集・蓄積されるのだろうか．事業所が LIFE に入力を求められている全国共通のデータ項目とは，ADL 値，栄養状態，口腔機能，認知症の状況，心身の状況にかかわる基本的な情報，疾病の状況，服薬情報である．LIFE は，ADL と身体機能（口腔・栄養・服薬・褥瘡など）を中心とするデータベースであり，政府による「科学的介護」推進の内実は，ADL と身体機能に関するデータ分析結果に基づいた介護を，介護サービス事業者に求めることに近い．

　政府による「科学的介護」＝「科学的裏付け（エビデンス）に基づく介護」の概念は，医療における EBM（Evidence-Based Medicine：科学的根拠に基づく医療）の概念の援用である．ただし，EBM が「診ている患者の臨床上の疑問点に関して，医師が関連文献等を検索し，それらを批判的に吟味した上で，患者への適用の妥当性を評価し，さらに患者の価値観や意向を考慮した上で臨床判断を下し，専門的技能を活用して医療を行うこと」と定義され（厚生省健康政策局研究開発振興課医療技術情報推進室 1999），実践手法としての EBM の「内部」に，患者の意向や価値観を考慮した臨床判断と専門技能の活用という実践が組み込まれている．

　これに対し，「科学的介護」では，「利用者の個別のニーズや希望をふまえること」は，介護実践から排除はされてはいないものの「科学的介護」の「外部」に位置づけられている（図2）．利用者の意向や価値観を考慮した臨床判断と専門技能の活用という実践は，「科学的」なケア実践の外側，つまり，非科学的なケア実践として対置されることになる．

　LIFE は，「将来的には，個々の利用者に，受けているケアの効果が十分であるか，適切なケアが何か，を示すことが目指される」という．今後，LIFE から「科学的な根拠となるデータ」に基づき「個別ケアの最適解」がフィードバックされることが普及・日常化していく場合，利用者の意向や価値観を考慮した臨床判断と専門技能の活用という実践は，「非科学的」として現場の介護実

- また，これに加えて，利用者の個別のニーズや希望をふまえて，日々のケアの見直しが実施されることで，個別ケアの改善につながることが期待されます。

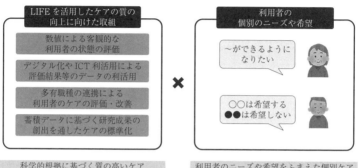

図2　「科学的介護」と利用者の個別ニーズ・希望の関係

出典：厚生労働省（2023：2）より抜粋

践から周辺化される可能性も危惧される．「非科学的」と位置づけられた介護実践は，「科学的介護」としてデータベースがはじき出した個別ケアの最適解に対し，それを覆す根拠をどのように出し得るのか，また，そうした「非科学的」なものがどのように用いられるのだろうか．

　また，現在ではさまざまな分野でAI（人工知能）の活用が進んでおり，大規模ケアデータベースの分析におけるAIの導入は，現実的なものであろう．AIが最適と判断した，しかも，なんらかのアルゴリズムによりAIが導き出したという以外に，現場の誰にもその根拠はよくわからないケア手法・ケアの目標設定に対し，現場で別様の「根拠」が持ち出され，AIによる「科学的な最適解・手法」を覆しながらケアをしていくことが，どの程度どのように可能なのであろうか．サービス提供の中止判断などにおいて先鋭的に現れるこうした問題は，テクノロジーの利用によるケアの「倫理的リスク」（柴田 2020: 55）といえる．

　ヴァルネス（Kari Waerness）は，ケアの臨床で持ち出される「科学的合理性」とは異なる「合理」を見出し，それを「ケアの合理性」として理論化した（Waerness 1984）．「科学的介護」の推進は，こうした「科学的」の外側に位置づけられた「ケアの合理性」を掘り崩しかねない点で，「ケアの危機」をもたらす可能性がある．「科学的介護」時代のケアの臨床は，これまでのあり様か

ら大きく変化するのだろうか，それとも，「科学的合理」とは「別の合理」が，新たな形でケア実践を駆動するのだろうか．臨床的ケアの現象学的理論化は，こうしたことへの知見を提供することが求められよう．

5　「科学的根拠に基づくケア」の多次元化——QOL 尺度の開発と政策応用

　上述のヴァルネスの議論に依拠した「ケアの危機」を検証する枠組みは，「ケアの臨床で発現する合理性」が「科学的合理性」の外部に位置づけられるという点では，「個人のニーズや希望をふまえた個別ケア」を「科学的介護」の外部に置くという「科学的介護」による介護概念の構図を踏襲するものとなる．こうした，科学的合理性とケアの合理性を対峙させる枠組みとは別に，今後のケア実践をとらえるうえで，科学的合理性の内部における変容，すなわち「科学的根拠に基づくケア」の変容や多次元化をとらえるという視点もあり得るだろう．

　ケアの現場では，ADL や身体機能（口腔・栄養・服薬・褥瘡）のみならず，個人の価値観や意向・ニーズなどを手掛かりに，その人にふさわしいケアを模索している．そして，そうしたケア・介護の実践を，一定の根拠ある指標により評価したいという声があるのも確かである．「科学的介護」推進の背景には，ケア・介護の「評価」を重視するという政策的潮流があり，介護サービス事業者には「評価」への対応・順応も求められている．そうしたなかで，ADL や身体機能とは異なる次元・側面にも着眼した，LIFE とは異なる「科学的根拠」となるケアデータを算出する枠組みが作られれば，そして，それに基づいたケアの実践やマネジメントのモデルを作り出すことができれば，「科学的根拠に基づくケア」のオルタナティブを提示することが可能になる．

　上記の発想の延長で，筆者らの研究チームでは，介護サービス利用者が感じる生活の質を「科学的な根拠となるケアデータ」に変換し，こうしたデータを組織的に収集し臨床に活用するための実践モデルを開発するという研究に取り組んでいる．

　具体的には，社会的ケア関連 QOL の尺度 ASCOT の日本語版を開発した（森川ほか 2018；Nakamura-Thomas et al. 2019；Shiroiwa et al. 2020）．ASCOT 日

本語版を用いた評価は，社会参加の側面も含め，個人が「日常生活の過ごし方，社会との関わり方について，どのように感じているか」をデータ化するという側面がある．そして，筆者らの研究グループでは，大規模な社会福祉法人との共同研究で，多様な種別の介護サービス事業所に ASCOT 日本語版を導入し，尺度により得られたサービス利用者の QOL 評価のデータを集積し，その結果データを現場にフィードバックし，それをもとに現場ではケアプランを見直すという実践スキームを構築し，そうした取り組みの現場実践への影響などを情報収集している [1]．同法人では LIFE も導入しているが，ASCOT の導入により，法人事業所の現場では，本人が感じる生活の質という視点で，ASCOT を構成する項目を基準に本人の状況・状態を捉える議論や，その検討結果を利用者へのかかわり方やケアにつなげようとする議論が，以前よりも出てくるようになったようである（法人本部のケアマネジメントや研修に関する統括的立場の方の感想，2023 年 4 月打合せ時の発言）．

　こうした研究実践は，「科学的根拠に基づく介護」の制度化の枠組みの外側に出てしまうのではなく，そこに半ば乗りつつ再構築の可能性を探る，「科学的根拠に基づくケア」政策のオルタナティブを構想するという意味で，ケアの政策研究といえるだろう．同時に，この研究実践は，オルタナティブな「科学的根拠に基づくケア」政策のもとで発現する新たな臨床的なケアをモデル化しようとする点では，臨床的なケアの現象学的理論化を視野に入れた研究でもある．

　ただし，社会的ケアを必要とする人にとっての生活の質を，「標準化した項目により評価する」という手法は，「科学的介護」政策における「根拠となるデータ項目の標準化」と共通しており，「ケアを可視化すること」に対する暴力性を孕んでいる．こうした批判は，とりわけ福祉社会学の研究であれば提起しえるし，妥当であろう．現場において「利用者個人が感じていること」を「科学的根拠」に変換したケア実践が広がる空間をどのように構築すれば良いのかは，継続的な研究課題となろう．

6　おわりに

　今後の福祉社会学としてのケア研究にとって，臨床場面のケアの現象学的理論化とケア政策研究のいずれに主軸をおくにせよ，両者の架橋を意識した議論を展開するという課題があり，しかも，テクノロジーの進化という社会変動を視野に入れることの重要性が高まっている．

　テクノロジーの進化は，「科学的合理性」と「ケアの合理性」の関係性の再編を伴うであろうし，「科学的合理性」と「ケアの合理性」それ自体の変容や多様化をもたらす可能性もある．そうした射程のなかで，現在推進されている「科学的介護」の政策や，オルタナティブとしての「科学的根拠の多次元化」，また，AI による最適な個別ケアの提示などがもたらすケアへのインパクトや功罪について，これまでの臨床的ケア論の蓄積と付き合わせながら，検証することが求められるだろう．

　また，福祉社会学としてのケア研究成果の果実は，将来の政策選択や制度構築のための知見として，具体的な政策立案の場にどのように持ち込みうるのか，それを誰が担うのか，こうした点については，今後のより踏み込んだ議論を期待したい．

［付記］
　本稿は，科研費・基盤研究（B）「地域包括ケアのアウトカムとしてのケア関連QOL の測定と応用に関する研究」（研究代表者・森川美絵，課題番号 20H01598，2020–2023 年度）の研究成果の一部である．

注
　1）森川美絵（研究代表者）「地域包括ケアのアウトカムとしてのケア関連 QOL の測定と応用に関する研究」科研費・基盤研究（B），課題番号 20H01598，2020–2023 年度

文　献
深田耕一郎，2013，『福祉と贈与──全身性障害者・新田勲と介護者たち』生活書院．
藤村正之，1999，『福祉国家の再編成──「分権化」と「民営化」をめぐる日本的動

　　　　態』東京大学出版会.

藤村正之，2017，「福祉社会学の自己分析」『福祉社会学研究』14: 5–25.

ヒル，マイケル，所道彦（訳），2006，「社会的ケアの領域における福祉ミックス──国際比較の視点から」『福祉社会学研究』3: 5–22.

平岡公一，2022，「福祉社会学研究の動向と展望について」『福祉社会学研究』19: 5–23.

井口高志，2020，『認知症社会の希望はいかにひらかれるのか──ケア実践と本人の声をめぐる社会学的探究』晃洋書房.

角能，2021，『ケアをデザインする──準市場時代の自治体・サービス主体・家族』ミネルヴァ書房.

厚生省健康政策局研究開発振興課医療技術情報推進室，1999，「医療技術評価推進検討会報告書」平成 11 年 3 月 23 日.

厚生労働省老健局老人保健課，2024，「科学的介護情報システム（LIFE）による科学的介護の推進について」厚生労働省ホームページ，（2024 年 1 月 8 日取得 https://www.mhlw.go.jp/content/12301000/000949376.pdf）.

厚生労働省，2023，「ケアの質の向上に向けた科学的介護情報システム（LIFE）の利活用のための自治体職員向け手引き（令和 5 年 3 月版）」，（2024 年 1 月 8 日取得 https://www.mhlw.go.jp/content/12301000/001103590.pdf）.

厚生労働省，2024，「科学的介護情報システム（LIFE）について」，（2024 年 1 月 8 日取得 https://www.mhlw.go.jp/stf/shingi2/0000198094_00037.html）.

三重野卓，2004，「趣旨，論点，総括」『福祉社会学研究』1: 79–83.

三井さよ，2015，「特集『生きる場から構想する福祉社会学』に寄せて」『福祉社会学研究』12: 21–23.

三井さよ，2021，『ケアと支援と「社会」の発見──個のむこうにあるもの』生活書院.

森川美絵，2015，『介護はいかにして「労働」となったのか──制度としての承認と評価のメカニズム』ミネルヴァ書房.

森川美絵・中村裕美・森山葉子・白岩健，2018，「社会的ケア関連 QOL 尺度 the Adult Social Care Outcome Toolkit（ASCOT）の日本語翻訳：言語的妥当性の検討」『保健医療科学』67(3): 313–321.

Nakamura-Thomas, Hiromi, Mie Morikawa, Yoko Moriyama, Takeru Shiroiwa, Makoto Kyougoku, Kamilla Razik, Juliette Malley, 2019, "Japanese translation and cross-cultural validation of the Adult Social Care Outcomes Toolkit (ASCOT) in Japanese social service users," *Health and Quality of Life Outcomes*, 17 (Article number 59). https://doi.org/10.1186/s12955-019-1128-7.

直井道子，2004，「論点と課題」『福祉社会学研究』1: 33–6.

落合恵美子，2014，「アジアにおけるケアレジームの比較研究──3 つのチャレンジ」『福祉社会学研究』11: 29–45.

大夛賀政昭・柿沼倫弘・森川美絵・森山葉子・重田史絵，2022，「社会的ケア関連 QOL の介護サービスの質評価への適用可能性の検討──1 法人での ASCOT 日本語版を用いた調査データをもとに」日本社会福祉学会第 70 回秋季大会抄録.

柴田邦臣, 2020,「テクノとジーとリスク—福祉は AI におさまるのか？」武川正吾・森川美絵・井口高志・菊地英明編『よくわかる　福祉社会学』ミネルヴァ書房, 54-5.

Shiroiwa, Takeru, Yoko Moriyama, Hiromi Nakamura-Thomas, Mie Morikawa, Takashi Fukuda, Laurie Batchelder, Eirini Saloniki, Juliette Malley, 2020, "Development of Japanese utility weights for the Adult Social Care Outcomes Toolkit (ASCOT) SCT4," *Quality of Life Research*, 29(1): 253–263. doi:10.1007/s11136-019-02287-6.

副田義也, 2004,「福祉社会学の課題と方法」『福祉社会学研究』1: 5–29.

田渕六郎, 2014,「福祉社会学の研究動向　2003〜2012 年を振り返る」『福祉社会学研究』11: 95–104.

武川正吾, 2011,「福祉社会学の想像力」『福祉社会学研究』8: 127-36.

Waerness, Kari, 1984, "The Rationality of Caring," *Economic and Industrial Democracy*, 5(2), 185–211. https://doi.org/10.1177/0143831X8452003.

山手茂, 2007,「福祉社会研究の 3 レベル——マクロ，メゾ，ミクロ」『福祉社会学研究』4: 5–18.

abstract

Care Studies in Welfare Sociology:
Bridging Clinical and Policymaking Research

MORIKAWA, Mie

Tsuda University

In this article, best practices in care studies within welfare sociology are discussed with a focus on both the relationship between clinical and policymaking research and the social change involved with care studies. In the first half, care is contextualized as an area of interest in welfare sociology and care studies are analyzed considering the characteristics of welfare sociology. The discourse in the *Journal of Welfare Sociology* (including in a special feature of the journal) is referred to concerning what welfare sociology covers, its best practices, and the associated issues. This analysis reveals an important issue in care studies—not enough work has been done to connect research on care practice with clinical practice, making it difficult to apply the research findings to practical policymaking. In the second half, the importance of considering social change when discussing care is discussed, and examples of research themes, such as related to technological progress, that care-studies scholars should engage with in the future are presented. The potential risks to care practice from the government's scientific care agenda are also discussed. Moreover, a category of research that focuses on ways to address these risks, namely research aimed at creating multiple dimensions of science-based care, are highlighted in this article. To exemplify such research, the authors' works related to the development and application of a care evaluation scale are introduced. The aim of these works was to bridge the gap between phenomenological theorization of care in clinical settings and research on care policymaking. Finally, the relationship between, and efforts to bridge, care theory and care policymaking research in welfare sociology in this age of scientific care are summarized.

Keywords：care, clinical studies, policymaking studies, technology, evidence

| 特集論文Ⅰ |

過疎内包型地域圏としての
過疎地域把握
——過疎高齢者と近隣地方都市の他出子との関係をもとに

高野　和良

　現在の過疎農村地域では，その内部と外部の間で取り結ばれる社会関係が増加し，多様化し，過疎農村地域の内部で生活が完結する傾向が弱まっている．自家用車利用による社会移動が拡大し，生活の拠点を過疎農村地域に置きつつ，日常的に広域の移動を繰り返す住民が増えている．

　こうした日常的な移動が，実は過疎農村地域で暮らす高齢者の生活を支えている．過疎高齢者を「世帯」としてみれば一人暮らし高齢世帯であっても，この高齢者に「家族」としての他出子がいる場合，食品の買い物や通院などで高齢者の生活を支えている事例は少なくない．

　しかしながら，日常的な移動の拡大のもたらした影響と，世帯と家族との関係実態をふまえた，過疎地域の地域構造と生活構造の双方を捉えた現状分析は，必ずしも十分に行われてきたとは言い難い．そこで，本稿では過疎農村地域の地域構造を把握するためには，過疎農村地域と近隣の地方都市から形成される圏域として「過疎内包型地域圏」を設定する必要があることを指摘した．そのうえで，山口県萩市田万川地区で継続的に実施してきた社会調査結果をもとに，世帯としての高齢者世帯と，その家族である他出子との関係を確認することで，現代の過疎農村地域の生活構造の一端を示し，これらを通じて過疎地域での生活継続の可能性を検討するための手がかりを示した．

　キーワード：過疎地域，他出子，地域構造，生活構造，過疎内包型地域圏

1 問題の所在

　日本において，人口減少の影響を先行して受けてきたのは過疎農村地域であった．人口減少に加え，この間に進められた市町村合併が過疎農村地域に与えた影響も大きかったが，これらの変化とともに，高齢化も同時進行するなかで，

たかの かずよし｜九州大学大学院人間環境学研究院・教授｜ktakano@lit.kyushu-u.ac.jp

過疎農村地域で暮らす高齢者に対する生活支援の必要性も高まっている．しかし，過疎高齢者の生活実態をふまえた生活支援のあり方は，十分に検討されてこなかった．その理由として，まず，かつてと比べればかなり変化している過疎農村地域の生活の実態把握が十分ではなかったことが挙げられる．現在の過疎農村地域では，その内部で生活が完結する傾向が弱まり，過疎農村地域の内部と外部の間で取り結ばれる社会関係が，量的に増加し，また，多様化してきている．端的にいえば，それは，日常的な自家用車利用による社会移動の拡大であり，生活の拠点を過疎農村地域に置きつつ，日常的に移動を繰り返す住民の増大として出現している．このため，現代の過疎農村地域の生活構造の実態は，過疎農村地域の内部と外部との関係をみることで捉えられることになる（高野編著 2022）．

　こうした日常的な移動の拡大のもたらした影響と，世帯としての高齢者世帯と，その家族である他出子との関係実態をふまえた過疎地域の地域構造と生活構造の双方を捉えた現状分析に基づくことで，過疎高齢者の生活実態に応じた生活支援のあり方も検討できるのではないだろうか．そこで，本稿では過疎農村地域である山口県萩市田万川で継続的に実施してきた社会調査結果をもとに，過疎農村地域の地域構造を把握するためには，過疎農村地域と近隣の地方都市から形成される圏域を設定する必要があることを指摘する．そのうえで，当該圏域における高齢者世帯と，他出子との関係を確認することで，現代の過疎農村地域の生活構造の一端を明らかにすることを試みる．

2　過疎地域の地域構造と生活構造

2.1　地域に対する政策的期待と課題

　なんらかの福祉課題の解決にあたって，地域が持つとされる諸機能に期待が寄せられることは，実践の場面にとどまらず，福祉社会学研究においても稀なことではない．また，近年の地域福祉政策でも，介護保険制度における地域包括ケア体制の確立，地域共生社会形成などが目標とされ，地域が持つとされる課題解決機能への期待は大きい [1]．しかし，これらの地域福祉政策が想定している地域については，空間的な地域構造と住民の生活構造が一体として把握さ

れているわけではない．たとえば生活支援体制整備事業における第1層の市町村区域，第2層の中学校区域等の日常生活圏域といった2層区分は，生活支援コーディネーターの活動範囲として地域社会の構造把握がなされており，福祉サービスや福祉資源の適正な配置を目的として設定されているようにみえる．つまり，これらの圏域は，サービス提供側による効率的なサービス提供体制のために設けられたものであり，第2層の日常生活圏域は，そこで暮らす人びとが支え合い活動などを行う場合の地域と実感できる範囲と一致しているとは限らない．少し補足しておくならば，過疎農村地域での社会調査結果からは，一般的な地域という言葉から想起される範囲は旧村単位であることが多く，支え合い活動の場としての地域の範囲は，集落や班・組などといったより狭域となることが示されている（高野 2017）．

　もちろん，サービス提供側による圏域設定と，住民自身が意識する地域の範囲とが一致することが望ましいかどうかは，一概にはいえないのかもしれない．しかし，少なくとも地域構造と人びとの生活構造との関係をみなければ，こうした問題自体が見逃されてしまうということを，ここでは指摘しておきたい．

2.2　過疎農村地域の生活主体の多様性

　高齢化率が上昇しているとはいえ，もちろん，過疎農村地域で生活する人びととは，高齢者に限られているわけではない．過疎農村地域の生活主体の多様性に留意しつつ，そこに関係する人びとの社会移動の状況に注目することで，生活主体の対象を広げる必要性もある．過疎農村地域の生活主体の全体像を描くためのひとつの試みとして，空間的距離，近接性を示す「農村の内部，外部」の軸と，「親族，非親族」との軸を組み合わせて生活主体を4つに類型化する（図1）．それらは，同居子，既Uターン者などの「農村内部・親族」層，他出子，Uターン（見込み）者などの「農村外部・親族」層，さらに，農村内の住民に加えて，既Iターン者（地域おこし協力隊員なども含む）などの「農村内部・非親族」層，Iターン（見込み）者などの「農村外部・非親族」層である（高野 2022：32-4）．

　大まかにいえば，これまでの農村研究の多くは，家や村落を強固な存在と捉え「農村内部・親族」や「農村内部・非親族」層を対象とし，農村内部での生

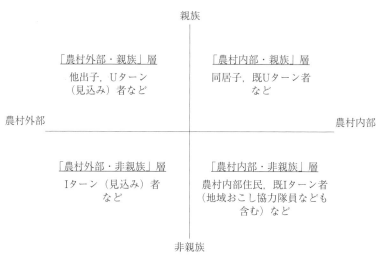

図1　社会移動と親族関係からみる農村における生活主体の類型

出典：高野（2022: 33）

活の持続可能性を問題としてきた．また，「農村内部・非親族」層に対してI
ターン理由や農村内での定住継続要因，定住過程などは検討されてきたが[2]，
日常的な社会移動の拡大が認められるにもかかわらず，「農村外部・親族」層，
なかでも近隣の地方都市に居住する他出子が，買い物や通院の送迎などを通じ
て日常的に農村内部へ移動し社会的サポートを提供しながら農村内部の親族
（親）を支えている実態は，十分に分析されてこなかった．過疎農村地域で高
齢者が生活可能となるのは，他出子の生活支援の存在も大きいが，これまでは，
世帯と家族との関係を，過疎農村地域の高齢者の生活支援の議論に十分には取
り込めていなかったようにみえる．実態をみても，世帯として捉えられた一人
暮らしの高齢世帯への地域福祉サービスなどの支援は，個別支援として設計さ
れる場合が多く，高齢世帯内での高齢者のみを対象としてきた．このため，他
出子との関係実態，そして他出子による社会的サポートの実態と機能が，十分
に把握されてこなかったと考えられる．

2.3　地域構造と生活構造の把握

このように，現在の過疎農村地域の人びとの生活実態を包括的に把握するためには，空間的な地域構造と，そこに居住する人びとの生活構造を捉える必要がある．空間的な地域構造と人びとの生活構造とは，いうまでもなく密接に相互関連しているが，過疎農村地域の生活を把握する場合には，過疎農村地域のみを対象としていては実態を捉えられなくなっている．現在の過疎農村地域の人びとは，通勤，通学，通院，福祉サービス利用，食料品の買い物などの社会移動を，日常的に，しかもかなり広域にわたって繰り返すことで生活を維持している．こうした日常型移動（加来 2022: 131-70）に支えられた生活構造の実態を考慮すれば，従来の過疎農村地域のみを対象とした分析ではなく，過疎農村地域と地方都市との関係を含めた分析視点が有効である．両者を包括的に捉えていくことは，社会学的な分析に期待されるところであるが，現状の過疎農村地域分析としては，十分ではなかったともいえよう．

また，社会学が「全体社会―中間集団―個人」という関係から社会現象を把握するとすれば，福祉社会学では「地域社会を中間集団としてどのように位置付けるか」が課題となる（小川 2004: 98-9）．この点について，本稿では，いくつかの集落から形成される地域社会を複数内包することで形成されている過疎地域の地域構造と生活構造の実態を，日常型移動の増大による生活圏域の拡大をふまえて「過疎内包型地域圏」として捉え，検討する．

もちろん，過疎農村地域の状況は，日本全体からみれば極端な事例かもしれない．そのため，過疎農村地域から得られた知見の一般化には慎重でなければならない．また，高齢者と他出子との社会的サポートの重要性の強調は，家族支援への依存度を高め，家族負担の増大を導くという問題も抱えている．こうした点には十分注意を払いながら，福祉社会学研究として，空間的，地理的な地域構造把握と，世帯と家族との関係から導かれる生活支援活動の主体の拡張（生活構造把握）を進めていく必要性を示すこととしたい．

3　過疎農村地域における地域構造

3.1　過疎内包型地域圏としての地域構造把握

　このような農村側の変化は，近隣の地方都市との関係をもとに整理すると，おおよそ 3 つの時期区分を設定できる（高野 2023b: 109-14）．まず，農村内部での生活の完結性がある程度まで高く，生活に関する用務先として地方都市の存在が比較的小さかった時期から 1960 年代の高度経済成長期を経て，過疎化が進行していく．その過程で兼業化が拡大し，自家用車の普及もあって過疎農村地域でも通勤圏の拡大が起こり，買い物などの消費行動や通院先などの用務先も広域化する．一方で，過疎農村地域の近隣都市に移住し，そこから過疎農村地域へ日常的に移動する人びとも認められるようになる．

　人びとの生活構造が，過疎農村地域と近隣の地方都市との日常型移動（加来 2022）を組み込むことで形成されていく．こうした事態は「日常型移動過疎地域圏」の形成とみることができる（図 2）．

3.2　過疎内包型地域圏

　日常型移動過疎地域圏では，日常的な移動が増加し，過疎農村地域内での生

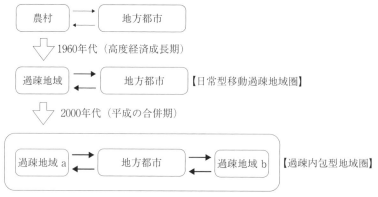

図 2　過疎内包型地域圏にいたる過疎地域と地方都市との関係

出典：高野（2023b: 111）

活の完結性は弱まる傾向にあった．さらに，「市町村の合併の特例に関する法律」（合併特例法）によって進められた，いわゆる「平成の合併」によって全国の市町村数は半数近くまで減少し，2010 年 3 月 31 日時点で 1,727 となった．この過程で，過疎町村が当該地域の中心都市と合併し，複数の過疎町村を内包した合併自治体が登場することとなった．こうした合併後の広域な自治体内／間で形成されている生活圏域が「過疎内包型地域圏」である．

　日常型移動過疎地域圏から過疎内包型地域圏への移行は，単に空間的な社会移動範囲の拡大にとどまるものではなく，「過疎農村地域で生活する人びとの移動行動が，住民の属性に応じて多様化し，頻繁に繰り返されることで，日常化する方向へ変化」（高野 2023b: 113）する点を重視したものである [3]．

　このように日常型移動の拡大によって過疎農村地域における生活圏の変化が起こっているにもかかわらず，かつてのように農村の生活の完結性の存在を前提として人びとの生活を把握しようとしてきたがために，高齢世帯の生活支援における他出子との関係を見逃してきたともいえよう [4]．

3.3　過疎高齢者と他出子との関係

　過疎高齢世帯の生活を近隣の地方都市に居住する他出子が支えていることは指摘されてはいたが，実態は十分に検討されていない．これには理由があり，他出子側からみた高齢世帯との関係把握は，調査方法上の困難を抱えているからである．実際に社会調査を行おうにも，過疎農村地域に暮らす高齢者の他出子居住地の把握は困難であり，先行研究の多くは，高齢の親世帯側を調査対象者として，親世帯側からみた他出子との関係把握を行わざるを得なかった．

　こうした制約はあるものの，高齢世帯の生活における他出子の果たしている役割を重視した研究として，丸山真央らによる長野県下伊那郡天龍村における他出子の「生活サポート帰省」の実体把握（丸山・相川・福島 2020: 46-58），堤研二による大分県日田郡旧上津江村の 1960 年から 1984 年の 25 年間の住民票除票データを用いた，この間の転出者の属性，移動先や移動距離などの地理学的分析（堤 2011）などが認められる．一方，徳野貞雄らによる熊本県山都町からの他出子に対する社会調査は，他出子側を対象とした社会調査結果として貴重である．山都町行政の協力を得て，熊本都市圏に居住する他出子の住

所を把握したうえで，熊本市中心部在住の他出子への面接法による調査と，熊本市周辺部在住の他出子への郵送法による調査という双方の結果を用いた分析となっている（徳野 2014: 160–72）．

　過疎内包型地域圏の視点に立つ分析は，この山都町調査のように，親側と他出子側の双方からの実態把握をふまえて行われることが望ましい．そのため，本稿では親側と他出子側から得られた社会調査の結果を用いて検討を進める．しかし，他出子対象の社会調査は，予備調査結果のため十分なものではない．あくまでも過疎内包型地域圏の実体把握のための手がかりとして示しておきたい．

　すでに述べたように，他出子との関係把握は，調査方法上に困難を抱えている．何らかのかたちで他出子の名簿が整備されている訳ではないため，他出子への調査票の送付方法には工夫が求められる．そのため，本稿で用いる山口県萩市田万川地区で実施した社会調査では次のように対応した．まず，萩市田万川総合事務所，萩市社会福祉協議会田万川事務所に依頼し，田万川地区の民生委員児童委員協議会の 2022 年 11 月定例会への参加の許可を得て，民生委員全員（12 人）に対して他出子調査の趣旨を説明し，予備調査実施の理解を得ることから始めた．そのうえで，各民生委員の担当地区の一人暮らしと夫婦のみ世帯のなかから調査協力を依頼しやすい高齢世帯を 3～5 世帯程度挙げてもらい，それらの世帯への見守り活動の機会などを利用して他出子の人数を確認してもらった．このように有意抽出であり調査対象他出子の代表性には問題を抱えている．

　そして，翌月の定例会で他出子の人数が記入された用紙を回収した．そのうえで翌々月の定例会で，別居子宛の依頼状，他出子調査票，返信用封筒を封入し，各高齢世帯の他出子の人数分を民生委員に持ち帰ってもらい，各世帯に届けてもらうこととした．配布時には，他出子の居住地の住所と氏名の記入を高齢者自身に依頼し，民生委員に投函してもらった．あわせて，親側調査票として，年齢，性別，世帯構成といった属性，他出子の居住地，交流頻度などを確認するための調査票の記入と返送を，高齢者に依頼した．なお，プライバシー保護の点からも，他出子調査票と親側調査票を紐付けることは行っていない．

　以下では，田万川地区の住民を対象とし，3 回に渡って継続実施してきた社

会調査結果と，この予備調査結果を用いて，過疎内包型地域圏における高齢世帯と他出子との関係の一端をごく簡単に提示したい．

4　過疎高齢者と他出子との関係

4.1　山口県萩市田万川の生活圏の概要

調査対象地域の山口県萩市田万川地区は，島根県益田市と隣接し，山口県と島根県の県境に位置している（2020 年人口 2,426 人）．2005 年萩市と合併し萩市田万川となった．萩市との合併は田万川町に加え，隣接する 2 町 4 村によって行われた（図 3）．田万川地区は島根県との県境に位置しており，山口県庁所在地の山口市までは約 78㎞ と遠隔に位置している．市役所のある萩市までも約 34㎞ 離れているが，隣県の島根県益田市までは約 24㎞（田万川町史編さん委員会 1999: 4）であり，後述するように益田市の方がより身近な生活圏

図 3　山口県萩市田万川の位置

出典：「全国都道府県別・市町村合併新旧一覧図（平成 15 年以降）」（国土地理院 2019）掲載の「山口県」から萩市部分を一部改変して転載

となっている[5].

　益田市は，島根県の西端の中心都市として周辺地域の医療や商業などの生活を支え，周辺市町と連携した広域行政においても中心的な役割を果たしている（島根県益田市（政策企画局 政策企画課）2021）．2004 年に 1 市 2 町が合併して現在の益田市となる．2020 年国勢調査人口 45,003 人であり，世帯数は18,870 世帯である．2015 年国勢調査結果と比較すると，人口は 2,715 人減少している（人口増減率 −5.7%）.

　過疎内包型地域圏としてみた場合，田万川地区は，益田市とさまざまな生活用務先を通じて結びついている．こうした田万川地区の住民を対象として約10 年間隔で 3 回の社会調査を実施した[6]．まず，この調査結果をもとに，田万川地区の人びとの生活に関する用務先の変化をみておきたい.

　ここで確認できるのは，田万川の人びとにとって生活ニーズを充足するための用務先として，隣県の益田市の存在が実に大きいということであるが，調査では生産や経済に関する「就業地」，消費に関する「食料品・日用品の買い物」，サービス利用に関する「病院への通院」，「休日などに遊びにでる時（ちょっとした外食など）」などの用務先の場所を選んでもらっており，結果は表に示した．しかし，紙幅の都合もあって，本稿では就業地と「日用品・食料品の買い物」先をみておきたい.

　主な職業の就業地では，2021 年調査では，集落内を除く田万川地区内（37.9%），集落内（23.5%）に次いで益田市内（20.6%）が多くなっている（表1）.約 6 割（37.9%＋23.5%）は田万川地区内で就業し，続くのは山口県内の旧萩市（9.0%）ではなく，約 2 割が県外の島根県益田市で就業している．1998 年調査からの約 20 年間に，萩市との合併を経ても，集落内と田万川地区内が減少し，益田市が増加していることもわかる[7].

　次に「日用品・食料品の買い物」は，2021 年調査では益田市内が最も多く5 割（51.4%），次いで田万川地区内が約 4 割（42.1%）となっている（表2）.この質問は 1998 年調査にはなく，比較できるのは 2011 年調査であるが，田万川地区内の割合が減少し，益田市が増加している．また，青壮年層と高齢層とを比較すると（表3），青壮年層の実に 7 割（70.1%）が益田市内である．高齢層は青壮年層とは異なり，より近い田万川地区内の割合が 5 割（52.7%）を

表 1　主な職業の就業地

(%)

	調査年	実数	集落内	田万川地区内	益田市内	阿武町内	旧萩市	山口県内	益田市以外の県外	それ以外	合計
主な職業の就業地	1998 年	162	30.2	43.2	17.9	–	–	–	–	8.6	100.0
	2011 年	376	28.2	45.7	12.2	1.6	5.3	2.7	1.3	2.9	100.0
	2021 年	277	23.5	37.9	20.6	2.2	9.0	5.8	0.7	0.4	100.0

注：「阿武町内」は 2011 年調査では「阿武郡内」である。また、1998 年調査の選択肢は「集落内」「町内」「益田市」「それ以外」であった。

表 2　生活に関する用務先 (2011 年調査, 2021 年調査)

(%)

	調査年	実数	集落内	田万川地区内	益田市内	阿武町内	旧萩市	山口県内	益田市以外の県外	自分では しない	その他	合計
日用品・食料品の買い物	2011 年調査	505	2.6	46.1	46.5	0.2	2.2	0.4	0.4	1.6	–	100.0
	2021 年調査	430	0.7	42.1	51.4	0.0	2.1	0.0	0.0	2.1	1.6	100.0
病院への通院	2011 年調査	528	0.6	18.9	64.2	4.7	5.1	3.0	1.3	2.1	–	100.0
	2021 年調査	436	0.2	11.7	73.4	0.5	6.2	4.6	0.2	1.6	1.6	100.0
休日などに遊びにでてる時（ちょっとした外食など）	2011 年調査	511	0.4	6.5	71.2	0.6	2.7	2.9	0.8	14.9	–	100.0
	2021 年調査	426	0.9	6.3	71.1	0.0	3.3	3.3	1.2	10.8	3.1	100.0

注：2011 年調査では選択肢「その他」は設けていない。

表 3　年齢 2 区分別生活に関する用務先 (2021 年調査)

(%)

	調査年	実数	集落内	田万川地区内	益田市内	阿武町内	旧萩市	山口県内	益田市以外の県外	自分では しない	その他	合計
日用品・食料品の買い物	64 歳以下（青壮年層）	164	0.0	25.6	70.1	0.0	4.3	0.0	0.0	0.0	0.0	100.0
	65 歳以上（高齢層）	262	1.1	52.7	39.3	0.0	0.8	0.0	0.0	3.4	2.7	100.0
病院への通院	64 歳以下（青壮年層）	163	0.0	4.3	83.4	0.0	5.5	3.7	0.0	1.2	1.8	100.0
	65 歳以上（高齢層）	268	0.4	15.7	67.9	0.7	6.7	5.2	0.0	1.9	1.5	100.0
休日などに遊びにでてる時（ちょっとした外食など）	64 歳以下（青壮年層）	157	0.6	0.6	84.7	0.0	4.5	4.5	1.9	3.2	0.0	100.0
	65 歳以上（高齢層）	266	1.1	9.8	63.5	0.0	2.3	2.6	0.8	15.0	4.9	100.0

超えているが，益田市内も約4割（39.3%）に達している．

　益田市との関係は年齢層によって異なり，青壮年層でより密接であることがわかる．また，高齢層にとっても用務先としての益田市の存在感は大きく，自家用車によって移動する高齢者層（加来 2022: 151-64）の存在がうかがえる．

4.2　他出子との交流頻度

　次に，65歳以上の高齢者に対して他出子との交流頻度を確認した（表4）．調査実施時期は，2021年12月であり，新型コロナウイルス感染症の感染状況は比較的落ち着いていた．とはいえ，「この1年間」という2020年末からの期間は，複数回の緊急事態宣言などで県境を越える移動自粛や，高齢者への訪問を控えることが要請された時期でもある．このため，それ以前とは異なり，両者の交流はかなり抑制されていた可能性がある．

　全体でみると「年に数回」が最も多く4割（43.0%）を超え，次いで「月に数回」が2割弱（18.3%）となった．より頻度の高い訪問である「ほとんど毎日」（4.6%），「週に数回」（6.1%）は，あわせて1割強（10.7%）であった．また，「全く行き来はない」（16.0%）場合も少なくない割合で認められた．

　なお，「全く行き来はない」は過去調査と比較して2021年調査でかなり増加しており，「年に数回」は逆に減少している．一方で，「月に数回」以上の頻繁な交流は，その割合自体は少ないとはいえ，ほとんど変化は認められない．一般的に頻繁な交流は，近距離に居住する他出子の方が容易であるため，新型コロナウイルス感染症の感染拡大は，より遠距離居住と推測される他出子との交流に影響を与えたと思われる．

表4　65歳以上高齢者と他出子との交流頻度　　　　　　　　(%)

	実数	別居している子どもはいない	ほとんど毎日	週に数回	月に数回	年に数回	全く行き来はない	合計
1998年調査	153	13.1	0.7	7.2	17.0	58.8	3.3	100.0
2011年調査	239	14.6	4.2	5.0	22.6	49.8	3.8	100.0
2021年調査	263	12.2	4.6	6.1	18.3	43.0	16.0	100.0

4.3　他出子との関係

　こうした他出子との交流が過疎高齢者にどのような意味をもつのかを，65歳以上の高齢者に「日々の暮らしの中で，あなたが頼りにしている」相手を複数回答で挙げてもらい確認した．さらに「最も頼りにしている」相手も確認した（図4）．まず，頼りにしている相手（複数回答）は，「配偶者（夫または妻）」（67.9％）と「子ども」（67.2％）がほぼ同じ割合となり最も高くなった．民生委員や，行政の支所機能を持つ総合事務所，市役所，社会福祉協議会，社会福祉施設といった専門職や社会的支援機関はほとんど支持を集めていない．

　一方，最も頼りにしている相手は（図4），「配偶者（夫または妻）」が約5割（51.6％）となり，複数回答ではほぼ同じ割合であった「子ども」は約3割（32.1％）に下がるが，この2者で全体の8割を超えている．田万川の高齢者は，配

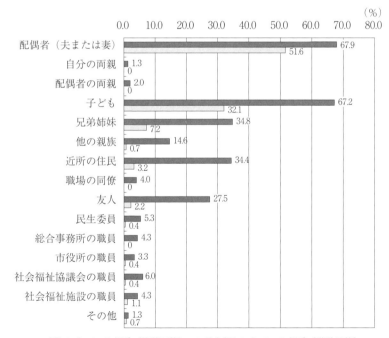

　　　　　■頼りにしている相手（複数回答）　□最も頼りにしている相手（単数回答）

図4　高齢者（65歳以上）が日々の暮らしのなかで頼りにしている相手（複数回答）と，最も頼りにしている相手（単数回答）

表 5　世帯構成別 65 歳以上高齢者が最も頼りにしている人の状況　（%）

		65 歳以上の高齢者	一人暮らし世帯
	実数（人）	312	55
最も頼りにしている人	配偶者（夫または妻）	51.6	2.2
	自分の両親	0.0	0.0
	配偶者の両親	0.0	0.0
	子ども	32.1	42.2
	兄弟姉妹	7.2	22.2
	他の親族	0.7	2.2
	近所の住民	3.2	13.3
	職場の同僚	0.0	0.0
	友人	2.2	11.1
	民生委員	0.4	2.2
	総合事務所の職員	0.0	0.0
	市役所の職員	0.4	0.0
	社会福祉協議会の職員	0.4	0.0
	社会福祉施設の職員	1.1	4.4
	その他	0.7	0.0
最も頼りにしている人の性別	男性	52.8	39.1
	女性	47.2	60.9
平均年齢		65.7	61.4
会う頻度	ほとんど毎日	72.4	15.9
	少なくとも週 1 回	9.6	36.4
	少なくとも月 1 回	8.5	22.7
	少なくとも 2～3 ヶ月に 1 回	3.3	6.8
	年に数回	6.3	18.2
居住地	同居している	64.1	0.0
	集落内	8.4	28.9
	田万川地区内	10.8	22.2
	益田市内	6.3	13.3
	阿武町内	0.3	2.2
	旧萩市	2.1	11.1
	山口県内	3.1	4.4
	益田市以外の県外	3.5	13.3
	その他	1.4	4.4

偶者や子どもなどのインフォーマルな関係をまず最初に頼りにしており，少なくとも意識のうえでは社会的支援機関によって提供されるサービスの存在感は小さい．

　さらに，より不安定と思われる一人暮らし世帯について最も頼りにしている人の状況を確認した（表5）．子どもが最も頼りにされており，少なくとも月に1回以上は会っている人が7割を超えている（22.7%＋36.4%＋15.9%）．また，居住地は，田万川地区内での近居が多く，益田市内もそう大きな割合ではないが認められた．近居する子どもとの交流が比較的維持されていることがわかる．田万川地区内と益田市，旧萩市といった近居している子どもであるからこそ，最も頼りにされているとみることもできよう．

　これらの結果から注目すべきは，過疎高齢者自身が生活支援を得ることを期待しているのは，あくまでも配偶者や，他出子を含む子どもという家族であって，多様な社会的支援機関のサービスは，意識のうえでの存在感は大きくはなかったという点である．実際には，社会的支援機関による生活支援サービスや介護保険サービスなどは必要に応じて利用されていると思われるが，頼りになる存在としてまでは意識されていないことが示されている．

　以上は親側から捉えた他出子との関係であるが，近居の他出子による支援実態として，親への定期的な支援の内容を他出子予備調査結果からみておきたい（表6）．山口県，島根県，広島県在住を「近距離県」，それ以外を「遠距離県」とすると，生活物資提供，家業支援，家事援助，買い物・通院時のクルマでの移動，様子の確認などでは，近距離県在住の他出子の方が支援の割合が高い．あくまでも予備調査の結果であり，また経験的にも指摘されてきたが，他出子からの支援といっても，親との空間的距離によって提供の頻度は異なるといえそうである．とはいえ，親側が頼りにしている子どもと，この他出子が一致しているかどうかは不明である．最も頼りにしているとまではいえない別の子どもから社会的支援提供もあり得る．

5　過疎内包型地域圏と過疎高齢者と他出子との交流

　本稿では過疎農村地域と近隣の地方都市から形成される圏域設定の必要性を

表 6　遠近県別親への定期的な支援　　　　　　　　(%)

	実数	いつも している	ときどき している	たまに している	まったく していない	合計
生活物資（食料品・ 日用品・衣料など） を送っている・持っ ていっている　近距離県（山口・島 根・広島）	31	0.0	12.9	22.6	64.5	100.0
遠距離県	34	0.0	5.9	20.6	73.5	100.0
家業（農業・漁業な ど）の手伝いをして いる　近距離県（山口・島 根・広島）	31	0.0	16.1	9.7	74.2	100.0
遠距離県	34	0.0	0.0	5.9	94.1	100.0
家事の手伝いをして いる　近距離県（山口・島 根・広島）	31	0.0	19.4	22.6	58.1	100.0
遠距離県	34	2.9	2.9	23.5	70.6	100.0
通院・買い物などで 移動するときに，自 分のクルマに乗せて いる　近距離県（山口・島 根・広島）	31	12.9	6.5	22.6	58.1	100.0
遠距離県	34	3.0	6.1	3.0	87.9	100.0
実家に出向いて，様 子を見にいっている　近距離県（山口・島 根・広島）	31	0.0	54.8	29.0	16.1	100.0
遠距離県	34	2.9	5.9	44.1	47.1	100.0

指摘し，過疎内包型地域圏の一例として，山口県萩市田万川地区と島根県益田市との関係を示した．田万川の人びとにとって生活ニーズ充足の用務先は，益田市に集中しており，自家用車による移動を日常的に繰り返しながら生活を維持している実態が明らかとなった．また，過疎内包型地域圏に居住する他出子による高齢親世帯に対する生活支援の実態把握を試みた．高齢親世帯側に対する社会調査結果と，他出子を含む子ども側への社会調査結果の双方をつなぐ分析までには至らなかったが，過疎内包型地域圏として過疎農村地域を把握し，各種資源の空間的配置などの地域構造把握と，高齢世帯と他出子家族との関係分析などの生活構造把握とによって，過疎高齢者への生活支援を検討する必要性があることは示し得たのではないかと思われる．具体的な対応策の提示は，今後の課題としたい．

　福祉社会学的な分析のひとつの役割は，個人や世帯，家族を対象とした生活構造の把握と，全体社会の社会構造変動との関係を捉える視点の提示にある．従来の過疎研究では，全般的な一人暮らし世帯の増加という世帯構造の変化を

捉えてはいたものの，そうした状況下での過疎高齢者の生活実態は十分に確認
できていなかったともいえる．不安定な状態にあると思われがちな過疎高齢者
であるが，本稿で示したように近隣の地方都市に居住する他出子との関係が維
持され，生活支援が交わされている場合もあることをふまえ，こうした状況を
過疎内包型地域圏と捉えることによって，過疎農村地域における生活継続のた
めの手がかりも得られるのではないだろうか．

［付記］

本稿では，JSPS 科研費 JP09710147，JP21530598，JP19H01562，JP22H00906
の助成による社会調査結果を使用した．また，本稿は（高野 2023a），（高野
2023b）をもとに大幅な加筆を行ったが，記述の重複がある．

注

1) 近年の地域福祉政策に認められる人びとに共生の理念の共有を促す動きと，課題解
決のための協働活動参加への期待，さらに両者の関係性については，本稿で用いた
事例をもとに別稿（高野 2023b: 101-56）で検討している．
2) 交流人口や関係人口（田中 2021），さらに地域おこし協力隊員などは，過疎農村地
域と都市地域とを経済的関係でつなぐことで，経済的な振興の担い手として期待さ
れているようにみえる．このため，選ぶ側の都市地域と選ばれる側の過疎農村地域
といった関係となりがちであり，こうした関係をいかに乗り越えられるのかが問わ
れている．
3) 過疎内包型地域圏は合併後の行政単位と一致するとは限らない．行政圏域を越えた
生活圏と重なる範域で形成される場合もある．
4) 日本における初期の都市社会学研究者の関心が都市の社会構造把握にあったにもか
かわらず，その後のコミュニティ研究などは都市化の進行に伴う人びとの関係の解
体と再形成の分析に注力する一方で，これらを社会構造把握と接続させてこなかっ
たとされる（中筋 2002: 84-9）．この指摘と類似した経過が，過疎農村地域把握に
も認められるのではないだろうか．
5) 田万川地区の JR 山陰本線江崎駅から益田駅までは約 30 分弱の乗車時間であるが
一日 7 便であり，益田市内へのバス路線は一日 6 便である（2024 年 3 月時点）．自
家用車の利便性に頼らざるを得ない実態がある．
6) 田万川地区を対象地域として，3 回の住民対象社会調査（調査実施年をもとに
1998 年調査，2011 年調査，2021 年調査と略称）を実施した．調査項目と調査票は
必要に応じて見直してきたが，3 調査ともに共通した構成を維持しており，継続性
をかなり意識してきた．さらに，2023 年に他出子予備調査を実施した．各調査の概
要を表 7 に示した．
7) こうした広域通勤の実態は山口県内の過疎農村地域を対象とした社会調査でも確認
されている（畑本 2010）．

表 7　田万川地区で実施した社会調査の概要

	1998 年調査	2011 年調査	2021 年調査	2023 年 他出子調査	2023 年 高齢世帯調査
調査の名称	田万川 住みよい地域づ くりアンケート	田万川地区 住みよい地域づ くりアンケート	田万川地区 住みよい地域づ くりアンケート	旧田万川町から 他出された方へ のアンケート	別居されている 子どもさんにつ いて
実査時期	1998 年 12 月 5 日～12 月 18 日	2011 年 2 月 11 日～2 月 28 日	2021 年 12 月 6 日～12 月 24 日	2023 年 1 月中 旬～2 月下旬	2023 年 1 月中 旬～2 月下旬
調査方法	留置法	郵送法	郵送法	郵送法	郵送法
調査対象	田万川町小川地 区 25 区から抽 出した下小川地 区内 8 区の全居 住者	萩市田万川地区 20 歳以上居住 者	萩市田万川地区 18 歳以上居住 者	萩市田万川地区 高齢世帯の他出 子	萩市田万川地区 高齢世帯
調査対象数	446 人	1000 人	1000 人	120 人	58 人
抽出方法	悉皆	選挙人名簿抄本 から系統抽出	選挙人名簿抄本 から系統抽出	有意抽出	有意抽出
回収数 (回収率)	336 人 (75.3%)	579 人 (57.9%)	492 人 (49.2%)	69 人 (57.5%)	45 人 (77.6%)

文　献

福島万紀・相川陽一・丸山真央，2021，「地域おこし協力隊の継続的な受け入れに必要な自治体の対応——長野県下伊那郡天龍村の事例」『都留文科大学研究紀要』94: 51-69.

畑本裕介，2010，「限界集落論の批判的検討～地域振興から地域福祉へ——山口市徳地地域の高齢者生活調査を中心に」『山梨県立大学人間福祉学部紀要』5: 1-15.

加来和典，2022，「農村地域における日常型移動研究の意義」日本村落研究学会企画・高野和良編『年報　村落社会研究　第 58 集　生活者の視点から捉える現代農村』農山漁村文化協会，131-70.

丸山真央・相川陽一・福島万紀，2020，「過疎山村における他出家族員の『生活サポート』——長野県天龍村の事例から」『東海社会学会年報』12: 46-58.

中筋直哉，2002，「日本の都市社会学——都市社会学の第 1 世代」高橋勇悦監修，菊池美代志・江上渉編『21 世紀の都市社会学』学文社.

小川全夫，2004，「地域概念再構築の福祉的課題」『福祉社会学研究』1: 98-112.

島根県益田市（政策企画局 政策企画課），2021，『第 6 次益田市総合振興計画』.

高野和良，2017，「地域福祉活動と地域圏域」三浦典子・横田尚俊・速水聖子編著『地域再生の社会学』学文社，189-205.

————，2022，「生活研究からみた現代農村の課題」日本村落研究学会企画・高野和良編『年報　村落社会研究　第 58 集　生活者の視点から捉える現代農村』農山漁村文化協会: 11-41.

————，2023a，「過疎内包型地域圏における高齢者と他出子との関係——2021 年田万川調査の結果による予備的考察」『人間科学共生社会学』12: 39-60.

————，2023b，「人口減少時代における地域共生社会の展望——過疎地域の協働と

　　共生の視点から」三重野卓編著『シリーズ・現代社会学の継承と発展 4　福祉
　　と協働』ミネルヴァ書房，101-56.

高野和良編著，2022，『新・現代農山村の社会分析』学文社.

田万川町史編さん委員会，1999，『田万川町史』.

田中輝美，2021，『関係人口の社会学——人口減少時代の地域再生』大阪大学出版会.

徳野貞雄，2014，「第一部　現代の家族と集落をどうとらえるか」，徳野貞雄・柏尾珠
　　紀『T型集落点検とライフヒストリーでみえる家族・集落・女性の底力——限
　　界集落論を超えて』農山漁村文化協会，14-224.

————，2022，「現代農山村の展望」高野和良編著『新・現代農山村の社会分析』
　　学文社：139-62.

堤研二，2011，「過疎山村・大分県上津江村からの人口移動の分析」『人口減少・高齢
　　化と生活環境——山間地域とソーシャル・キャピタルの事例に学ぶ』九州大学
　　出版会：61-108.

山本努・徳野貞雄・加来和典・高野和良，1998，『現代農山村の社会分析』学文社.

abstract

Reconsidering Depopulated Areas as Regional Blocs that Encompass Depopulated Areas: Based on the relationships between seniors living in depopulated areas and their children who have left for nearby provincial cities

TAKANO, Kazuyoshi
Kyushu University

Today's underpopulated rural village communities show a weakening of the tendency toward containment of residents' livelihoods completely within the community, due to the growth and diversification of social networks with both internal and external components. Amid growing social mobility using private vehicles, residents increasingly move back and forth across a wide area on an everyday basis, even as their livelihoods remain based in underpopulated rural village communities.

Such everyday mobility in fact supports the livelihoods of seniors living in un-derpopulated rural village communities. Even if we treat seniors living in under-populated rural village communities as senior single-person households, if their families include children who have left for other localities nearby, then in not a few cases those children will support the seniors' livelihoods through grocery shopping and hospital visits.

But it would be hard to say that sufficient analysis has been conducted on the current state of both community structure and livelihood structure in underpop-ulated communities, while taking into consideration the impact of growth in ev-eryday mobility and the actual state of relations between senior households and their families. Accordingly, in order to ascertain the community structures and livelihood structures of underpopulated rural village communities, the need to establish a category of regions that includes underpopulated areas is identified for regions consisting of underpopulated rural village communities and nearby provincial cities. The relationship between senior households and their families of children who have left for other localities is then verified based on the results of a social survey conducted continuously in Tamagawa, Hagi, Yamaguchi Prefecture, Japan. By describing some aspects of the livelihood structure in a contemporary underpopulated rural village community, clues for considering the possibility of continuation of livelihoods in underpopulated regions are identified.

Keywords：depopulated areas, separated children, regional structure, livelihood structure, regional blocs that encompass depopulated areas

┃特集論文Ⅱ┃

副田社会学の継承と発展

| 特集論文Ⅱ |

特集「副田社会学の継承と発展」に寄せて

畑本　裕介

1　はじめに

　副田義也先生（以下は敬称略）は，2021年10月8日に逝去された．享年86歳であった．東京大学大学院社会学研究科を修了なさった後，日本社会事業大学，東京女子大学，筑波大学を経て，最後は金城学園大学に移られた．筑波大学では副学長も務められている．途中1995年には『生活保護制度の社会史』で東京大学博士（社会学）を取得された．社会学者としてのキャリア以外にも多才な方で，第38回芥川賞候補（1957年）となられたり，小学館漫画賞選考委員（1970〜1989年）を務められたり，等々なさっていた．

　こうした輝かしい経歴のなかでも，福祉社会学会にとっては，その初代会長を務められたことが最も注目されることだろう．その功績だけを評価してのことではないが，第21回福祉社会学会大会（2023年7月2日9：30〜12：00，於・同志社大学今出川キャンパス）にて，福祉社会学会20周年企画として，「副田社会学の継承と発展」と題するテーマセッションを開催した．本特集はこの時の発表をもとに，各発表者に原稿をまとめていただいたものである．

2　副田と福祉社会学

　副田は福祉社会学会第1回大会での記念講演にて，福祉社会学とはどのような学問であるかについて見解を述べている．著書『福祉社会学宣言』（岩波

はたもと ゆうすけ｜同志社大学政策学部・教授｜yhatamoto@mail.doshisha.ac.jp

書店）に発表原稿が収録されているので，これを参考にその見解を確認しよう．
ここでは，「福祉社会学は，社会福祉を対象とし，社会学の方法を使って行われる研究である」（副田 2008: 296）とされている．社会学の方法とは，社会学において利用される「概念や理論，調査方法など」のことである．副田は，A. インケルスの説をひいて，この社会学の方法には「学史的方法，経験的方法，分析的方法」の 3 つがあると考えていたようである．この「方法」こそ，社会福祉学や社会政策学等のあまた存在する隣接学問と福祉社会学を区別するものである．

　なぜ副田は自分の学問として福祉社会学を選んだのだろうか．それは，上記の「社会学の方法を使って社会福祉を理解することが，私には興味深い」からとのことである．福祉社会学も，他の学問分野のように政策や運動を「批判」したり「提案」したりすることはできる．しかし，副田の関心は「理解」にあった．福祉社会学の方法による理解は「社会福祉の歴史とその分野の人間関係がドラマのように面白い」（副田 2008: 302）．すなわち，なんらかの改善点の提案のような実践への貢献ではなく，純粋に学問的な知的好奇心を重視した姿勢であった．

　副田自身の知的関心を満たすのが福祉社会学であるが，副田の読者にとってもそれは同じである．副田の各著作は，新たな事実の発見や独創的な整理といった学問的な貢献があるだけではなく，純粋に読んで面白い．その分析は，ドラマチックであることを心掛けていたためか，物議をかもすぎりぎりのラインをついた内容も多く，時には運動や実践を突き放したような態度をみせる場合もある．こうした姿勢はともすれば批判を受けそうであるが，精緻な分析を行うことによってその批判をねじ伏せている．福祉という対象がドラマであるだけでなく，副田の分析や記述もドラマになっている．

　たとえば，『生活保護制度の社会史』では，生活保護基準の大幅引き上げという政策に朝日訴訟の影響は限定的であったと解釈されている．朝日訴訟のみがこの引き上げをもたらしたとする論考も当時散見されたそうだが，「それは運動論者がみる白昼夢でしかない」（副田 1995: 149）と切って捨てる．読む方がハラハラさせられる書きぶりである．副田の主張では，「…大幅引き上げの本質は，池田内閣の高度成長政策の一環としての社会保障拡充政策と厚生官

僚たちの基準引き上げという年来の政策上の宿願の合作である」(副田 1995: 150)
というのが正解だったようである．大胆な主張のように思えるが，この朝日訴
訟を扱ったのは，本書第 2 章 72 頁のうち 12 頁だけであり，わずかでしかな
い（この頁数には膨大な註も含まれる）．大部分は，その伏線となる水準向上期
(1961 年から 64 年）における生活保護制度の展開についての記述に割かれてい
る．朝日訴訟に向かう社会的文脈についての詳細で豊かな記述がきわどい主張
の説得力を支えており，読者は納得せざるを得ない．張り巡らせた伏線を回収
するドラマをみているようである．本書は「生活保護制度の展開を素描する習
作であり，これまでの記述自体が主要な目的であって，そのうえになにか結論
めいたものを導き出すことは考えられていない」(副田 1995: 159) とは述べ
られている．だが，すぐ後に「しかし，…若干の感想はつけておきたい」と述
べられ，以上の内容の記述が「結論」として続くのはまた面白い．これは邪推
かもしれないが，やはり筋書きは意識されていたのではなかろうか．

　以上は，副田社会学の面白さの一部を取りだした個人としての感想である．
その一般的特徴を示すものではなく，私はそれを示す立場にもない．副田社会
学の本旨と可能性はどこにあるのか，「継承と発展」はどうなっているのか，
それらの実際は，以下に続く各氏の論文の方で明らかになる．それでは，それ
ぞれの内容についてあらかじめ確認させていただきたい．

3　各発表者の論文について

　藤村論文は，生前を知る場合とそうでない場合で異なる研究者関係の一般的
定義がなされた後，副田の作品群に我々がどうかかわっていけばよいかについ
てヒントを与えてくれる．この論文を読めば，副田の作品群の概要をつかみ，
読んでいく際の導きの糸となるだろう．何を学ぶべきかについて，そのポイン
トを明示してくれているのもありがたい．研究成果から「理論・視点・概念」，
「方法・仮説・手法」を学ぶだけではなく，研究の「姿勢・視野・こつ」や「人
柄・感覚・価値観」も学ぶよう促される．この論文では，前者の研究成果の側
面についてもコンパクトにまとめられている．しかし，後者の側面について記
述ができるのは，副田「氏が筑波大学に勤務していた時代の大学院生であり，

その後，共同研究者」であった藤村氏だからこそのことだろう．

　先ほど，福祉社会学会第 1 回大会での記念講演を引用して，副田の関心は「理解」する社会学にあったと述べた．しかし，この藤村論文から明らかな通り，副田は「批判」する社会学や「提案」する社会学（役に立つ社会学）においても多大な貢献をしたことを改めて強調しておかなければならないだろう．

　このシンポジウムを企画した際に，副田学派の方々にぜひ先生を偲び，「学派」の継承関係と新展開をつまびらかにしていただきたいというような提案をさせていただいた．しかし，これは私の認識不足であった．副田社会学を真摯に読むならば，そこからは学派は生まれず「学風」のみがあるのは明らかである．藤村論文を読み，このことに気がつき恥じ入るばかりであった．

　株本論文では，自身が大学院生であった時からの副田との共同研究の経験をもとに，副田の研究手法が紹介される．「読む」の節で，「理解する」を重視した副田が，そのための読書をどのように行っていたかがまずは具体的に記述されている．約 19 年にわたって継続された私的な研究会である「日曜ゼミ」による社会学関連文献の輪読，歴史的な資料を読む科研費研究会，各種書評セッション等を通して読むという行為がどのようになされたかが描かれる．そこからみえてくる「読む」という行為は，書籍や資料を読解する個人的な作業だけではなく，研究会を開催し発表の媒体を作るという組織化の行為でもある．いわば，読むことのシステム化である．副田はこうした作業にも長けていた．

　続く「聴く」の節では，インタビューのプロセスと副田自身の発言を丁寧にまとめることで，副田の「人柄・感覚・価値観」が表れる．さらに，「書く」の節では，副田の自由を尊重する哲学のようなものまで表現されている．この株本論文を読めば副田社会学の眼目が明らかになるのではなかろうか．

　玉置氏は藤村氏の指導を受け学問的修養を積んだ方なので，副田にとってはいわば孫弟子にあたる．学派の不在ということを考えれば，こうした関係性を論じるのは本来避けるべきかもしれない．しかし，副田社会学の学風が受け継がれているのは疑うべくもないのだから，関係性の確認くらいはしてもよいのではなかろうか．ここに収録された論文でも，副田生活構造論と自らの「新たなライフスタイルを考慮に入れた生活構造論」とのつながりを意識して論が展開されている．

　この玉置論文では，副田生活構造論の主要な論旨を整理した後，それが「生活設計」や「生涯設計」といった視点に接続可能であると主張される．こうした新たな生活構造を理論化する基盤にはギデンズのライフ・ポリティクス論が据えられ，具体例として「終活」が取り上げられる．

　副田生活構造論の影響を確認し，自らの理論構築を成し遂げたことは評価すべきである．しかし，一読して私の理解が及ばなかった点が2点ほどあった．ひとつは，他の社会学者の生活構造論と区別する視点として副田の生活構造論が「『家族』にあえて焦点化」していたとの指摘である．生活構造論のもうひとつの主流の視点には，中鉢正美や篭山京などの経済学者の生活構造論がある．こちらの生活構造論は家計経済を中心に分析するので，その焦点ははじめから「家族」である．副田がマルクスの再生産理論に依拠していたことを考えると，この経済学的生活構造論の方法論を受け入れていただけのことではなかろうか．

　もう一つは，ギデンズの理論である．玉置氏は，ギデンズが「ライフスタイルの強制」の視点を打ち出したとするが，これは「ライフスタイルの『追求』の強制」ではなかろうか．ギデンズの理論を素直に受け入れるなら，玉置氏が例としてあげる「終活」のような特定のライフスタイルが強制されるというより，何らかのライフスタイルを選択するという行為自体が強制されるということであろう．それは，終活でもよいし古式にのっとったものでもよい．もちろん，ライフスタイル「追求」の手段として広く「終活」が利用されるようになったという主張とも読めるので，私の指摘は的外れかもしれない．

文　献

副田義也，1995，『生活保護制度の社会史』東京大学出版会.
　　　———，2008，『福祉社会学宣言』岩波書店.

| 特集論文Ⅱ |

知的職人の社会学的知の系譜
——副田義也・福祉社会学研究からの学び

藤村　正之

　副田義也氏の長きにわたる研究経歴とその間に残された仕事の概況を整理することを通じて，次世代の私たちが何を学びうるか，何を学ぶべきであるか，本稿では試論的な展開を試みる．

　まず，研究の承継という観点で一般的に考えた場合の視点の設定を，研究者間関係，次世代に伝わりうるもの，研究成果の読まれ方に関しておこなう．次に，氏の多岐にわたる研究領域を，a．生活・福祉領域，b．文化・社会意識領域，c．政治・歴史領域の3領域に分けて概括し，そのなかで特に生活・福祉領域で提起された観点として，a．生活構造論，b．老年社会学，c．扶養，d．社会問題の社会学，e．政治社会学としての福祉社会学などについて論ずる．そして，氏がなされた研究のなかの主な特徴として，立場間のフットワーク，理論への立ち位置，当事者合理性への共感と距離にふれる．それらの特徴の背景に氏の経歴も関連していようから，それへの知識社会学的検討を，時代性，自己表現，底流と岐路という観点からおこなうこととする．最後に，書くことの職人的実践者として，氏が伝えようとしたことについて付記する．

　キーワード：生活構造，老年社会学，歴史社会学，当事者合理性，社会学的肖像画

1　視点の設定

　福祉社会学会の初代会長を2期務め，顧問であられた副田義也氏（1934～2021）が逝去された．氏は4つの勤務先（日本社会事業大学・東京女子大学・筑波大学・金城学院大学）で，20代後半から70代半ばまで教員として勤務し，その後，86歳での逝去まで60年におよぶ執筆活動に従事した．氏は長年にわたり，福祉社会学にとどまらない幅広い社会学の領域で研究を展開され，私たちに常に新たな刺激と大きな影響をあたえてこられた．氏の長きにわたる研

ふじむら まさゆき｜上智大学総合人間科学部・特別契約教授｜fujimu-m@sophia.ac.jp

究経歴とその間に残された仕事の概況を整理することを通じて，次世代の私たちが何を学びうるか，何を学ぶべきであるか，本稿では試論的な展開を試みることとする．氏には自らの半生に関する長めのインタビュー記録や研究会の発言記録が2点あり（副田 1998；副田ほか 2012），それらも基礎に諸著作群にふれつつ，氏が筑波大学に勤務した時代の大学院生であり，その後，共同研究者として指導をいただいた筆者の経験も交えて論を進めていく．

　本稿では，まず1節で，研究の承継という観点を一般的に考えての視点の設定を若干おこなうこととする．次に，2節で氏の多様な研究領域の概括をおこない，そのなかで特に生活・福祉領域で提起された観点などについて論ずる．そして，3節で氏がなされた研究の特徴として，立場間のフットワーク，理論への立ち位置，当事者合理性への共感と距離にふれ，4節でそれらの特徴にいたる氏の経歴を加味した知識社会学的検討を，時代性，自己表現，底流と岐路という観点からおこなう．最後に，書くことの職人的実践者として，氏が伝えようとしたことについてふれる[1]．

1.1　研究者間関係の諸類型

　死去された研究者の仕事をどう受けとめるかに際し，まず一般的な形で若干の視点を設定してみることにする．そのような視点として，研究者間関係，次世代に伝わりうるもの，研究成果の読まれ方などがあり，以下，その3点を検討していくこととする．まずは，当該研究者の存命時，研究者間には幾つかの形の社会関係がありえ，他方，逝去にともない当該研究者の執筆による仕事は完結にいたることをふまえると，研究者間の学びの関係として，4類型が考えられる．

 a．教員–学生関係，共同研究者として
 b．同時代に活動する同僚，交流のあるものとして
 c．同時代に著書・論文を読むものとして
 d．過去の著書・論文を読むものとして

　aのタイプは教員–学生・院生として，授業・指導の具体的な場面で接し，その息遣いも含め経験することになる．同様に，共同研究者も特定の研究課題にかかわり，研究会や社会調査の現場で苦楽をともにする形での経験をもつ．

比喩をとるならば，このaタイプは，個人にとっての家族・親族にあたるといえよう．bのタイプは同時代を生き，その人の発言や行動を見聞きし，研究を知り，交流する人びとである．身近に接しつつ，やや公的な立場もともなってふるまうことになり，学会の理事会や委員会で支えあう関係などがこれに該当しよう．再び比喩をとれば，bタイプは会社の同僚などにあたろうか．cのタイプは，aやbのタイプのような具体的な接触経験はないか少なめにとどまるが，同時代を生きるものとして，当該研究者の著書・論文をリアルタイムで読み，その動向にふれる関係である．最後のdタイプは，当該研究者の死去後，もう具体的な人物として直接会うことはかなわず，過去のものとなった著書・論文などを通じて研究に接するタイプである．

　aやbのタイプは，直接的な相互行為を通じて，人柄や性格，所作やふるまいを知り，当事者を具体的に語ることができ，aはさらにその内実をよく知るものとして裏話・こぼれ話的な語りも可能な人たちとなる．今後，具体的な個人としての氏との交流のあったa，bのタイプは時とともに次第に減り，やがて氏との同時代としての実際の関係はなく，その研究成果を過去の文献として学ぶことで氏に接するdタイプが主流となってくることになる．福祉社会学会も設立から20年が経過し，副田氏に会ったことや見かけたことはなく，氏が初代会長であったことを知らない世代が，若き大学院生の会員の皆さんにはもういることであろう．学会が継続的に存続していくことと対比して，会員の世代は確実にいれかわっていく．

1.2　次世代に残しうるもの・受け取りうるもの

　次に，当該研究者が次世代に何を残し，次世代が何を受け取るのかに目を向けてみる．それらとして，研究成果そのものから学ぶもの，研究現場の行動や学会での交流などから学ぶものなどが想定される．

　a．理論・視点・概念
　b．方法・仮説・手法
　c．姿勢・視野・こつ
　d．人柄・感覚・価値観
　上記4つの側面は明瞭に区分しきれるものではないが，そのうち，a．理論・

視点・概念と b. 方法・仮説・手法はともに研究成果のなかから学ばれるものであり, a は理論的要素, b は実証的要素と位置づけられよう. 論文や著作のなかから, a. 理論・視点・概念は学ばれるし, それを証するために, 具体的現実とどう向き合い, それを資料・データ化し, 分析・共有しうるものとしたかで, b. 方法・仮説・手法は学ばれていくであろう. 加えて, 研究の現場で身近に接することを通じて, 当該研究者の c. 姿勢・視野・こつというものも有形・無形に学ばれていくものとなる. 最後に, 個人的な側面といえる d. 人柄・感覚・価値観は研究成果での主張や筆致を通じて学べる部分もあれば, 具体的な指導・研究会・学会などでの交流を通じて感得されていく部分もあろう. c や d はそもそもの具体的な交流から培われるものなので, この点も, 当該研究者が死去された後は, c や d を学ぶ機会はほぼなくなり, 残された研究成果から, a や b が読み取られていくことが主流となっていく.

1.3 研究成果の読まれ方

残された研究成果が読解されるとき, 研究キャリアの過程に関心がはらわれ, それらの成果のなかに以下の 3 点などが読み込まれていくことが多い.

a. 一貫性が読み込まれる場合
b. 転機・展開・転向が読み込まれる場合
c. 多様性・多彩性が読み込まれる場合

私たちは当該研究者のキャリアを理解可能なものとして位置づけたいという視点や欲求が働くことが多く, 長い研究キャリアを通じて, その研究成果のなかに, a. 一貫性が読み込まれていくことがひとつのスタイルとなる. 他方で, 当該研究者の研究の新たな展開, きっかけや出来事, 立場の変化などが研究成果の変化にも表れ, そこに, b. 転機・展開・転向が読み込まれる場合がある. 加えて, c のように, もともとからの多様性・多彩な研究成果が示されることもある. c タイプであっても, b や a の傾向の要素をもって読み解くことに次世代は関心をもつのではないか.

以上, 本稿の論述に入る前段として, 3 点を整理してみた. 本稿は, それらの諸タイプに関して, 2) の各々の側面を意識しつつ論述し, 1) について, a 教員‒学生, 共同研究者としての筆者の立場からの記述となるものの, b や c

の方々の理解の一助となればと思うし，知的職人ともいえよう副田氏を知らない，これからより登場してくる d の世代への道先案内の地図のようなものになればと考えるところである．

2　研究領域の概括

　副田氏の研究領域の概括から始めていく．氏の研究は，著・編著約 60 点，論文約 300 点，調査報告書約 80 点，確認可能な新聞・雑誌の小論約 300 点におよぶ．多岐にわたる氏の研究をどう区分できるか，また，そのなかで，福祉社会学領域で特に提起された観点や命題に関し，以下で整理してみる（副田 1998；副田ほか 2012）．

2.1　研究領域のおおまかな区分とその交錯
　約 60 年間に発表された氏の論考に関し，まずは，主な単著・編著に関し，表 1 にあげておく（表 1）．また，それらの集約としての『副田義也社会学作品集』が東信堂より 3 期・18 巻として 2017 年より刊行されている（表 2）．氏は，当初編著に多く取り組まれていたが，60 代頃から，単著中心の著作活動へと比重を移していく．若きときは共同研究者たちと新領域を開拓する志向があったであろうし，高齢とともに，氏の筆と主題の熟成，研究に使える時間の確保，出版社との信頼関係などの要因がよく重なり，多くの単著の発表を可能にしていったとみることができる．

　多岐にわたる仕事ぶりをみると，まず，氏の研究領域として，重なりを有しつつ，おおまかには下記の 3 区分を設定できるであろう．各々の領域で研究の蓄積がなされつつ，氏は相互が交錯するような研究の展開をみせていったといえる．

　a．生活・福祉領域…『生活構造の理論』，老年・子ども，母子，あしなが育英会，死など

　b．文化・社会意識領域…マンガ論，大衆文化論，青年・教育論，『日本文化試論』など

　c．政治・歴史領域…『生活保護制度の社会史』『教育勅語の社会史』『内務

表 1　副田義也・主要な単著と編著

年	年齢	単著	編著
1966	32		松原・副田編『福祉社会学』川島書店
1968	34	『コミュニティ・オーガニゼーション』誠信書房	
		『魅惑の少年マンガ』川島書店	
1971	37		青井・松原・副田編『生活構造の理論』有斐閣
1975	41	『現代マンガ論』日本経済新聞社	
		『家庭教育ノート』第三文明社	
1976	42		副田編『社会福祉の社会学』一粒社
1977	43		副田編『遊びの社会学』日本工業新聞社
1979	45		副田編『現代歌謡の社会学』日本工業新聞社
1981	47		副田編『老年社会学 I 〜 III』垣内出版
1983	49	『マンガ文化』紀伊國屋書店	
1984	50		北川監修・佐藤・三溝・副田・園田・中野編『現代社会学辞典』有信堂
			副田編『日本文化と老年世代』中央法規出版
1985	51	『生活の社会学』放送大学教育振興会	
1986	52	『世界子どもの歴史 11　現代』第一法規出版	伊藤・河合・副田・鶴見・日野原編『老いの発見 1〜5』岩波書店
1989	54		副田編『社会問題の社会学』サイエンス社
1993	59	『日本文化試論』新曜社	
1995	61	『生活保護制度の社会史』東京大学出版会	
1997	63	『教育勅語の社会史』有信堂高文社	
2001	67		副田編『死の社会学』岩波書店
			居安・岩崎・副田編『ゲオルグ・ジンメルと社会学』世界思想社『21世紀の橋と扉』世界思想社
2003	69	『あしなが運動と玉井義臣』岩波書店	
		『死者に語る―弔辞の社会学』ちくま新書	
2007	73	『内務省の社会史』東京大学出版会	
2008	74	『福祉社会学宣言』岩波書店	上野・大熊・大沢・神野・副田編『ケア・その思想と実践 1〜5』岩波書店
2010	76		副田編『内務省の歴史社会学』東京大学出版会
2012	78	『教育基本法の社会史』有信堂	
2013	79	『福祉社会学の挑戦』岩波書店	副田編『闘争性の福祉社会学』東京大学出版会
2017	83	『副田義也社会学作品集 I 〜 XVIII』東信堂	

表 2 『副田義也社会学作品集』東信堂（2017 年～2024 年）

Ⅰ．人間論の社会学的方法	Ⅹ．教育基本法の社会史
Ⅱ．死者とのつながり	Ⅺ．マンガ文化 1
Ⅲ．老いとはなにか	Ⅻ．マンガ文化 2
Ⅳ．現代世界の子どもたち	ⅩⅢ．日本人の社会心理 1
Ⅴ．日本文化試論	ⅩⅣ．日本人の社会心理 2
Ⅵ．『菊と刀』ふたたび	ⅩⅤ．あしなが運動と玉井義臣
Ⅶ．福祉社会学宣言	ⅩⅥ．生活保護制度の社会史
Ⅷ．福祉社会学革命	ⅩⅦ．内務省の社会史
Ⅸ．教育勅語の社会史	ⅩⅧ．小説

省の社会史』など

　60 年の経歴の多くの時期にわたって，a．生活・福祉領域と b．文化・社会意識領域の研究が並行してなされ，キャリアの後半は次第に c．政治・歴史領域の仕事が増していった．それら 3 領域を簡潔にみていこう．

　a．生活・福祉領域の仕事は，日本社会事業大学で研究職を開始したという事情に起因しよう．そこでは，1963 年の老人福祉法制定の前段として，厚生省が日本社会事業大学に出した委託研究が氏の老人研究のきっかけとなっていった．老人研究の専門書も専門研究者もほぼ存在せず，途方にくれていたところ，委託研究を出した厚生官僚の森幹郎氏の紹介で戦争中の馬小屋を改装したような老人ホームに出向き，服や食事のひどさ，食べ物ごまかされた，何をとられたと話す老人たちの実情にふれることになった．老人ホームを皮切りに老人福祉，老人クラブと研究は展開していくが，そこにあった世界は当時勉強していた古典的なマルクス主義の枠組ではとけない現実にふれる経験であったと氏は語る（副田 1998：81-2）．同時に，非行，年少労働，障害の問題などが研究されるとともに，長く交通遺児育英会・あしなが育英会の調査で，母子家庭を中心とするひとり親家庭問題に取り組み，その延長上に死の社会学も浮上してきたと位置づけられる．

　b．文化・社会意識領域での仕事ぶりは，氏が若きとき小説家志望であったがゆえに文化現象や大衆文化への関心と表現スタイルが醸成されていたことがあろう．1960 年代半ばから，氏はマンガ論の草分けとなる仕事をしていくが，

当時不良文化財とされたマンガが自分にはおもしろく，それに耐えきれずに横山光輝『伊賀の影丸』を讃える文章などを書いたのがはじまりであった．絵画的に表現されているマンガ作品の美質や完成度を適確に取り出して，言葉で表現するというユニークさは，マンガを文学作品のように論じることであり，それに氏は文学の素養と訓練が役立ったとする（副田 1998：98）．また，R. ベネディクトの『菊と刀』を本歌取りした『日本文化試論』は，卒業論文で執筆した日本人の研究への関心の復活であり，ベネディクトの著名な，罪の文化，恥の文化の対比をこえて，それらに穢れの文化を加え，むしろ，日本に存在した文化の３つの重層性として日本文化の歴史的理解を深めようとしている（副田 1993）．

　c．政治・歴史領域について，まずは，1980 年代半ばの岩波書店の『老いの発見』シリーズで，「現代日本における老年観」を書き，歴史的に問うことでみえてくるものの新鮮さに気づいたと述べている（副田 1998：86）．その新鮮な契機は形を変えて，氏の後期の重要な柱となっていく．1980 年代半ば，氏が 50 代になる前後に東京大学社会科学研究所の「福祉国家研究プロジェクト」に参加し，生活保護の歴史的研究に取り組んでいく．そこでは，東大社研の歴史研究を重要な研究軸のひとつとし，事実そのものを直截に論ずる研究スタイルとの肌があったとする（副田 1998：108）．10 年を経て，東大社研での研究成果を元に『生活保護制度の社会史』（副田 1995b）が刊行されるが，資料収集やその書き方の筆致を習得することで，その後の『教育勅語の社会史』『教育基本法の社会史』『内務省の社会史』という歴史社会学研究が展開していったといえよう．それら連作の背景には，社会変動論を，それを構成する人びとの営みの錯綜として社会的行為論の視点で書いてみたいという強い想いがあったと考えられる．

2.2　生活・福祉領域での観点・枠組・命題

　上記のように広がりのある氏の研究領域のなかで，福祉社会学は一定の比重をしめている．日本社会事業大学での研究職の開始，また，松原治郎氏との共編による 1966 年の『福祉社会学』（松原・副田編 1966）の刊行などがこの領域での仕事の足場固めとなっている[2]．数 10 年にわたり，さまざまな理論的

整理や実証的研究も重ねつつ，古希をこえた 70 代に入ってからも，『福祉社会学宣言』『福祉社会学の挑戦』などと成果がまとめられていく．

　福祉社会学に近い生活・福祉領域で，氏がどのような観点・枠組・命題を提起されたか，その特徴的なものを以下に整理してみよう．先述の 1.2 の節の a でふれた「理論・視点・概念」の一例といえる．

　a．生活構造論

　松原治郎氏との共編『福祉社会学』において，副田氏は「生活構造」の論考をまとめている．この論考は発展して，青井・松原・副田共編の『生活構造の理論』へとつながっていく．そこでの副田論考である「生活構造の基礎理論」においては，生活水準・生活関係・生活時間・生活空間の 4 つの契機を通じた生活の構造化への視点が提唱されている（青井・松原・副田編 1971）．高度成長の末期にさしかかる時期に，これら 4 つの契機を提唱した眼識は評価されるべきであろうし，それらの関係を現代において再びどう分析的に詰めていけるのかは重要な問いである．一時，氏は "生活構造論は失敗だった" と述べることもあったが（副田 2019: 448），晩年関心を取りもどしたともいわれ，今一度現代生活の検討素材とする要素はあるであろう．また，生活構造という概念は日本の研究者での使用が多く，その社会科学的含意も問われるべきものである．氏は，この生活構造論を下敷きに，生活問題論と生活保障論を追加して，1985 年に放送大学のテキストとして『生活の社会学』を刊行している．

　b．老年社会学

　日本社会事業大学での研究をきっかけに，氏は 1960 年代を通じて，老人研究の主要な研究者のひとりとなっていった．東京女子大学での勤務と並行して，兼任で新設の東京都老人総合研究所社会学部の統計調査研究室長の任にもあたる．それらの時期を通じて，全 3 巻の『講座老年社会学』が『Ⅰ．老年社会学』『Ⅱ．老後問題論』『Ⅲ．老齢保障論』の構成で刊行された（副田編 1981）．高齢者が福祉の対象のみで議論されがちなところ，老年の生き方や文化にも着目することで，社会学の連字符領域のひとつとして老年社会学を成立させたといえる．また，老人問題といわれがちなところ，誰もが老いることを避けられない以上，自らの将来の問題としうるよう「老後問題」としたことも当時の視点転換の役割の一端を担ったといえる．1970 年に国連の定義する高

齢化社会に日本も突入し，その社会的関心も次第に高まっていくが，岩波書店が，1980年代半ばに『老いの発見』というシリーズを，2000年代後半に『ケア・その思想と実践』というシリーズを刊行し，氏はともに編集委員編者として名を連ねている．そのシリーズ名称に時代の変化が反映されているであろうし，氏は1980年代のシリーズの編者では最年少で，2000年代のシリーズでは最年長であったということを感慨深く振り返っていた（副田ほか 2012: 145）．

　c．扶養

　生活問題を研究する過程で，子どもや高齢者を対象とすると，扶養という観点が浮上してくる．単に包括的な扶養として考えるのではなく，氏は分析的に経済的扶養・身体的扶養・精神的扶養・居住的扶養という分類を考えていた（副田編 1976）．これらのうち，経済的扶養は年金の充実で，高齢者本人や高齢者夫婦が自立できるようになり，居住的扶養も三世代家族の慣習が衰退することで変容してきた．扶養の4区分にてらせば，現状のケア研究は特に身体的扶養・精神的扶養に該当するといえようし，家族内での扶養が実態としてうすれ，医療・福祉・看護の専門職が関与するようになっていったことが主要なカテゴリーの変化にもかかわっていよう．扶養からケアへの言説の変容は，その背景にある社会関係の変容を反映していると考えられる．

　d．社会問題の社会学

　氏には『社会問題の社会学』という編著がある．その編著で，氏は論文「社会問題の社会学」を執筆し，社会問題にかかわっての産出命題・措定命題・制御命題という3つを提起している（副田編 1989）．刊行時期の背景をさぐれば，ラベリング論の観点が社会学界においても70年代後半以降浸透し，そこに，社会問題の構築主義が登場してくる時期にあたる．ラベリングや構築を措定の言葉で位置づけた措定命題は，社会問題はある行為主体による措定たる社会的働きかけによって構成されるという視点が内包されている．産出命題は，氏が長年なじんできたマルクス主義の議論のように資本主義が労働問題や階級問題を産出するというマクロ視点と同時に，個々の社会問題の性質の違い，個々の人間関係のなかで問題が現実化していくというミクロの視点が重層的に展開される．構造として問題が起こるというマクロな理解と，その問題が誰の下でどういう形態で現出するのかというミクロな理解が並走している．そして，制御

命題は政府による社会政策，運動体・活動体による社会運動の相乗・相克として社会問題の解決・解消がなされていく側面を明らかにしようとするものである．

　e．政治社会学としての福祉社会学

　晩年，歴史研究に大きく比重をおくようになってから，氏は福祉社会学の視点として政治社会学的視点を内包すべきであると論述する機会が増えていった（副田 1995：339）．それは，社会福祉・社会保障において大きな規定力を有する政策は，行政場面であるとともに政治場面における重要な行為でもあることに注意喚起する要素があったであろう．同時に，よかれという思いで行動する福祉関係者の中に潜在するミクロな権力性への敏感さも指摘される．氏は，社会福祉・社会保障の現象の中に権力性がはらまれる葛藤・闘争のドラマを見出そうとしていた．『福祉社会学宣言』（副田 2008），『福祉社会学の挑戦』（副田 2013）の著作はそれらの論文を所収し，生活保護ワーカーたちの川柳事件，老人ホーム建設反対運動，老人ホームにおける飲酒の私事性の問題などがそれに該当しよう [3]．

　以上，a〜eの主題に関し，氏の研究では，具体的事実の探求・整理とそれに理論的含みや分析枠組の設定を重ねあわせることで，上記のような諸点が提唱されている．氏の研究時と比べ，時代的変化もあり，具体的分析をつうじて，氏が設定した諸点の有効性の有無を確認・評価することが課題となろう．

3　研究の特徴

　氏の研究の特徴は観点により，いくつかあげられるであろうが，特に印象深いものとして，研究上の立場間のフットワーク，理論や枠組を「使う」という考え方，当事者合理性への共感と距離の3点についてふれていく．それらは，先述の1.2の節におけるc「姿勢・視野・こつ」にあたる部分である．

3.1　研究上の立場間のフットワーク

　社会学研究者が，当該時代・当該社会の関係者のなかで活動をすると，アカデミズム，政府・行政，ジャーナリズム，社会運動体などでどうふるまうかと

いうことになろう（図1）．氏はこの4領域の各々で活動しつつ，それらの経験を経て，次第にアカデミズムの比重が増し，それは歴史社会学への関心の熟成とも軌を一にしていったとみることもできる．氏もアカデミズムの仕事を中心としつつ，政府・行政などとしては東京都社会福祉協議会，東京都児童福祉審議会，中央児童福祉審議会，厚生統計協議会の委員などを歴任し，ジャーナリズムとしては新聞・論壇誌・業界誌など各種メディア媒体に論考を発表していた．そして，交通遺児育英会・あしなが育英会での調査研究や提言の発表は社会運動体での活動にあたろう．また，本属であるアカデミズムにおいては，研究成果の公表にとどまらず，学内役職・学会官僚・インカレ官僚という形で，大学界・学問界を支える組織群の担い手であったという側面も位置づけをしておくべきであろう．

　そのような諸活動をとらえれば，氏の特徴として，中長期に複数の立場を経験することで，どのひと色にも染まらずにいたといえるのではないか．氏は定年時のインタビューで，a．役に立つ社会学，b．批判する社会学，c．理解する社会学という3分類をし，自分も，aとして東京都社会福祉協議会のコミュニティケア論，母子寮のあり方提起などは政策的な研究であったし，bでは老人差別の問題，交通遺児育英会・あしなが育英会の活動を通じてひとり親家庭対策の不備を批判してきたとする．他方，前二者が時代の推移のなかで変化し古びていく可能性もあるのであれば，cの理解に重きをおく社会学の重要性も高いのではないかと述べている．そして，役に立つ社会学において，そう多くの仕事はできず，むしろそのような智恵は現場の活動と経験のなかにあり，社

図1　研究を取り巻く行為主体群

出典：藤村（2014: 138）

会学者はむしろそれらを発掘・理解して言語化していくことで能力や特性をよりいかせるのではないかとしている（副田 1998: 111–112）.

3.2　理論や枠組を「使う」という考え方

　具体性を有す研究を好むも，氏は理論や分析枠組への関心を持ち続けた．30 年近くにわたり，マルクス・フロイト・デュルケム・ウェーバー・ジンメルなどの古典理論の研究会を継続的に主宰しており，それは理論への関心を手放さなかったこととして特筆される．また，「基本的枠組」という名の当該領域をサーベイした論文が複数あり，その領域の全体把握と個別研究の位置づけをはかるため，時々自ら研究全体の棚卸しをしていたと考えられる．

　氏は特定理論を主張・推進するわけではなく，理論の長短を勘所で使い分け，事象理解の深まりに理論をどう駆使するかに関心があったと考えられる．氏が執筆担当した『現代社会学辞典』の大項目「社会的行為」において，6 つの理論の系譜を取り上げ，対戦する相手チームに応じて 6 人の投手陣を使いこなす監督にたとえていることはそれに該当する（副田 2019: 448-9）．井上俊氏に理論への立ち位置として，理論構築に重きをおく theory builder，理論を使って現実を理解することに重きをおく theory user という秀逸な対比があるが，副田氏はすぐれて theory user であったといえるであろう．

　他方で，理論のもつ魅力とその身につけ方についてこう語る．「若い頃というのは現実が理論でとけなくても理論の整合性とか体系性にあこがれるということがあるではないですか」（副田 1998: 87）．そして，「現状分析に何か役に立つものがあるだろうかというようなさもしげな読み方をすると，古典というのはちゃんと読めない．古典それ自体をひとつの世界としてどう理解するかという読み方をしていて気がついたらその発想が自分の身についているという，そういうものではないかと思います」（副田 1998: 122）．

3.3　当事者合理性への共感と距離

　各立場の人びとの生活世界に沿って共感的に理解し，そこにある当事者合理性を表現することは，氏の仕事のひとつのスタイルであった．

　　社会学のよい仕事をしようとするなら，理性だけではだめだ，理論だけで
　はだめだ，あるいは制度化された方法だけではだめだというところがありま
　す．社会学の場合は微妙な感性の働きが必要です．（中略）テーマによ
　っては，感性の必要の程度がちがうし，その必要性がきわめて小さいテー
　マもあるかもしれない．しかし，私が手がけたテーマは，かなりの程度ま
　で感性の働きが必要でした（副田 1998: 96）．

　そのように感性的理解を通じて当事者によりそいつつも，複数の立場に接近，
分析することを通じて，個々の世界に飲み込まれることなく，距離をとったさ
まざまな研究編成が可能となったといえるのではないか．氏の仕事のなかにあ
る，子ども・若者の世界，高齢者の世界，他方では，社会運動体の世界，官僚
の世界など，その各々は対比的な世界であっても，氏は複眼性・多眼性をもっ
て，それらへの接近と理解に重きをおいていたと考えられる．
　氏は当事者の世界に入って表現しつつ，それらを複数こなすことで，結果的
にアカデミズムとしての距離を保ちえた．どれにでも接することが，どれにも
近づきすぎないことになりうる．それらを通じて，氏は特定の社会的存在に社
会の行く末を期待するような論述は避け，当面の問題のおかれるメゾ・ミクロ
レベルでの理解やそこで起こる展開や逆説などに深く目配りをすることに関心
が強かったと考えられる（藤村 2021）．長文となるが，なにものにも頼らず，
期待しないという氏の特徴たる文を引用する．

　　現代資本主義は成長をつづけて，資源問題，環境問題，人口問題などの深
　刻化をもたらし，破滅にいたる可能性をもっています．この可能性が現実
　性に転化するのを阻止する力をどこに求めるべきか．私は，苦い思いとと
　もに，民衆は信頼するに価しないとかんがえます．この民衆には，労働者
　階級，中間階級のほかに資本家階級も，ついでに彼らが支持する政治家た
　ちも含めるべきです．それで残される主要な社会的カテゴリーはなにか．
　官僚たちと知識人たちです．かれらは信頼するに価しますか．とんでもな
　い．日本を十五年戦争から敗戦に導いたのは軍人官僚を中心とした官僚群
　でした．知識人の大半はその過程で，権力者たちに奉仕して生活する道を

選択しました．だから，誰も信頼することができない．マルクス主義理論
が典型例のひとつであった，特定の社会的カテゴリーが信頼に価するとい
う歴史観，社会理論と，われわれはもう訣別するべきでしょう（副田
2019: 172）．

4　知識社会学的な検討

副田氏の研究・生き方は時代性やその社会的存在としての制約のなかにある
といえ，さらにそれは知識社会学的な検討を可能としていく．それらを，時代
性，自己表現，底流と岐路としてふれてみたい．ここには，先述の 1.2 の節に
おける d「人柄・感覚・価値観」の部分にあたる要素が多いであろう．

4.1　氏の生きた時代ゆえの影響──時代性

1934 年生まれの氏はものごころがつく時代に空襲や貧しさを経験している，
いわば戦争を知る世代であった．終戦時，妹が餓死してしまったことを『世界
子どもの歴史 11　現代』で書き，現代の発展途上国の貧しさを想像すること
は，過去の日本の貧しさという時間軸の振り返りを空間軸に展開しなおすこと
であるとする（副田 1986: 10-11）．

また，先にふれたように，1960 年代前半の氏の日本社会事業大学の嘱託・
助手時代が老人福祉法制定に向け厚生省自身が試行錯誤する時代を同時並走
し，老年研究の端緒を切り開くことになった．他方，氏が学究の基礎的蓄積を
進めた 1950〜60 年代は社会科学としてマルクス主義が一定の影響力をもった
時代であり，氏のマクロな社会把握の視点設定に関して影響をあたえていたと
いえる．マルクス主義の影響がありつつ，あわせてフロイトの勉強もし，複眼
的思考でいられたこと，そして当時着目されなかった老年たちの生活世界の現
実に接近していたことなどが，氏を教条主義的姿勢と距離をとらせる要因のひ
とつでもあったろう．そこには，時代の影響という側面と時代に掉さすという
側面の双方をみることができる．

4.2　氏の研究者・表現者としての力量が可能としたこと――自己表現

　牧師である父が戦時中書店を営んでいたことで，少年時から読書するハビトゥスが養われており，それが大量・迅速な読書を可能にし，その読書量が書くことの前提としての深い知識の長年の裏づけとなったといえる．そのようなハビトゥスにも支えられて，氏は若きとき小説家を志望，諸作品を書き，その一篇が芥川賞候補になったことがある．その文章表現力は社会学の世界でも充分に発揮された．後年，社会的行為論を使ってと称し，歴史社会学に取り組んだいくつかの仕事はそのような氏の表現力によって可能でもあり，人びとの意識と営為の交錯するものとしての社会的事実のふくらみが表現されたといえる．そのような密度高く表現する書き方もあり，著作が大部になり，自ら「大艦巨砲主義」と揶揄していたが，そのような厚みのある本の出版は長年の出版社との関係がそれを可能にしていた．

4.3　ライフコースでの諸点――底流と岐路

　氏は牧師の家庭に生まれるもキリスト教に対して終生距離感をもちつづけた．また，マクロな社会理論としてマルクス系の勉強に関心を有しつつ，それが教条的になることは上記のように疎んじるところがあった．これらの両者は知の体系がもつ圧力のようなものへの不信感として，氏の思想・信条の底流として共通しているように考えられる[4]．

　氏の研究キャリアにおいても，偶然のような岐路の要素があるところ，それらを転機としてその後のキャリアに結実させていったといえるのではないか．修士課程修了後，進学にいたらず，職に困っていたところ，高校時代の友人の親のつてで，日本社会事業大学の社会事業研究所の嘱託，いわばアルバイトに入職することができた．その友人の父親とは，当時日本社会事業大学の学長をしていた木村忠二郎氏である．その後，副田氏は，『生活保護制度の社会史』で，内務官僚・厚生官僚であった木村氏を取りあげることになり，自らを雇った上司を歴史上の人物として描くことになる（副田 1995: 31）．また，東京大学社会科学研究所の 1980 年代の福祉国家プロジェクトは，東大社会学科で同級生であった保健医療社会学の園田恭一氏から参加を依頼されたのだが，筑波大学での来年度の授業時間割が決まっていたでいったん断るものの，園田

氏の２度目の依頼があったため，時間割を変えて，引き受けることにした（副田 1998: 108）．高校時代の友人がいなければ，社会学者・副田義也が誕生していなかったかもしれず，また，授業時間割を変えて東大社研のプロジェクトを引き受けていなければ，氏の歴史社会学の関心が熟成していったかはわからず，すると生活保護，教育勅語，内務省などの社会史研究は生まれなかったことになる．

5　むすびにかえて

　人びとの生活・福祉・文化にかかわる生きざまを，葛藤や闘争の視点をあわせもち，記述してきた氏の研究実績からの教えは，諸概念の体系化や緻密な方法の提起を主張していく「学派」というより，氏の研究作法に触発されながら，そのようなスタイルの研究を出し続けていく「学風」として学ぶことにあるのではないかと思う．

　その一端は，マクロ・メゾの構図を示しつつ，あるいは背景にその構図を意識しつつ，ミクロの具象を位置づけ表現することでもあり，遺稿に近いもののなかで，氏は自らの仕事を「社会学の手法で人間を書く」ということであったとする（副田 2021: 538）．そのいい方を換言すれば，氏の論文名のひとつに着目し，氏の研究をある構図のもとに「社会学的肖像画」（副田 1994）を描いてきた軌跡ととらえることもできよう（藤村 2023）．それは 1.3 節でふれたように，多様・多岐にわたる氏の仕事の底流を貫くものであったといえる．そして，氏から学びうることのもうひとつは，上記の学風をもこえて，書きつづけることであるかもしれない．研究には対象と方法が必要といわれるが，その方法のひとつとして，広く，書くということをあげることもできるのではないか．若き時に身につけた，書くという方法が対象より先にあることで，対象を探し続けることを通じて，氏は 80 代半ばまで書き続けられたのではないだろうか．氏は書くという方法の職人的実践者であった（藤村 2023）．

　最後に，氏が次世代に伝えたかったことを想定し，２つの素材を提示して，稿をむすぶ．ひとつは筑波大学での最終講義の骨子であり，もうひとつは氏が主宰した最後の雑誌『参加と批評』の「編集後記」である．前者には社会学が

社会科学的視点を携えることの必要性が，後者には長年にわたる複数の立場や研究を経ての達観がある．前者は 63 歳，後者は 80 歳のときの言葉である．

a.「20 世紀素描—1998 年 3 月・筑波大学最終講義」

　17 世紀・18 世紀啓蒙思想を受け継ぐひとつとしてのマルクス主義がある．その系譜につらなるエンゲルスに「猿の人間化における労働の役割」の論考があり，そこでは，自然の支配・社会の支配が目標とされている[5]．しかし，20 世紀を通じた環境の汚染と破壊，社会主義国家の停滞と崩壊を見てきた私たちにとって，自然の支配・社会の支配はともに失敗したと言わざるをえない．自然の支配を相対化するエコロジー，社会の支配のあり方をとらえなおす福祉国家を導きに，支配と共生の連関を思想と科学のレベルで研究していくことが課題ではないか（副田 2013）．

b.「編集後記」

　「社会学の論文を執筆するとき，どのように読者を想定しているか．同時代の読者にはじまって，50 年後，100 年後の読者までを語りかけの対象にしている．若いひとにハッパをかけるときには，500 年後の読者を意識してかけといったりする．時評風の論理が目につく論文が多すぎる．あるいは，素材や分析手法の新しさだけを気にしすぎるのではないか．（Y. S.）」（副田 2015: 奥付）

注

1）副田氏は，人名を冠して，「副田社会学」とよばれることにためらいをしめしていた．それは，若きとき，老大家の研究がそのように評され，そうだとすれば老大家の数だけ社会学があることにならないかと疑問を感じていたからと話す．「副田の社会学」の呼称であるならばやむをえないと話していた（副田ほか 2012: 123）．

2）1966 年の松原・副田編『福祉社会学』は社会学領域でその名称をもつ初めての書籍といえるだろうが，書名は出版元である川島書店の編集者の発案であったとのことである（副田 1998: 105）．なお，同年，社会福祉学の領域で竹内愛二『実践福祉社会学』（弘文堂）も出版されている．

3）盛山和夫氏は，副田氏のこの 2 冊をあわせて取り上げた書評の論考の表題を「福祉社会の葛藤と亀裂を見つめて」としている（盛山 2013）．また，東京大学出版会から出版された『シリーズ福祉社会学』において，氏は『闘争性の福祉社会学』の編者の任にあたり，「ドラマとしての福祉」という副題をあてている（副田編 2013）

4）どの程度，社会主義国家に対する認識へ影響があったかは判然とはしないが，1968 年 8 月下旬，氏は総理府の北欧青年海外派遣団・副団長として，東欧・北欧を訪れており，ソ連のチェコスロヴァキア・プラハへの侵攻を現場周辺で経験するこ

とになった（副田 1969）.

5）氏は，「私と古典」という雑誌エッセイで，自らと肌合いのよい研究者はエンゲル
スであるとして，『イギリスにおける労働者階級の状態』「猿の人間化における労働
の役割」『家族・国家・私有財産の起源』を紹介している（副田 1979: 117）.

文　献

青井和夫・松原治郎・副田義也編，1971，『生活構造の理論』有斐閣.

藤村正之，2014，『考えるヒント―方法としての社会学』弘文堂.

――――，2021，「知的職人の自己表現と歴史理解――『副田義也社会学作品集』第 1
期・Ⅰ～Ⅵ巻（東信堂）によせて」『社会学評論』72(3): 362-73.

――――，2023，「副田義也――社会学的肖像画を描く職人の軌跡」奥村隆編『戦後
日本の社会意識論』有斐閣: 127-57.

松原治郎・副田義也編，1966，『福祉社会学』川島書店.

盛山和夫，2013，「福祉社会の葛藤と亀裂を見つめて」『UP』42(6): 44-8.

副田義也，1969，「行動記録」総理府青少年対策本部『昭和 43 年度　第十回日本青年
海外派遣団報告書』: 41-51.

――――，1979，「私と古典」『週刊読売』1979 年 12 月 2 日号: 117.

――――，1986，『世界子どもの歴史 11　現代』第一法規出版.

――――，1993，『日本文化試論』新曜社

――――，1994，「老人たちの社会学的肖像画――序・課題と方法」福田垂穂・門脇
厚司編『高齢化社会の企業と地域』同文館出版: 9-15.

――――，1995，『生活保護制度の社会史』東京大学出版会.

――――，1998，「半生を語る」『社会学ジャーナル』23: 79-123.

――――，2008，『福祉社会学宣言』岩波書店.

――――，2013，「20 世紀素描――1998 年 3 月・筑波大学最終講義」『福祉社会学の
挑戦』岩波書店: 286-309.

――――，2015，「編集後記」『参加と批評』9，副田研究室: 奥付.

――――，2019，『副田義也社会学作品集　第Ⅰ巻　人間論の社会学的方法』東信堂.

――――，2021，『副田義也社会学作品集　第Ⅶ巻　福祉社会学宣言』東信堂.

副田義也・嶋根克己・藤村正之・樽川典子・加藤朋江・遠藤恵子，2012，「シンポジ
ウム・副田義也氏の社会学を語る」『参加と批評』6，副田研究室: 119-204.

副田義也編，1976，『社会福祉の社会学』一粒社

――――編，1981，『講座老年社会学Ⅰ～Ⅲ』垣内出版.

――――編，1989，『社会問題の社会学』サイエンス社.

――――編，2013，『シリーズ福祉社会学 3　闘争性の福祉社会学――ドラマとしての
社会』東京大学出版会.

abstract

Genealogy of the Sociological Knowledge of an Intellectual Craftsman—Learning from Yoshiya Soeda's welfare sociology research

FUJIMURA, Masayuki
Sophia University

By summarizing Dr. Yoshiya Soeda's long research career and the work he left behind during that time, the attempt is made in this article to develop a tentative discussion of what the next generation can and should learn.

A general perspective on research succession in terms of relationships between researchers, what can be passed on to the next generation, and how research results are read will first be established. Next, Dr. Soeda's wide-ranging research fields into three areas will be summarized: a. Life and Welfare, b. Culture and Social Awareness, and c. Politics and History. The following viewpoints will be discussed: a. Life structure, b. Sociology of the elderly, c. Support and care, d. Sociology of social problems, and e. Welfare sociology as political sociology. The characteristics of Dr. Soeda's research, such as footwork between positions, his position on theory, and understanding of party rationality and his distance to it will also be touched upon. His background that led to these characteristics will also be taken into account. The sociology of knowledge from the perspectives of timeliness, self-expression, undercurrents and crossroads will be examined. Finally, a personal note on what Dr. Soeda was trying to convey as a professional practitioner of writing will also be included.

Keywords：life structure, sociology of the elderly, historical sociology, rationality of parties, sociological portraiture

| 特集論文Ⅱ |

副田先生の社会学
——社会学の「論文を書く」について

株本　千鶴

　副田先生は，人間と社会の本質を理解する学問として社会学の有効性を信じ，理解に重点をおいた社会学をめざしていた．そして，先生自身の自己実現のために，福祉社会学をはじめとする社会学的研究の進歩のために，理解し表現するというプロセスをふくむ，社会学の「論文を書く」努力を怠らなかった．その努力のなかで発揮された理解は，全体と部分のリアリティに迫る緻密なものであり，表現は，社会学の制約に拘泥しない自由で開拓的なものであった．先生はこれらを意識的かつ積極的に活用し，現在・未来の読者の人間・社会の理解に貢献する仕事をしようとした．

　先生の仕事から，後進のわたしたちが引き継いでゆけるものはなにか．本稿の考察からみいだされた答えは，対象理解とその表現方法についての学習をつうじて，自己実現と社会学的研究の進歩のために，一生懸命にたゆまず「論文を書く」努力の姿勢と実践である．

キーワード：副田先生，社会学，理解，表現，自由

1　はじめに

　私が，副田先生が統括する社会調査に初めて参加したのは1996年である．この時の調査対象は，阪神・淡路大震災で家族を失った遺児やその家庭であった．私の研究テーマが「死」であることから，社会学専攻の先輩の口添えで参加をお願いしたと記憶している．筑波大学の修士課程では地域研究研究科，博士課程では哲学・思想研究科に所属していた私は，素養をもちあわせない社会学的な調査研究の過程で強い緊張を感じながらも，多くの刺激を受け，社会学の魅力に触れた．その後，研究者として働く機会を得ることになり，副田先生をはじめとする諸先生先輩方のご教授のもとで訓練を重ねながら，未熟ながら

かぶもと　ちづる | 椙山女学園大学情報社会学部・教授 | kabumoto@sugiyama-u.ac.jp

も社会学の研究者として職業生活を続けている．

　社会学の研究者として働きながら，傍らでみてきた副田先生の仕事は，一言でいえば，社会学の「論文を書く」ことであった．そしてそのために，先生は常に努力を惜しまなかった．本稿では，この副田先生の「論文を書く」という行為，特にその過程において必要な行為である，「理解する（読む，聴く）」「表現する」に焦点をあてる．そして，これら行為の理解をとおして，先生がめざしていた社会学とそのなかでわれわれが引き継いでゆけることについて考えてみたい．ただし対象期間は，主に，私が副田先生の仕事を直接みてきた1990年代中盤以降の時期に限定する．

　以下，本文では副田先生を「先生」と略して記す．

2　理解する──読む

　先生は，社会学を「役に立つ社会学」「批判する社会学」「理解する社会学」の3つに分類し，特に「理解する社会学」を重視していた．このことについて先生は，社会学の性質にかんする問いに答えるかたちで，つぎのように語っている．

　　本当は，「理解する」ことが学問の意味なんで，学問というのは，それ自体が独自の価値を持つときに一番すばらしい在り方をするわけです．世の中の役に立ったり，人を批判したりということも，私は悪くはないと思うんだけども，しかし，学問が長い命を持つ，ある学問的作品が五〇年，百年，二百年と読み継がれていくのは，そこで実現している理解ゆえです．……その理解がすばらしい．それでそれが我々に，目の前の現実に取り組んで，自分も立派な理解をしてみようと思わせる，あるいは，現実を理解する我々を力づけて，助けるのが古典だというふうに考えるなら，理解そのものが価値があると考えるべきですね．（副田 1997: 320）

　　私自身も，「生活保護制度の社会史」という本を書きまして，それは生活保護制度という社会福祉の制度についての本なんですけど，いろいろ普

段は提案とか批判の観点から扱われることが多い制度なんですが，私は極めてその面を禁欲しまして，五〇年の歴史の中で，この制度はなぜ生まれて，なぜある時期までのびて，ある時期から衰えていったのか，ということだけを，なるべく理解したい，理解の観点から書いたわけです．（副田1997：321）．

　先生が研究対象を理解する方法の源泉は，読書であった．幼年期からの幅広い分野の読書経験と研究者としての徹底した学問的な文献研究によって，先生の学識は培養され，それが「論文を書く」ことに活用されている．以下，先生が対象を理解するために行った「読む」という行為にかんする3つの例をあげ，先生が，読むことをつうじて具体的にどのような「理解する社会学」を志向していたのかについて考える．

2.1 文献講読による理論研究——「日曜ゼミ」

　まず，私的な研究会での文献講読による理論研究がある．1999年春からはじまった研究会の名称は「日曜ゼミ」で，毎月第2日曜日の午後に開催された．メンバーは，私を含む筑波大学出身の若手社会学研究者5名と先生，会場は東高円寺の先生の研究室であった．ゼミの前半は社会学関連の文献の輪読，後半は個別研究報告で，それらをあわせた研究会の時間は約5時間，長いときは6時間近くに及んだ．

　輪読で最初に読んだのはデュルケムの『自殺論』で，以降の文献は先生の提案やメンバーの要望を集約して選書された．社会学の代表的な古典，フィールドワーク調査研究書（ホワイト『ストリート・コーナー・ソサエティ』など），社会学概論書（ギデンズ『社会学』など），歴史研究書（ホブズボーム『わが20世紀・面白い時代』など）．先生の体調が思わしくなくなり研究会が不定期で不定形なものになるまで，約19年間，わたしたちは多彩な文献を読みつづけた．

　選書されたテキストについて，「一世紀を生き抜いてきた古典，もしくは二十世紀とはどのような時代であったか，全体社会とはどのような社会であるかを問うスケールの大きなものが多い印象」という評がある（加藤・遠藤2010：4）．確かに，狭い領域を対象とした研究書よりも，全体社会を扱ったものを読むこ

とのほうが多かった．また，「先生も他のメンバーも一度は目を通したことがあるが，すでに内容を忘れているものを再読するという傾向」もあったとされる（加藤・遠藤 2010: 3）．読み直すたびに新たな発見のある良書が選書されたのは事実である．ただし，学生時代に社会学を体系的に学んだ経験のない私にとっては，テキストのほとんどが初見の文献であった．

　古典的な文献にせよ現代的な文献にせよ，そこには研究対象を理解するための理論がある．研究会メンバーが，その理論を自らの進行中の研究に生かすことを念頭に置きながら，文献を読むこともしばしばであった．特に先生はこの点に留意されていたと思う．

　社会学の理論を用いて研究対象を理解し，理解の内容を論文として書く．このような仕事を遂行するために，理解にかんする知識を得ることは，社会学研究者にとって必須の仕事であり，おわりのない仕事である．そのため先生は，文献講読をつうじて文献そのものの価値を理解するとともに，社会学や歴史学におけるさまざまな理解のしかたの学習，すなわち，理論研究に継続して取り組み，その理論を生かした研究の展開をめざした．

2.2　史料検討による歴史研究の体力づくり──科研費研究会

　歴史的な史料を読みその内容を理解することを，研究対象の理解に活用することも行われた．たとえば，先生を代表とする科研費・基盤研究（A）「日本の近代化と内政行政の役割」（1997〜1999 年度）の月例研究会での史料の検討があげられる．この研究プロジェクトは，厚生省の前史を理解するために立ち上げられたものであった．

　月例研究会では，テキストとして『内務省史』（大霞会編，1970-1971）が選択された．多数の史料によって編纂された全4巻という大部の文献を読み理解することは，私個人のみでは不可能なことであったが，先生の道先案内と研究会メンバーの毎回の報告のおかげで，不十分ながらも，読解を進めることができた．2000 年3月に研究成果報告書が刊行された後，さらに4年ほど，メンバーの約半数によって内務省史研究会が定期的に開催された．

　2009 年からは，後身の科研費・基盤研究（A）「戦後日本における内政体制の研究」（2009〜2011 年度）が始まり，月例研究会では，戦後政治で活躍した

政治家の自伝や伝記，日本史を題材とした書物（ビックス『昭和天皇　上・下』など）が講読された．その後の「戦後内政史研究会」（2012 年 5 月～2014 年 3 月）でも『自由民主党党史』などの史料がテキストとして用いられた．

　科研費研究やその後の関連研究会の成果として，先生は個人で『内務省の社会史』（東京大学出版会，2007）を，編著者として『内務省の歴史社会学』（東京大学出版会，2010）を著した．私は，後者で「衛生局技術官僚の特性——官僚制における専門性について」というタイトルの論文を分担執筆した．古い史料をもとに論文を書くことは初めての経験であったが，研究会での訓練をとおして，史料の検討と縦横無尽の読書を積み重ねることが社会学的想像力を鍛え，人間と社会の理解に供するということを先生に教えてもらい，その教えにしたがって歴史研究に挑戦することができた．

　史料を読み検討することをとおして歴史的事実を理解する．このような歴史研究の基礎的な体力づくりが，先生を代表とする集団の研究体制によって行われた．これは，先生にとっては，論文を書くための知識の吸収と歴史的事実にたいする批判的見解の生成に役立っていたであろう．また，若い研究会メンバーにとっては，研究対象である歴史的事実に近い時代に生きた先生と共に史料を読み検討するという経験となり，テキストの理解をより豊かなものにしてくれたと思われる．

2.3　書評による文献評価——書評セッション

　先生は文献を理解する方法として書評を重視していたが，その書評の方法から，先生の文献の読み方や理解のしかたについての価値観がわかる．

　先生は，先生自身や同僚が刊行した本を対象に，書評セッションを開催することが常であった．その書評セッションでは，書評の方法が話題に取り上げられることもあった．先生は，書評を内在的書評と外在的書評に二分し，前者を後者よりも高く評価していた．

　　　内在的書評はテキストの味読からはじまります．それは通読ではない．
　　作品を味わいつつ読むためには，誤解を恐れずにいえば，著者の立場への
　　共感やその執筆体験への追体験が有効な条件になることがあります．その

　うえで，第一の仕事はテキストにおける達成の確認と評価であり，第二の
仕事は認識の誤まりや見落しの指摘と修正です．それらの仕事は評価であ
れ修正であれ，それがテキストがもつ可能性を最大限に育成する方向で行
われることが望ましい．それは著者の出発点や姿勢を認めつつ，そこで成
就されたものを正しく評価し，そのうえでもっとうまくやるとしたら，ど
うするべきかという提言に結びつくことになります．（副田 2019a: 10）

　先生は，評者は書評対象である文献をまずは味読という読み方で読み，つぎ
に，テキストがもつ可能性を最大限に育成する方向で，テキストの達成の確認・
評価と認識の誤り等の指摘・修正を行うことを，内在的書評の主な仕事として
いた．そして，これら一連の作業は，評者を研究者として進歩させるのに役立
つ学習であると同時に，著者や同時代の研究者への有益な提言を生みだすもの
と考えていた．星野信也『「選別的普遍主義」の可能性』（海声社，2000）にた
いする書評は，先生の内在的書評の実践例のひとつである．先生はこの書物に
著された星野理論の方法的特性を，①社会科学の基礎づけ，②批判科学の志
向，③歴史科学の志向，④政策科学の試みの4点にまとめ，以下のように評
した．

　　私は本書の全10章を通読し，その半数の章は2読，ないし3読して，
カードに要約した．かなりの程度で精読したといってよい．これからもさ
らに研究をしていくつもりである．……著者の驚嘆するべき博識と結論だ
けを書きつけたようなきわめて圧縮された文体は，私に悪戦苦闘を強いた．
……しかし，自分が理解した範囲のみで言っても，本書は，この半世紀あ
まりの日本の社会福祉研究において最高の達成の1つであることは確か
である．ここにソーシャル・ポリシーの星野理論が初めてその全貌を現し
た．……本書は広い範囲で研究され，行き届いた解説を与えられ，学界の
共有財産になることができるならば，日本の社会福祉研究，ソーシャル・
ポリシー研究に画期的展開をもたらす可能性をもつと思われる．後世はそ
れを，ケインズ革命のひそみに倣って，星野革命と呼ぶか．そんな想像が
楽しい．（副田 2001: 101）

　他方，外在的書評について，先生は，それは著者とテキストの誤りを証明することで，それが評者自らとかれの批評の正しさを証明するものであるとし，しかしながらそれは評者に精神的富をあたえないものとみなしていた．たとえば先生の著書『日本文化試論——ベネディクト「菊と刀」を読む』（新曜社，1993）にたいする橋爪大三郎氏の論評は，外在的書評の一例にあげられる（副田 2019b）．

　文献を味読し，著者の理解のしかたを適切に評価・修正し，さらに，その著者の理解のしかたを著者と評者，さらには同時代の研究者が，各自の研究での対象理解にどのように役立てることができるかについて文章として書く．このような作業を評者の仕事としていた先生は，文献を内在的な観点から読むこと，著者の理解のしかたを学び，それを社会学の研究において発展的に活用できる方法を探ることに価値をおいていたといえよう．

3　理解する——聴く

　先生の研究対象の理解は，数々の社会調査によっても行われた．実際に用いられた社会調査の方法はさまざまであるが，先生はインタビュー調査を活用した研究に長けていたように思う．インタビューによって対象者の語りを聴き，その内面について想像力を働かせ，対象者自身の経験や心情を理解しようとするとともに，対象者をとりまく集団・社会の特徴や本質について考究することが試みられた．先生が対象理解のために行った「聴く」については，先生の行ったインタビュー調査の 3 つの例から，その具体的な方法と特徴について考えてみたい．

3.1　ケーススタディの活用——あしなが育英会の委託調査

　遺児に奨学金を貸与・給付する団体である「あしなが育英会」の奨学生やその保護者を対象とした実態調査を，先生は長年にわたって引き受けていた．先述のように，私は阪神・淡路大震災後の調査への参加以降，先生が統括する研究グループの一員に加えてもらい，あしなが育英会の委託調査である，病気遺児・遺児家庭調査，自死遺児調査，寄付者である「あしながさん」調査，東日

本大震災後の震災遺児・遺児家庭調査，奨学生・奨学生家庭調査などに参加した．私は参加できなかったが，先生はアフリカのウガンダで「あしながウガンダ」の教育活動にかんする調査も実施している．

　委託調査ではほとんどの場合，対象者数人へのインタビュー調査とその結果をもとに作成した質問紙を用いてのアンケート調査が行われた．私が調査に参加しはじめた頃，なんどか先生とペアでインタビューを行うことがあったが，先生の調査方針はシンプルで明瞭であった．事前に質問項目を用意はしていくが，インタビュイーが語りはじめたら，語りたいように語ってもらう．インタビュアーはそれをじっくり聴く．これはその後も変わらぬ方針であった．

　インタビュイーの語りは書き起こされ，分析に有用とみなされたケースの場合は要約が作成され，ケーススタディに用いられた．先生は，質問紙を使った統計調査から得られる結果が有益であることを十分に承知していたが，それがもたらす「認識の限界への警戒心」をもっていた．反対に，ケーススタディの有効性を高く評価し，「事例調査がもたらす認識のするどさ」を重視していた（副田 2017b: 488）．そのため，先生がケーススタディを軸に書いた論文は多数ある．

　先生がケーススタディを頻用したのは，人間学的視点から社会的行為のリアリティを重視していたからではないかと思う．先生は『現代社会学辞典』（有信堂，1984）で「社会的行為」を執筆し，末尾の「個別理論の諸課題」の部分で，社会的行為理論6学派の各課題を整理しているが，そのうち社会的行為学派の課題のひとつについて，以下のように述べている．

　　4) A. シュッツ流にいう「科学の論理」と区別される「日常生活の論理」をとらえる方法的工夫をいかに果たすべきか．理念型としての行為者がそこから抽象されてくる，生きた人間の存在を無視するべきではない．（副田 1984: 141）

　生きた人間に対するインタビューの記録から，理念型としての行為者が立ち現れる．その理念型は，インタビュー調査結果から作成されるいくつかの典型的なケースといえる．そしてそれぞれのケースは，生きた人間の社会的行為の

リアリティとみなされ，研究対象の理解に用いられる．インタビューによって
対象者の語りを聴くことを，先生は，人間の社会的行為のリアリティを探る重
要な方法のひとつとして活用していたといえるであろう．

3.2　対象との距離への配慮——『あしなが運動と玉井義臣』

　先生は，著書『あしなが運動と玉井義臣』（岩波書店，2003）で，交通遺児
育英会の誕生と発展，あしなが運動の歴史，あしなが育英会会長の玉井義臣氏
や部下の若者たちの人間像などを描いたが，そこではインタビュー調査の結果
が存分に用いられた．インタビュー対象者は 26 人におよぶという．

　先生は玉井氏とは懇意の仲であり，育英会職員とも育英会の事業や調査の仕
事をつうじて友好的な関係にある．したがって，かれらの語りを聴くことは，
先生にとってそれほど難しいことではなかったかもしれない．しかし先生は，
対象者とのあいだに適切な距離をとることに配慮し，研究における客観性と主
観性を担保することに気を遣われたのではないかと思う．そこで不可欠な要素
は，調査者と対象者の信頼関係である．この点について，刈谷剛彦氏が『あし
なが運動と玉井義臣（上・下）』（岩波現代文庫，2023）の「あとがき」で触れ
ている．

　　（副田と対象との：筆者注）絶妙な関係の取り様が，観察者としての立場性
　　に貢献する．フィールドと深く関わり，同時にフィールドを第三者的に観
　　察することは，言葉で言えば簡単なようだが，そうではない．信頼関係を
　　基礎にしていたからだろう．玉井の度量にもよるのだろう．本書に含まれ
　　るいくつもの批判的な考察や指摘を対象が受け入れることができなければ，
　　このようなケーススタディは「客観性」を失う．さらには，そのような信
　　頼関係がなければ，対象の「主観」に迫る厚い記述や深い理解にも及ばな
　　い．このさじ加減を絶妙に示した研究書として，本書は，「現場」をもつ
　　フィールドワーカーにとって示唆に富むだろう．（刈谷 2023: 256）

　対象者である玉井氏との距離のとりかたについては，『あしなが運動と玉井
義臣』の書評セッションでの，以下のような先生の発言がある．

　　副田：玉井氏はたいへん喜んでくれていると思います．それは彼として
はこの本にいくつかの点で異議があるでしょう．彼が書いてもらいたかっ
たことを僕がかなり無視しているというところもあって，それは不満だけ
れども，しかし玉井の交通遺児育英会からの追放につながる，ときの日本
の首相・橋本龍太郎との抗争については，事実そのものをまったく細かく
書いて分析してもらって，かれとしては名誉が回復できたと思っているよ
うです．……ただし不満はいろいろ言ってはおりますよ，私の批判は当た
っていない，実際はちがう，何しろ私は原稿は一切見せませんでした．書
物になってから彼は見たんです．ですからそういう意味ではむこうもよく
我慢したと思いますね．見せろとは言わなかった．（藤村・嶋根・柏谷ほか
2006: 251-2）

　玉井氏との距離のとりかたの例から，先生が調査の客観性を担保しつつ，先
生の視点から対象者の主観を描き出そうと工夫していたことがわかる．昨今，
インタビュー結果を論文や書物で活字化するさい，その具体的内容についてイ
ンタビュイーの確認が必要とされる場合がある．しかし，先生と玉井氏のあい
だで，それはいっさい行われなかった．強固な信頼関係の故であろう．

3.3　データ入手にたいする貪欲さ——「ある老年夫婦の生活」

　インタビュー調査は，対象によっては，実施に困難が伴うことがある．先生
は，この困難をできるかぎり乗り越えようと試みていたと思う．その例のひと
つが，論文「ある老年夫婦の生活——M氏とN夫人のケース」の素材に用い
られた，先生の両親を対象としたインタビュー調査である．この論文は，先生
の編著『講座老年社会学 1　老年世代論』（垣内出版，1981）に掲載されてお
り，私も既読のものであったが，『老いとはなにか——副田義也社会学作品集
第Ⅲ巻』（東信堂，2017）に再掲された．先生はその「あとがき」において，
インタビューの対象者や顛末を明らかにし，困難ながらも想定外の成果を得た
インタビュー経験について記している．

　先生は，1982年に実施された共同通信社の「日本人の既婚男女の性行動と
性意識にかんする調査」の委員のひとりであった．そのため，調査票の原案を

かくために，老年の性行動の実態と加齢による性行動の変化について確実な情報を必要としていた．そこで，両親にインタビューの依頼をもちかけ，それを両親は承諾したのである．先生の父親 72 歳，母親 70 歳，長男である先生 45 歳の時である．

　　息子は「大義親を滅す」という気持でその願いを切り出したのだが，母親はほがらかな口調で「おまえの学問のためになることなら，なにを聞かれてもかまわないよ」と応じた．（副田 2017a: 414）

インタビューは 2 日間で計 8 時間にわたった．電話での補足的インタビューも 10 数回おこなわれた．テープ起こしの分量は，400 字詰原稿用紙で約 300 枚になった．先生は，両親の信仰生活，夫婦生活，性生活についてありのままの事実を大量の情報として収集し，それをアンケート調査の参考にするとともに，論文の素材としてつかった（副田 2017a: 414）．両親の夫婦生活にかんする語りを多角度から聴くことを可能にしたこのインタビュー調査は，先生のデータ入手にたいする貪欲さがうかがえる調査例である．

またこの調査は，先生に，老年研究についての有益な情報を与えただけでなく，両親の信仰にかんする認識の変容をもたらした．両親はクリスチャンであり，父親は牧師であった．先生はキリスト教を信仰することはなく，宗教や両親の信仰生活を肯定的に受け止めていなかった．しかしながら，両親へのインタビュー調査によって，それらについてそれまでもちえなかった意識が先生に生じたのである．

　　インタヴューは，老年の生きかたにかんする私の認識につよい衝撃をあたえた．私はそれまでラディカルな無神論者として，キリスト教信仰をおくれた意識の一形態とみなしてきたのだが，そういうだけではすまないものがあるとかんがえざるをえなかった．……私は，私が現実世界のみを生きているのにたいして，両親が現実世界と霊的世界を生きていると感じた．（副田 2017a: 414）

　先生はなぜ調査対象者を明らかにし，かれらについて書き残したのか．その理由を先生は，「かんがえるところがあって」と書いているが（副田 2017a: 413），その理由のひとつに，研究遂行のためとはいえ，一般的には引き受けがたい内容の調査依頼に快く応じてくれ，そして，新たな認識をもたらしてくれた，両親への感謝の気持ちがあったからではないだろうか．キリスト教にたいする否定的認識と両親にたいする愛情とのあいだにあった葛藤を緩和するきっかけとなったこの調査に感慨をおぼえていたからかもしれない．求めていたデータ入手に成功した調査者である先生には，研究者としての貪欲さと対象者にたいする報恩の思いが共存していたといえないだろうか．

4　表現する──書く

　先生の仕事は，社会的事実を社会学の方法を用いて理解し，その内容を論文という文章で表現する，つまり「書く」ことであった．ただし，学術的な文章を「書く」にはさまざまな制約がある．しかしながら先生は，表現において自由度の高い論文を書こうとしていたと思う．制約と自由のあいだで葛藤を感じながらも，先生は，論文を「書く」仕事を，自己の経歴のなかで変化させ，成熟させていった．その変容の例として，先生の「書く」行為における，表現方法の解放，対象領域の開拓，自由な表現媒体の創出をとりあげ，先生の「書く」という表現にたいする姿勢について考えてみる．

4.1　解放──社会史

　表現方法として社会史あるいは歴史社会学の手法を会得したことは，先生にとって解放を意味した．そのきっかけは，1981 年から 92 年にかけての，東京大学社会科学研究所の 3 つの学際研究である．そこで先生は，先輩・同僚たちの仕事ぶりをみながら，社会史あるいは歴史社会学の方法を知ったという（副田 2007: 672）．

　　　（社研での仕事によって：筆者注）副田の個人的体験として社会学者としての成長と解放があった．成長は『生活保護制度の社会史』をかいて社会

史シリーズのきっかけをつかんだということがあります．「福祉国家」と
「転換期の福祉国家」でそれぞれ論文をかきました．あと社研の紀要で長
い論文をかきまして，『生活保護制度の社会史』ができあがるわけですが，
社研のおかげでこのシリーズのきっかけをつかんだとおもっております．
　　それと私自身の遠慮のない感想をいいますと，私には社会学の枠がどう
も窮屈すぎて，私が好きなように論文をかきますと，先輩たちからそれは
社会学ではないといつでもおこられるんですね．あるいは黙殺される．社
研に入って社会学の枠から解放されてしまったという点で「成長と解放」
ということを（レジュメに：筆者注）かいております．（田多・副田ほか
2015: 188–189）

　先生は，社会史の著作を執筆しながら，その手法を身につけていった．それ
ら著作は，社会史シリーズ初期の作品，すなわち，『日本文化試論——ベネデ
ィクト「菊と刀」を読む』（新曜社，1993），『生活保護制度の社会史』（東京大
学出版会，1995），『教育勅語の社会史——ナショナリズムの創出と挫折』（有信
堂，1997）である．
　社会史という表現方法を会得することで，先生は，社会学の論文の表現形態
という制約から解放された．ただし，社会学的な説明を手放したわけではない．
先生は，ある時代のある社会的事実をめぐる人間の社会的行為を，歴史社会学
的に書く方法に熟達しようとしていたのである．また同時に，研究対象となる
社会的事実と日本社会あるいは国家との関係性に目配りし，事実のなりたちの
全体性を表現することに意を注いだ．

4.2　開拓——福祉社会学・省庁史・死の社会学

　「論文を書く」仕事をするなかで，先生は，表現の領域を広げていくという
開拓の精神をしばしば発揮した．福祉社会学はその代表的な例である．先生は，
1966 年に松原治郎との共編著『福祉社会学』（川島書店）を著したが，それか
ら 42 年後の 2008 年に『福祉社会学宣言』（岩波書店）を刊行した．先生は，
この書物は日本社会学において福祉社会学研究の全体像を示す意義あるものと
し，本書の「はじめに」でその試みにたいする意気込みを記している．

　「福祉社会学宣言」とは，われながら気負ったタイトルをつけたものだと思う．その理由を最初に二つあげて，説明するところからはじめる．……第一．私は，読者に，福祉社会学という学問分野の面白さを伝えようと努力した．……第二．私は，読者に，福祉社会学の全体像をアウト・ライン程度にせよ示唆しようと努力した．……以上，二つの仕事，福祉社会学の面白さを伝えること，および，その全体像を示唆することは，日本社会学において最初の試みであると断言する自信はないが，最初期の試みに属することは確かであった．私は気負ってその仕事に取りくまざるをえなかった．自らの非力を自覚すれば，気負いはいっそう烈しくならざるをえないという事情もあった．以上，いささか威勢がよすぎるタイトルについての釈明である．（副田 2008: ⅴ-ⅶ）

　『福祉社会学宣言』の後続の単著は，『福祉社会学の挑戦――貧困・介護・癒しから考える』（岩波書店，2013）であるが，構想段階のタイトルは『福祉社会学革命』であった[1]．先生は当初，このタイトルを前提に，本書の「はじめに」の草稿を書いた．この原稿からわかるのは，先生が，社会科学的研究の領域において福祉社会学をさらに開拓し進歩させたいと考えていたということ，そしてその達成が社会学の革命につうじると想像していたということである．

　革命の対象はなにか．社会福祉にかんする既存の社会科学的研究である．……私は両者（官僚が主導する研究と官僚に反抗する研究：筆者注）のそれぞれにたいして異和感をもち，距離をとり，学術的に語ることにつとめた．結果として世間が狭くなったという実感がある．連帯を求めて孤立をおそれず，と形どおりにいおうか．実は連帯をそれほど求めておらず，孤立はむしろ楽しんでいる．本文の各論考を私は楽しんでかいてきた．……ねらうところは，社会学の方法を徹底してつかうことによる福祉社会学の進歩である．その達成によって，私は，福祉社会学会に貢献したい．そうして，福祉社会学を進歩させることが，社会学の革命につうじることまでを夢想する．（日曜ゼミ 2011 年 12 月 11 日報告）

　また，内務省の研究を終えたあと，先生は，積み残された仕事として，厚生省をはじめとする省庁の社会学的研究と社会史の刊行を構想していた．社会学の行政研究領域における研究対象を開拓し，日本社会学が等閑視してきた課題へのアプローチを目論んでいたといえる．

　　　内務省と厚生省と警察庁と自治省，建設省，この五つの省庁が社会学的なアプローチを待っているように私にはおもえます．その五つが完成するならば『省庁の社会学』という題で，日本で社会学が従来ないがしろにしてきた行政と国民生活の結びつきをあきらかにすることができるのではないか．内務省の社会史を発展させていくうえで，この五つの，ばあいによってはこれに労働省を入れるということをかんがえるわけでしょうが，五つの省庁の社会史というものを完成した形態でながめてみたいものだと願っております．（副田・藤村 2018：686）

　さらに，先生は日本社会学における「死」への関心の薄さを指摘し，「死の社会学」を社会学の研究領域のひとつとして開拓した．その背景には，交通遺児育英会・あしなが育英会の委託調査における研究対象としての「死」の経験がある．

　　　1974 年以降，私は，交通遺児育英会，あしなが育英会の調査活動を担当するようになり，交通遺児家庭，病気遺児家庭，とくにガン遺児家庭，災害遺児家庭，自死遺児家庭などの実態調査をおこなってきた．それらは当初，経済的困窮に焦点をあわせた生活問題の調査であったが，ガン遺児家庭の調査のあたりから，死別体験の苦悩と癒しの過程をも重視する傾向をもちはじめた．（副田 2013a：vii）

　先生は，実際の研究において「死の社会学」という言葉を積極的に使った．編著のタイトルは『死の社会学』（岩波書店，2001）であり，科研費・基盤研究（A）の研究課題名は「死の社会学的研究」（2005〜2007 年度）である．
　先生は，研究領域の開拓によって表現の幅をひろげ，自己と社会学の進歩と

変革をはかろうとしていた．そして，対象となる研究や先生の意図は直截的な言葉であらわされた．「福祉社会学」「死の社会学」しかり，「宣言」「革命」しかり，である．先生の開拓の精神を正確に表現する言葉がえらばれ，それを使った研究がおこなわれたといえる．

4.3　自由——『参加と批評』

　先生は，自由に書くことを重視し，先生自身が書きたいことを自由に書くことを基本方針としていた．また，先生が，共同研究者や編著での分担執筆者が書く論文の構成や内容について，こまかな注文をすることはほとんどなかったと思う．先生は，自己が書く自由と他者が書く自由の両方を守ろうとしていた．

　先生が自由に書くことを重視するのには，青年期の小説家としての経験が関係する．先生にとって，小説で人間や社会を書くことの自由さにくらべて，社会学のそれには制約が多かった．

　　　私は，10代以来の文学的訓練のおかげで，イデオロギー過剰の雑文・論文におじけをふるってしまう青年でした．しかし，人間と社会をえがくさいの小説の自由さに比較しますと，社会学は制約が多すぎるとも感じられました．社会学がえがく人間は偽善者が多いと，何度も私はおもったものです．（田多・副田ほか 2015: 211）

　制約が多いなかで，先生は社会学の論文をできるだけ自由に書き，人間と社会の生き生きとした関係性を表現しようとした．たとえば，その表現方法は，ドラマとしての社会や社会福祉を書くこととして実現された．

　　　それ（福祉社会学という学問分野の面白さ：筆者注）は，社会福祉を構成する人びとと社会の大小無数のドラマの面白さである．このドラマの本質は葛藤である．社会福祉という領域では，多くの人びとや部分社会がそれぞれの正義をかかげて争っている．そのドラマとしての社会福祉の面白さを表現することに，私の研究上の主力は傾注された．（副田 2008: v）

　先生は，自由に書くだけでなく，それが許される表現媒体も創り出した．先生の編集による雑誌『参加と批評』の刊行である．『参加と批評』は 2006 年から年 1 回刊行された（既刊 10 号）．執筆分量の制約はない．そのため，毎号の頁数は 200 頁以上，最も多いときの頁数は 385 頁である．

　先生の論文が毎号の巻頭を飾り，先生の編集後記が巻末に綴られた．創刊号の編集後記には，刊行が遅れ収録作品が寝かされていたことについての謝罪ののち，「これによって，どの作品もその美質はまったく損なわれていないことを信じる．われわれは，業績の発表の早さよりは後世の評価を重んじる反時代的人間である」と記されている（副田 2006）．先生は反時代性を心置きなく表現できる媒体を自身で活用し，わたしたちに提供してくれたのである．

　先生は外国語を自在に使うことはできなかったため，表現において使用言語の制約はあったと思う．『参加と批評』の記述や表記もすべて日本語で，献本先もすべて日本国内の図書館であった．ところが，思いがけず，外国の図書館から受入れの依頼が舞い込む．ハーバード大学の図書館からの依頼につづいて，オーストラリアの国立図書館が送付を依頼してきたのである．編集後記で先生は，バックナンバー送付後に請負の貿易会社から届いた書簡の内容を披露しながら，『参加と批評』が評価されたことを喜んだ．

　　　“いつもお世話になっております．……先方で内容を確認され，次号以降についてもぜひ続けて入手したいとの連絡がまいりましたので，誠におそれいりますが，今後刊行される分につきましては，Harvard Univ. 分と合わせて 2 冊ずつお送りいただけましたら幸いです．今後ともどうぞよろしくお願いいたします．”国内外でみるひとはみている．われらは，時流にこびず，学問に精進するのみ．（Y. S.）（副田 2013b: 奥付）

　先生は，ドラマという文学的表現を社会学的表現にとりこむなど，自由な表現形態で社会学の論文を書こうとした．また，自由に表現することを自己だけでなく他者にも許し，ともに自由に表現できる媒体も創出した．それは，自由に論文を書く先生と同時代の研究者の自己実現の場であった．

5　おわりに

　先生は，人間と社会の本質を理解する学問として社会学の有効性を信じ，理解に重点をおいた社会学をめざしていた．そして，先生自身の自己実現のために，福祉社会学をはじめとする社会学的研究の進歩のために，理解し表現するというプロセスをふくむ，社会学の「論文を書く」努力を怠らなかった．その努力のなかで発揮された理解は，全体と部分のリアリティに迫る緻密なものであり，表現は，社会学の制約に拘泥しない自由で開拓的なものであった．先生はこれらを意識的かつ積極的に活用し，現在・未来の読者の人間・社会の理解に貢献する仕事をしようとした[2]．

　高らかに福祉社会学宣言を唱えながらつづけられた先生の仕事から，後進のわたしたちが引き継いでゆけるものはなにか．ここでみつけられる答えは，対象理解とその表現方法についての学習をつうじて，自己実現と社会学的研究の進歩のために，一生懸命にたゆまず「論文を書く」努力の姿勢と実践である．

注

1)「福祉社会学革命」は，副田義也社会学作品集第Ⅷ巻のタイトルに採用された．
2) たとえば，つぎのような読者像．
　　社会学の論文を執筆するとき，どのように読者を想定しているか．同時代の読者にはじまって，50年後，100年後の読者までを語りかけの対象にしている．若いひとにハッパをかけるときには，500年後の読者を意識してかけといったりする．時評風の論理が目につく論文が多すぎる．あるいは，素材や分析手法の新しさだけを気にしすぎるのではないか．（Y. S.）（副田 2015: 奥付）

文　献

藤村正之・嶋根久子・柏谷至ほか，2006,「書評セッション　土曜会合評会　副田義也著『あしなが運動と玉井義臣——歴史社会学的考察』」『参加と批評』1: 205-73.
刈谷剛彦，2023,「解説「現場」をもつ社会学の力」副田義也『あしなが運動と玉井義臣——歴史社会学からの考察（下）』岩波書店（岩波現代文庫），251-61.
加藤朋江・遠藤恵子，2010,「秘密結社？日曜ゼミ——その実態と歩み」「〈副田社会学〉を語る会」レジュメ（2010年3月20日：於中野サンプラザ）.
副田義也，1984,「社会的行為」北川隆吉監修，佐藤守弘・三溝信・副田義也・園田

恭一・中野収編『現代社会学辞典』有信堂，102-45.

―――，1993，『日本文化試論――ベネディクト「菊と刀」を読む』新曜社.

―――，1997，「知的営為の社会哲学――社会学的思考の習得と住み安い社会の実現のために（社会学者・副田義也インタビュー）」『ロゴスドン』23: 308-31.

―――，2001，「書評　星野信也著『「選別的普遍主義」の可能性』」『社会福祉研究』81: 101.

―――，2003，『あしなが運動と玉井義臣――歴史社会学的考察』岩波書店.

―――，2006，「編集後記」『参加と批評』1.

―――，2007，『内務省の社会史』東京大学出版会.

―――，2008，『福祉社会学宣言』岩波書店.

―――，2013a，『福祉社会学の挑戦――貧困・介護・癒しから考える』岩波書店.

―――，2013b，「編集後記」『参加と批評』7.

―――，2015，「編集後記」『参加と批評』9.

―――，2017a，「あとがき」『老いとはなにか――副田義也社会学作品集 第III巻』東信堂，413-6.

―――，2017b，「あとがき」『現代世界の子どもたち――副田義也社会学作品集 第IV巻』東信堂，485-9.

―――，2019a，「書評とはなにか」『「菊と刀」ふたたび――副田義也社会学作品集 第VI巻』東信堂，5-18.

―――，2019b，「本歌どりの社会心理学――才子に答える」『「菊と刀」ふたたび――副田義也社会学作品集　第VI巻』東信堂，30-55.

副田義也・藤村正之，2018，「内務省再説のために――増補版のためのあとがきにかえて」『内務省の社会史［増補版］』東京大学出版会，679-88.

田多英範・副田義也ほか，2015，「研究会　福祉国家と社会科学」『参加と批評』9: 159-234.

abstract

Soeda-sensei's Sociology: On "writing a thesis" in sociology

KABUMOTO, Chizuru

Sugiyama Jogakuen University

In his work, Yoshiya Soeda-sensei aimed for a brand of sociology that was focused on understanding, based on his belief in the effectiveness of the field as a discipline to gain insight into the nature of people and society. In the interest of his own self-actualization, as well as for the advancement of sociological research, including the sociology of welfare, Soeda-sensei never neglected his efforts to "write a thesis" on sociology, including the very process of understanding and expression. To do work that would contribute to the understanding of people and society for his present and future readers, he consciously and actively leveraged his comprehension that approaches the reality of the whole and its parts, as well as his ability to express himself freely and unencumbered by the constraints of sociology.

What can we, as successors of Soeda-sensei's work, inherit? The answer found in the discussion of this paper is as follows: the attitude and practice of making all efforts to tirelessly "write a thesis" for the sake of self-actualization and the advancement of sociological research by learning about the understanding of the subject and how to express that understanding.

Keywords：Soeda-sensei, sociology, understanding, expression, freedom

| 特集論文 II |

副田社会学における「生活構造論」の現代的意義
——後期近代におけるライフ・ポリティクスの解明に向けて

玉置　佑介

　本稿は，後期近代における個人化と連帯のはざまに位置づけられる人びとの営みを把握していくための視点として，副田義也氏の「生活構造論」にいかなる可能性があるのかを検討する．その際，2000年代以降に登場した新たなライフスタイルを視野に入れながら，氏の「生活構造論」の現代的な可能性を指摘する．具体的には，日本の都市社会学研究を概観しながら，高齢期における「未来の植民地化」の実践である「終活」を具体例にとりあげる．そこでは，ライフスタイルが強制されていくライフ・ポリティクスの側面を分析する可能性をもつものとして氏の「生活構造論」を位置づける．

　そのうえで，主体的に自らの生活を基礎づけ，未来に向けて生活を安定化させようとする欲求を把握するため，「生活設計」および「生涯設計」という視点を考察する．最終的に，高齢期におけるライフスタイルの追求以外にも氏の「生活構造論」を援用することが可能であることを提示していく．加えて，後期近代を生きる人びとが，生活・福祉・文化にかかわる問題群をいかに処理しているのかを映し出すものとして氏の「生活構造論」という視点を位置づけ，われわれが副田義也氏の社会学的功績から後世に引き継ぐべき事柄は何か，試論的に展開していくこととしたい．

キーワード：生活構造，生活設計，生涯設計，終活，ライフスタイルの強制

1　はじめに

1.1　間接的で限定的な「出会い」

　筆者が副田義也氏と直接お会いした機会は数えるほどしかない．最初は，福祉社会学会の庶務理事補佐の仕事をさせていただいていた時期に，「学会が土日にしか開催されないことについて，どう思うね？」と声をかけてくださった．

たまおき ゆうすけ｜明星大学教育学部・特任准教授｜yusuke.tamaoki@meisei-u.ac.jp

すでに，教育現場から退かれ，精力的な執筆活動を展開されている時期であった氏に，駆け出しの私のような存在にも声をかけてくださる心優しき佇まいを感じつつ，同時に，土日以外の学会の開催可能性を思慮される研究への「燃え滾る熱情」のようなものを感じた．

　その後，本特集にも名を連ねる藤村正之氏の『〈生〉の社会学』の合評会でコメンテーターを担当させていただいた際，同じ部屋に『生の社会学』と『死の社会学』の著者が同時に存在していることの意味を実感し，自身の未熟さを痛感したこともある．また，当方が日本社会学会で報告した際，議論が「調査倫理」を重視することの是非を問う場面があった．その時，倫理を重視するあまり調査内容の充実ぶりが損なわれる危険性について発言されていたことも記憶に鮮明に刻み込まれている．

　このように，当方の副田義也氏との「出会い」は限られている．さらに，直接的な薫陶をえられる立場性や時代性には恵まれていなかったため，本稿は，間接的で限定的な立場である筆者が氏の社会学的想像力の一端を継承するとすれば，いかなる論点を引き継いでいくべきかに絞って試論していきたい．その際，着目するのが氏の「生活構造論」である．

1.2　副田社会学における「生活構造論」の特徴

　本稿は，後期近代における個人化と連帯のはざまに位置づけられる人びとの営みを適切に把握していくための視点として，氏の「生活構造論」にいかなる可能性があるのかを検討する．その際，2000年代以降に登場した新たなライフスタイルを視野に入れながら，氏の「生活構造論」の現代的な可能性を指摘することとしたい．

　氏の「生活構造論」には，二つの特徴がある．第一に，マルクス・エンゲルス由来の再生産理論にもとづく生活構造の循環式を提示している点についてである．すなわち，生命の生産が生命の消費をもたらし，それによって生活手段の生産を促進しながら生活手段の消費を導き，再び生命の生産へ還っていくという生活構造の循環式という全体論的な視点である．第二に，上記の循環式にもとづく生活構造の四契機として，(1)生活水準，(2)生活関係，(3)生活時間，(4)生活空間という総合的な視点で「生活」を捉えようとする試みについてである．

氏において「生活構造論」は，当初，副田（1966）にはじまり，副田（1967；1968）においては，「生活構造と生活空間」というタイトルで展開された．なお，副田（1971：81）においては「生活空間」が生活構造の 4 つの契機に内包され，①活動空間，②資源空間，③意識空間に細分化された．

　こうした特徴をもつ氏の「生活構造論」にたいし，さまざまな理論的な問題点が指摘された．その代表格の青井（1981）によれば，取りあげられている「生活」にアクチュアリティがなく，生活問題の基本的原因が何であるかが不問のままであるといった問いかけがなされ，分析枠組みの諸要素が雑然と網羅的に羅列してあるだけで，分析視点の中核がないといった指摘がなされている．くわえて，経済機構・経済構造⇔社会機構・社会構造⇔生活過程・生活構造という異なる次元の相互関連が未追求であること，全体社会と個人を媒介するところの地域社会と地域産業の分析が不十分であること，生活史・家族史が，社会的な視点にたいして生産力の発展と社会変革力の進展に結実することが抜け落ちていることが指摘されている．以上の批判にたいし，明確に「生活構造論」が再考されたかと問われれば，その可能性はいまだ開かれたままになっているのではないだろうか[1]．

　本稿では，以上の問題関心のもと，時代性としては「後期近代」を生きる人びとの生活・福祉・文化にかかわる「生」や「死」について，マクロ・メゾの構図のなかに描き出していく可能性を有する視点として氏の「生活構造論」を再検討していきたい．

1.3　新たなライフスタイルを考慮に入れた生活構造の把握に向けて

　再検討の補助線として，次節からは都市社会学において「生活構造論」がいかに受けとめられ，位置づけられてきたのかを概観する．おもに，都市社会学においては，個人の主体的なネットワーク形成という視点から「都市的生活構造」が把握され，そのうえで「生活」が「資源処理をともなう生活問題の解決・処理行為のパターン」としてとらえられている．すなわち，都市社会学における「生活構造論」は，都市住民による選択的・選好的な資源処理過程のなかに個人の主体性の発露を見い出すための視点として用いられている．このような位置づけのもと，「都市的生活構造」は「都市住民が，自己の生活目標と

価値体系に照らして社会財を整序し，それによって生活問題を解決・処理する，相対的に安定したパターン」と定義づけられることから，主体的かつ自己自覚的に自らの生活を基礎づけていくことで，未来に向けて生活を安定化させていこうとする都市住民の欲求の存在を見い出すことができるのではないだろうか．

　以上の補助線を用いて，本稿は，リスクを評定して反実仮想的に思考し，リスクを回避あるいは減少させることが重要となってくる後期近代において，氏の「生活構造論」の可能性を指摘していきたい．とくに，後期近代においては，未来という予測された帰結を現在の「生活」に取り入れ，生きることそのものが課題となる．くわえて，未来を偶発的な領域とするのではなく，必然的な領域と認知し，好ましい帰結としてリスクを回避，軽減された未来を導き出す態度ももたらされる．こうした一連の諸課題を，社会から要求される後期近代を生きる人びとにおいて「生活構造論」はどこまで可能性を有するのか．いいかえれば，生活のコントロールが自らの手にゆだねられるようになったライフ・ポリティクスの時代において，「生活構造論」はいかにして展開しうるのだろうか．

　　現在，社会学が生活構造を研究主題のひとつとすることの必要は，おおまかにいって，つぎのように考えられる．**まず，私たちの社会的現実がそれを必要としており，社会学はそれに応えるべきである**．ついで，戦後の日本社会学の方法論の展開が，それを必要とするところにいきついている．（副田 1971: 47〔強調は筆者による〕）

　以上より，本稿は，後期近代を生きる人びとが，生活・福祉・文化にかかわる問題群をいかに処理しているのかを映し出すものとして氏の「生活構造論」という視点を位置づける試みを展開し，そのことをつうじて，われわれが副田義也氏の社会学的功績から後世に引き継ぐべき事柄は何か，試論的に展開していくこととしたい．

2 現代の「生活構造」を把握するために

2.1 生きられる時間的秩序の相違──社会的時間と時間経験という視点

国土交通省（2016）は，「平成 27 年度全国都市交通特性調査（速報値）」[2)]において，調査日に外出した人の割合が平日で 80.9%，休日で 59.9％と本調査を開始した昭和 62 年から最低の値となったことを明らかにした．また，一日の移動回数[3)]も，平日で 2.17 回，休日で 1.68 回とこちらも調査開始以来最低の値となったとされている．この調査報告のなかで注目すべきは，移動回数の少ない高齢者の人口が増えたことや，かつては移動回数が多かった若者も移動回数が減少していることが指摘されている点である．とくに，20 代の移動回数は 1.43 回と減少傾向にあり，70 代の移動回数 1.60 回を下回った．この結果は，社会集団の相違によって生きられる時間的秩序が異なっていることを意味しているといえよう．こうした社会集団による時間経験の相違について，古典的研究に目を移すと，時間という概念を量的にではなく質的な側面からアプローチする重要性に気づかされる．

ソローキンとマートン（Sorokin & Merton 1937）は，社会集団が固有に保持する時間やリズムを「社会的時間」（social time）として概念化した．そこでは，時間を量的側面からとらえるのではなく，集団に共通の信念や習慣が生活のリズムやその繰り返しを下支えする質的な側面が強調されている．具体的には，原始的かつ単純な経済範域においては取引自体が近隣で行われることから，週のリズムが 7 日間になるとは限らないこともあるという．その一方で，広い経済範域で生産したものを取引する大きな市場においては，それ以上の週の区分日数なども形成されるという．要するに，「社会的時間」とは，地域に独特の時間的秩序が，その集団の性質や傾向にもとづいて多様に基礎づけられていたことを明らかにするものといえ，日・月・季節・年という時間的秩序が集団生活のリズムによって決定されていたという視点が重要である．いわば，「社会的時間」に着目することによって「集団の諸活動を同期させ，調整し，集団の構成要素を観察するための手段を提供する必要性を分析できる」（Sorokin & Merton 1937: 627）ようになる．

　上記の「社会的時間」の指摘は，おもに産業社会における時間の変化を分析する枠組みを提供するものであり，閉じられた範域における時間秩序をもつ複数の社会集団が相互に交流をすることで集団間に時間の同期や調整の必要性が生じ，市場の大きさと週のリズムに変化が生じていく視点を提供している．しかしながら，現代社会における時間の同期や調整は集団間の社会的交流によってもたらされるものなのだろうかと問うてみると，それは集団間というよりも集団と集団を媒介する個人的なものととらえられよう．むしろ，現代社会における諸個人は，生活空間に点在するさまざまな社会的資源を整序し，管理するように仕向けられているように思われる．そこでは，個人による時間的秩序と空間的秩序の整序・管理への視点が現代社会における「生活構造」を把握するうえで必要不可欠なのではないか．

　次項からは，都市社会学において展開された「生活構造論」や「生活設計」・「生涯設計」に関する議論を概観し，副田社会学における「生活構造論」の可能性を把握するための視点を模索していく．

2.2　都市社会学における「生活構造」の把握

　時間的秩序と空間的秩序の両者を考慮に入れ，「生活構造」の分析を具体的側面から試みてきたのは都市社会学の研究者たちであろう．そのひとり鈴木栄太郎は，社会構造の概念のみでは都市の静的側面は分析できても，その動的な側面を十全に理解することはできないとし，社会構造と対をなすものとして「生活構造」の概念を導出している（鈴木 1957＝1969: 390-3）．ただし，鈴木にとって「都市の生きた呼吸」に接するための概念として「生活構造」を構想している点が重要である．鈴木は都市の時間的周期性に注目し，都市生活が千差万別にみえながらも，一定の規則に従って営まれており，ある学齢に達すれば学校に入学し，職業期には何かの職に就いているという生活の規則性に従って社会生活が存続している点に注目する（鈴木 1957＝1969: 150）．すなわち，鈴木においては「一定の地域内の居住者達が，一定の目的のために，一定の時刻に，周期的にこの地点に集まる」（鈴木 1957＝1969: 392）のも，生活の規則性を意味する「都市の生きた呼吸」の一側面なのであり，都市の把握には時間的な秩序だけでなく，空間的な秩序にも目を向ける必要があると考えられて

いるのである．

　もちろん，鈴木における上記の指摘の背景には「正常人口の正常生活」と
「結節機関説」という独自の都市把握の視点があることはいうまでもない．「正
常人口の正常生活」とは，就学期と職業期にある人口の生活であり，それに対
する「異常」とは「その状態を仮に大多数または全人口が持続すれば社会生活
の存続はあり得ないと思われるような状態」（鈴木 1957＝1969: 150）を意味
していた．したがって，就学期と職業期に位置づけられながら何らかの理由で
学業や職業に就いていない人びとは「異常人口」とされ，「生涯」というライ
フスパンで捉えていくと，職業期以外である幼児期および老年期の生活は「異
常生活」と把握される．以上の意味で，「正常人口の正常生活」とは就学期と
職業期にある人びとの生活を中心に構築される．

　他方，後者において，地域社会を相互に関連づけ交流させる機能に注目する
と，都市は，さまざまな「結節機関」（商品流布・国民治安・国民統治・技術文化
流布・国民信仰・交通・通信・教育・娯楽の9つの結節機関）の集合体として把握
できるという．つまり，都市は，結節機関の種類と数に応じて地域の空間を構
成しており，そこに居住する人びとの生活も必要に応じて生活地区を形成して
いるというのが「結節機関説」の骨子である．

　このように，都市において生じている時間的・空間的秩序こそ，鈴木が主張
する都市の「生活構造」なのであり，「個々の聚落社会における生活現象の中
に見られるさまざまの時間的秩序の一組と空間的秩序の一組の組み合せ」（鈴
木 1957＝1969: 392）として「生活構造」が定義されることになる．ただし，
時間的秩序に関する指摘は見受けられないが，農村の生活様式から区別される
都市に特有の諸特徴の一側面を人間関係の構成という側面からとらえようとし
た磯村英一による議論も重要である．

　磯村は，ワースのアーバニズム論をもとに、都市に特徴的な開放性や流動性
を測定する指標として，(1)家庭生活，(2)地域生活，(3)学校生活，(4)職場生活，
(5)余暇生活の5つを提示し，これらを測定する指標として「生活構造」とい
う概念を用いる（磯村 1959: 78-9）．この磯村による整理は，「生活構造」と
してより具体的な空間的秩序を設定するものとして位置づけることができ，鈴
木の「正常生活の正常人口」が就学期と職業期の生活把握に偏重しているのを

補う視点でもある．また，時間的秩序に関しては希薄であるが，余暇への視点
は生活の時間的側面に関する指摘として位置づけることもできるだろう．

　以上，網羅的にではないが都市社会学における「生活構造」の把握の一端を
確認してきた．ここから見い出すことのできる，副田社会学における「社会構
造論」の特徴としては次のことを示唆することができるだろう．すなわち，上
記の都市社会学における「生活構造」の把握にたいして，「生活」の単位とし
ての主体を最広義には「労働者階級の全体」に設定しながら，最狭義には「生
業労働にしたがう個人」，「家事労働にしたがう個人」，「労働にしたがわない個
人」にふれつつ，「生活構造の主体の単位は，主として，家族あるいは世帯と
して考えたい」（副田 1971: 55-6）と限定したことがその特徴である．とくに，
現代社会における若年層と高齢層の生活リスクの相違等を考慮に入れるのであ
れば，都市社会学における広範な把握よりも，「家族」にあえて焦点化するこ
とで，「生活設計」や「生涯設計」という視点から「生活構造」へとアプロー
チする可能性を切り開くことができるのではないか．以上の検討にもとづき，
次項では，「生活設計」や「生涯設計」という視点についてとりあげていくこ
ととしたい．

2.3　「生活設計」ないし「生涯設計」という視点

　前項において検討してきた都市社会学的視点に「生活設計」ないし「生涯設
計」という観点が存在していないかと問えば，そのようなことはない．その一
例として「都市的生活構造」という概念を提示した森岡清志による都市住民の
社会参加構造に関する議論をあげることができる．森岡は，「都市的生活構造」
を個人の主体的なネットワーク形成という視点から把握されねばならないとし，
「生活」を「資源処理をともなう生活問題の解決・処理行為のパターン」とし
てとらえ，そのうえで，都市住民による選択的・選好的な資源処理過程のなか
に個人の主体性の発露を見い出していこうとする（森岡 1984: 84-6）．このよ
うに，森岡は，より広い意味で「生活」をとらえたのちに「都市的生活構造」
を「都市住民が，自己の生活目標と価値体系に照らして社会財を整序し，それ
によって生活問題を解決・処理する，相対的に安定したパターン」（森岡
1984: 86）と定義づけている．ここには，主体的かつ自己自覚的に自らの生

活を基礎づけていくことで，未来に向けて生活を安定化させていこうとする欲求の存在を見い出すことができる．

　このように，都市社会学研究のなかにおいても「生活設計」ないし「生涯設計」という観点を「生活構造」のひとつの視点として見い出すことは可能である．しかしながら，ここではより一般的な意味において主体的に自らの生活を基礎づけ，未来に向けて生活を安定化させていこうとする欲求によって形づくられる「生活構造」を把握するための視点として「生活設計」および「生涯設計」を位置づけていく．

　権（2010）は，ライフデザイン・プログラムの政策論的展開の先端にこの「生活設計」および「生涯設計」を位置づけ，両者に次のような定義を施している．

　　　生活設計という言葉が「ワーク・ライフ・バランス」のように社会環境や生活環境の中で，生活領域の横断的な繋がりを作り出そうとする側面が強いのに対して，生涯設計は進学，就職，結婚，出産，退職，死などのライフイベントをプロットするなど，生活の時間的連続性を作り出そうとする側面が強調される．また，生活設計が社会観や「生きがい」など価値観を含めた設計を指して使われることが多いのに対して，生涯設計の場合は金銭的計画に主眼が置かれることが多い（権 2010: 102）

　このように権は，「生活設計」に生活領域の横断的繋がりを，そして「生涯設計」においては生活の時間的連続性を見い出す．この視点は先に指摘した都市社会学における空間と時間の両秩序を考慮に入れた視点との関連を指摘できる．しかしながら，都市社会学研究においては，都市化が進展していく産業社会という時代背景のもと実施される未来に向けた生活の安定化であるのにたいし，権が検討する時代背景は，生活の不確実性が増大した産業社会以降の後期近代における未来の安定化に向けた試みとしての「生活設計」および「生涯設計」である．とくに，権は，個人が集団の伝統によって保障されてきた日常性や人生の意味を喪失し，個別に生涯の展望を持って自らの生活を設計し，状況の変化に応じてその内容を修正していくことが「規範的行為」となることを指摘する（権 2010: 104）．

くわえて，アンソニー・ギデンズによるライフ・ポリティクスに関する議論によれば，人びとが迎え入れる未来は，「後期モダニティの極端な再帰性のもとでは，単に来たるべき出来事の予期から成り立っているのではない」（Giddens 1991＝2005: 31）ため，リスクを評定して反実仮想的に思考することでリスクを回避，減少させることが重要になると指摘されている．未来という予測された帰結を現在の生活に取り入れ，生きることが課題となった「生活」において，先に指摘した「生活設計」ないし「生涯設計」という概念をギデンズの見立てによって表現するのであれば，「未来の植民地化」（ibid: 129, 143, 147, 151）となるだろうか．「未来の植民地化」とは，未来を偶発的な領域として認知するのではなく，必然的な領域として認知し，好ましい帰結としてリスクが回避，あるいは軽減された未来を導き出す態度を意味する．これこそ，「近代の比較的早い発達段階から，近代制度のダイナミズムは人間の解放という考えを刺激し，（中略）人間の活動は以前から存在する束縛から自由」（ibid: 238）になり，生活のコントロールが自らの手にゆだねられるようになった後に登場した，ライフ・ポリティクスという視点である．

　ギデンズにとって，ライフ・ポリティクスは後期近代に特有の問題であるとされる（ibid: 243）．そして，人びとの生活機会に多様な選択肢を与えられた後に焦点化されるのは，生活の決定という側面であり，その局面での決定は，一貫した自己アイデンティティを構成するために，重要な意味を持つという．すなわち，「私たちはすべて単にライフスタイルを追求するのではなく，そうするように強制される―私たちは選択するしかない」（ibid: 89）という言葉に端的に表現されているように，ライフスタイルの追求および自己の構築が現代においては不可避な行為として位置づけられている．つまり，人びとは自身の生活やライフスタイルの構築に躍起にならざるを得ず，一般化することのできない課題に直面せざるを得ない状況に追い込まれているということである．

　以上から「生活設計」「生涯設計」という視点において「生活構造」を把握していくためには，ライフスタイルを追求するのではなく，そうするように強制されるという視座を考慮に入れる必要があるといえる．「家族」にその単位を戦略的に焦点化する副田社会学における「生活構造論」に意図的に組み込むべきは，こうしたライフスタイルが強制されるものであるという観点ではない

か．次節においては，そのことにふれていくことにしたい．

3 強制されたライフスタイルとしての「終活」

　本節においては，前節で検討した「生活構造」を把握するための視点に「ライフスタイルの強制」という側面を見い出し，そこに内在する問題点を記述していく．その際，高齢者に向けられた「ライフスタイルの強制」のひとつと位置づけられる「終活」に焦点をあてる．その理由は，先に検討してきた都市社会学における「生活構造」の視点のうち，「異常」とされ等閑視されていた就学期と職業期以外においても「生活設計」「生涯設計」の観点を見い出すことができるためである．そのうえ，副田社会学の「生活構造論」において焦点化された「家族」の視点との関連性においても，「終活」という実践的行為との親和性が高いと考えられるからである．

　一般的に，産業化された社会においては「生」に価値が置かれ，一方で非生産性を含む「死」は遠ざけられ，人びとの会話において「死」はタブー化されるようになった（藤村 2008: 280）．しかし，「私たちは，そうでない事象がおこったときに，そのことを深く考えさせられる」（藤村 2008: 261）ように，「死」が視界に入った時に「生」が意識される．「死」が「老い」と結びついた現代において，高齢期に突入したとき，ライフコースの一環として「最期を迎える準備」を行うことは，ある意味では自然な行為である．

　このような「生」と「死」の視点を考慮に入れつつ，「終活」という営みについて考えてみよう．「終活」という言葉は 2012 年に流行語大賞として選ばれ，高齢者によるライフスタイルの追求のひとつの活動であるといえる．より直接的に表現すれば，「終活」とは，「最期を迎える準備」として死後のために必要な準備事項がパッケージ化されたものであるともいえるだろうか．そこでは，「人生の終わりをより良いものにする」ことが意識され，「終焉をみつめることで今をよりよく生きる」ことが目的化される．具体的には，日常の金銭運用，医療・介護施設の検討，葬儀・墓の検討，遺産相続の検討，後見人の決定，遺品整理，遺言書の作成，「エンディングノート」の記述など，「終活」のひとつひとつの活動を列挙していくと，何ら物珍しい活動にはみえない．では，従来

の「最期を迎える準備」と「終活」との相違は何だろうか.

　「終活」が誕生した背景には,「子や孫に迷惑をかけられない」という「高齢者」の心理が汲み取られて誕生している（快活ライフ 2015）. こうした心理が働く背景として考えられるのが, 居住形態の変化である. 高齢者単身世帯の増加や高齢者夫婦のみの世帯の増加傾向は, すでに 10 年以上前から指摘されている. たとえば, 国立社会保障・人口問題研究所（国立社会保障・人口問題研究所 2012）によれば, 1975 年の居住形態においては 54.4％が 3 世代で同居しており, これが主な居住形態であった. しかし, 以降この世帯割合は年々減少し, 2010 年では 16.2％となっている. 一方で, 高齢者単独世帯数や夫婦のみの世帯数をみてみると, 1975 年の単独世帯数は 8.6％, 夫婦のみの世帯数は13.1％で, それが 1985 年で 3 世代同居世帯数を上回り, 2010 年では単独世帯が 24.2％, 夫婦のみの世帯が 29.9％となっている. 以上から,「高齢者」である親と子どもが離れて暮らすようになったことがうかがえる. 離れて暮らす子どもには面倒をかけられないという「高齢者」が, あるいは, だれにも干渉されない生活を送りたいという「高齢者」が, 高齢期にひとりで, あるいは高齢同士の夫婦のみで暮らすことに不安を感じている可能性をここに見い出すことは比較的容易であろう.

　このような高齢期における不安を背景としながら,「終活」において強調されるものは何か.「今をよりよく生きる」という点にも当てはまるが,「人生の最期をより良いもの」にするためには, 自分の意思を「家族」を含めた他者へと表出することが重要になってくる. その最たる例が「終活」の手始めとして推奨される「エンディングノート」への記入という行為である.「エンディングノート」とは, 生まれたときから現在までを遡及的に振り返り, 自分自身の置かれている現在の環境を確認するためのものである. 記入事項を大まかに分けると, (1)「自分自身について」(2)「自身の身体について」(3)「財産について」(4)「葬儀・墓について」(5)「大切な人に対するメッセージ」となる.「エンディングノート」は, 遺言書のような法的効力をもたないが, 親族や家族などへ向けた本人の意思表示として受け取られるものである[4].

　しかしながら, 上記の「エンディングノート」には, 意思表示以外の機能を見い出すこともできる. これまでの人生で印象的であったことを振り返る行為

は，一貫した生活史を構築するための選択行為であり，安定的な自己を形づくるのに役立つ．数あるエピソードを取捨選択することは過去を再構成する行為であり，それは過去への修正的介入でもある（Giddens 1991＝2005: 78-79）．つまり，現在置かれている自身の環境を確認したうえで，未来へと志向し，新たな自己を構築していくことを「エンディングノート」の記入という行為にも見い出すことができるのである．ギデンズは「個人の内的な望みに適合した人生の軌跡を構築するときに必要となる自己理解を生み出す」（ibid: 78）行為として，自己観察・反省を自己アイデンティティの構築に重要なものとして位置づけている．その具体例としての「終活」が目的とするのは，「最期を迎える準備」をして「第二の人生を考えること」，あるいは「余生を楽しむこと」である．

　ここからは，「終活」という営みが「死」に「生」を反射させ，「生活」を見直す活動として位置づけられていることを見い出すことができる．「終活」においては，「最期を迎える準備」はそれ自体として完結しない．現在に予測される未来を取り込み，「生活」にコントロールを加えて再組織化する機能を「終活」は潜在して保持していることになる．いわば，「終活」とは，高齢者によって担われる「未来の植民地化」の実践であり，後続世代や関係者に向けた生活時間の同期や調整行為として位置づけることができるのではないか．くわえて，「終活」は，「終活」を需要する人びとに絶えず「いかに生きるか」という問いを投げかけ続けていくものでもある．こうした問いは，ギデンズの指摘するライフ・ポリティクスの一側面であり，個人を主体的な選択へと導く作用を持つものである．「終活」は，そうした作用が高齢期にも延長され具現化されていることの証左であり，生活空間に点在するさまざまな社会的資源を整序し，管理するように仕向けるある種の「制度」として位置づけることも可能ではないだろうか．

　そのうえ，近年，「最期を迎える準備」をパッケージとした「終活」がビジネス化されていることからも，今後は「終活」という「最後を迎える準備」としての「未来の植民地化」が人生後半においても拡張されていくことが予想される．「終活」が高齢期における典型的な営みとしてみなされるようになれば，「生」の地平が「終活」によって新たに開拓されライフスタイル化することを

意味するようになる．「未来の植民地化」は，「生」あるときのみではなく「死」および死後にまで拡張され，高齢期のみならず全世代にもたらされる．

　以上，本節においては，「いかに生きるか」という問いを原動力にした自らの「生」を探求する行為が高齢期においてもますます普遍的なものになる可能性について，「終活」を事例に検討してきた．先の「生活設計」および「生涯設計」の視点と「終活」の事例を重ね合わせるのであれば，「終活」をすることによって「いかに生きるか」という価値観の設計と，財産に代表される金銭的計画を含んだ「生涯設計」の両側面を「終活」に見い出すことができるだろう．

　以上を副田社会学の「生活構造論」に組み入れて考えるとするのならば，①「終活」を自らのライフスタイルに積極的に取り込むためには，いかなる「生活水準」（賃金水準／消費水準）が充足されていなければならないだろうかと問うことにつながる．②また，「終活」の対象が残される後続世代たる「家族」を対象としていることからも，いかなる「生活関係」（家族関係／近隣関係／職場関係）において「終活」が展開されうるかを検討していく必要がある．そして，同様に，③「終活」に積極的に取り組むようになる「生活時間」（労働時間〔家事も含まれる〕／生理的必要時間／余暇時間）の配分はいかなるものであるのかを問いつつ，④「生活空間」（活動空間／資源空間／意識空間）の地理的分布においてどのような条件が生起すると，「終活」をライフスタイルに取り入れる「生活設計」ないし「生涯設計」がもたらされるかを検討していくことができるのではないだろうか．

　次節においては，「終活」以外の側面をも考慮に入れて，後期近代におけるライフスタイルおよび「生活構造」の議論を展開していく可能性についてふれ，「生活設計」および「生涯設計」の側面を副田社会学における「生活構造論」に取り入れていく可能性を示唆していきたい．

4　新たなライフスタイルを考慮に入れた生活構造の把握に向けて

　本稿は，副田社会学の継承と発展というテーマにたいして，氏の「生活構造論」の現代的な可能性を検討するため，具体的な事例として「終活」をとりあ

げ検討してきた．また，これまで検討してきたように，「社会的時間」の議論においては集団に共通の信念や習慣が生活のリズムをつくりだす側面や都市社会学における「生活構造」の議論を検討しながら，社会的資源の整序および管理が，産業社会における未来の安定化においても，それ以降の後期近代における「未来の植民地化」においても有用であることが示唆された．

　しかしながら，「終活」という高齢期におけるライフスタイルの追求以外にも同様の視点を見い出していくことはできないだろうか．

　まず，家庭生活の現代的側面についての視点である．ドイツの家政学者マリア・ティーレ＝ヴィッティヒは，生活の複雑化によって世帯に提供されるサービスの増加が新たな負担を発生させ，必ずしも家事労働は減少しないという「新家事労働」について指摘している（Thiele-Wittig 1992＝1995）．ここで主張される「新家事労働」と伝統的な家事労働との相違点については，①従来の家庭・家族に縛られない，②専門家の仕事に近い，③日常化・ルーチン化されていない，④自己コントロールより組織によって支配される，という4点が挙げられている（Thiele-Wittig 1994）．

　以上の「新家事労働」の概念を用いて，家事，育児，介護等の家庭生活における私的な機能が社会的に代替される「生活の社会化」（伊藤 2009）の議論を援用しながら，尾曲（2014）は，保育所の利用が親の育児行動を軽減するだけでなく，新たな負担を発生させる側面について検討している．そこでは，「出産休業・育児休業による時間の余裕を理由に入所手続きを母親が行なっていたが，その一方で時間を確保するための調整が必要であること」や「入所手続きは単なる事務仕事というだけではなく，保育サービス提供者としての行政担当者や，雇用主である職場とのやり取り，ママ友との情報交換なども必要となっており，その際『対人スキル』や『交渉力』などが発揮されている場面が多く見られ」（尾曲 2014: 253）るとされている．この視点は，今後，家庭生活を検討していく際に考慮すべき新たな時間項目として，「生活構造」に位置づけていく必要があるのではないだろうか．もちろん，ここには「いかに家族生活を営んでいくか」という価値観の設計と家計に代表される金銭的計画をもその一部に含み込んだ「生涯設計」の両側面を見い出すこともできる[5]．

　また，戦後日本を特徴づけた持家取得を希望する社会（平山 2006）に関す

る議論を敷衍しながら，住宅所有とライフスタイルの関係について検討している村上（2014）は，「『晩婚化によって一気に人生のイベントを経験しようとする教育熱心なホワイトカラー』にもリスクがあること」を示唆している．そこでは，「結婚のタイミングが遅くなれば家族形成が遅れるにもかかわらず，住宅を取得する．結婚が遅れると子育て期が圧縮され，相対的に短い期間のうちに子供の教育・住宅取得・老後の準備という三大支出に備えざるをえない」（村上 2014: 46）という新たな生活リスクへの指摘がなされている．ここからは，社会集団が固有に保持する「社会的時間」（Sorokin & Merton 1937）の概念を新たなものするべく，その時間感覚としてのライフコースがより圧縮される傾向とともに，「生活構造」の議論に応用していく可能性を示唆することができる．いいかえれば，ライフコースの圧縮が常態化することで新たな検討課題となっていく生活リスクの視点を「生活構造」の概念に取り入れていく必要があるのではないだろうか．

　以上，本稿は，副田義也氏が展開された「生活構造論」という社会学的功績から後世に引き継ぐべき事柄は何か，試論的に展開してきた．先に掲げた「私たちの社会的現実がそれを必要としており，社会学はそれに応えるべきである」という警句に応答できているか甚だ疑問ではあるが，そのことを肝に銘じ，積極的に引き継いでいく準備を推し進めていかなくてはならない．

注

1) 同時期に「アソシエーションの社会学」から「コミュニティの社会学」の流れに応える有効な武器（松原 1980: 145）としての「生活構造」という好意的な評価も見受けられた．こうした好意的評価を現代的に表現しなおすのであれば，「アイデンティティの社会学」といった個人化の様相を呈する方途もありえるだろうし，「ライフ・ポリティクス」を乗り越え社会的連帯を模索する方途もありえるだろう．

2) 国土交通省は，「全国都市交通特性調査」として人びとがいかなる目的で，どのような交通手段を利用して移動しているかなど都市における人の動きを昭和 62 年から概ね 5 年に 1 度のペースで調査している．実施状況は，昭和 62 年，平成 4 年，平成 11 年，平成 17 年，平成 22 年，平成 27 年，令和 3 年の計 7 回であり，対象となる都市数は，全国 70 都市（1 都市当たり 500 世帯回収目標）となっている．調査方法は，郵送配布・郵送または WEB 回収であり，43,700 世帯からの回答を回収している．なお，最新の結果（国土交通省 2022）では，外出した人の割合は平日で74.1%，休日で 52.5%，一日の移動回数は平日で 1.96 回，休日で 1.47 回となり，

いずれも調査開始以来最低の値となった平成 27 年を下回り，過去最低の値を更新している．もちろん，新型コロナウィルス関連によるテレワーク勤務の影響が著しい（2023 年 10 月 31 日取得，https://www.mlit.go.jp/report/press/toshi07_hh_000206.html）.

3) 正式には，1 人が 1 日のうちで目的を持って動く回数を「トリップ数」として位置づけ，その平均を「トリップ原単位」と表現している．先の「全国都市交通特性調査」においては，調査対象者総数（外出者＋非外出者）を 1 人あたりのトリップ数（グロス集計）としている．

4) 一般社団法人「終活協議会　想いコーポレーショングループ」（2023 年 10 月 31 日取得，https://shukatsu-kyougikai.com/）では，同会への入会の動機として，さまざまな「安心感」や「老後の不安」が提示され，それを取り除くことが広範に語られている．

5) 同様の視点として，成年後見制度の利用が家計にもたらす影響と変化について，「新家事労働」「新家計支出」の視点から考察している税所（2016）は，「全国消費実態調査」等には表れない成年後見制度を利用した〈後〉の「新家計支出」および成年後見人が本人の「家計」に与える影響と変化を明らかにしている．

文　献

青井和夫，1981，「生活構造論の新しい課題」篠原武夫・土田英雄編『地域社会と家族』培風館，185-98.

藤村正之，2008，『〈生〉の社会学』東京大学出版会.

Giddens, A., 1991, *Modernity and Self-Identity*, Blackwell.（秋吉美都ほか訳，2005，『モダニティと自己アイデンティティ―後期近代における自己と社会』ハーベスト社.）

権永詞，2010，「社会規範としてのライフデザイン『自立した個人』の創出と生活設計・生涯設計の政策的展開」『KEIO SFC JOUNAL』10(2): 101-12.

平山洋介，2006，『東京の果てに〈持家社会〉の次を展望する』NTT 出版.

磯村英一，1959，『都市社会学研究』有斐閣.

伊藤純，2009，「高齢者福祉領域にみる生活の社会化の進展と社会的新家事労働」堀内かおる編著『福祉社会における生活・労働・教育』明石書店，31-43.

快活ライフ，2015，「終活とは」快活ライフホームページ，（2023 年 6 月 28 日取得，http://www.kaikatsulife.com/life_ending/index.html）.

国土交通省，2016，「平成 27 年度全国都市交通特性調査（速報値）」，（2023 年 10 月 31 日取得，http://www.mlit.go.jp/report/press/toshi07_hh_000101.html）.

―――――，2022，「令和 3 年度全国都市交通特性調査結果（速報版）」，（2023 年 10 月 31 日取得，https://www.mlit.go.jp/report/press/toshi07_hh_000206.html）.

国立社会保障・人口問題研究所，2012，「世帯構造別 65 歳以上の者のいる世帯：1975 年～2010 年」『人口統計資料集（2012）』国立社会保障・人口問題研究所ホームページ，（2023 年 10 月 31 日取得，http://www.ipss.go.jp/syoushika/tohkei/Popular/P_Detail2012.asp?fname＝T07-15.htm）.

松原治郎，1980，「生活構造と地域社会」青井和夫・庄司興吉編『家族と地域の社会

学』東京大学出版会，143-67.

村上あかね，2014，「住宅所有とライフスタイル」『桃山学院大学総合研究所紀要』39
(2)：33-50.

森岡清志，1984，「都市的生活構造」『現代社会学』(18)：78-102.

尾曲美香，2014，「共働き夫婦における新家事労働——保育所入所手続きを事例とし
て」『人間文化創成科学論叢』17：247-55.

税所真也，2016，「成年後見制度の利用が本人の消費行動と家計に及ぼす影響と変化
——第三者の成年後見人による支援事例の分析を通して」『季刊家計経済研究』
112：68-79.

副田義也，1966，「生活の構造」松原治郎・副田義也編『福祉社会学』川島書店.

————，1967，「生活構造と生活空間」『経済と社会——東京女子大学社会学会紀
要』(2)：45-56.

————，1968，『コミュニティ・オーガニゼイション』誠信書房.

————，1971，「生活構造の基礎理論」青井和夫・松原治郎・副田義也編『生活構
造の理論』有斐閣双書，47-94.

Sorokin, P. A. and Merton, R. K., 1937, "Social Time: A Methodological and Func-
tional Analysis", *American Journal of Sociology*, 42(5)：615-29.

鈴木栄太郎，[1957] 1969，『鈴木榮太郎著作集VI　都市社会学原理』未來社.

Thiele-Wittig, M., 1992, "Interfaces between Families and the Institutional Envi-
ronment", Leidenfrost, N. B. Edt., *Families in Transition*, International Fed-
eration for Home Economics, 169-75.（松島千代野監修，家庭経営学部会訳，
1995「家族と生活関連の諸機関との相互関連」『転換期の家族』産業統計研究
社，254-66.）

Thiele-Wittig, M., 1994, "Issues of the International Year of the Family: Changes in
the Private Sphere and Its Interfaces and Their Public Importance"『日本家
政学会誌』45(9)：865-75.

abstract

Reexamination of "Life Structure Theory"
—Towards a study of life politics in late modernity—

TAMAOKI, Yusuke

Meisei University

In this paper, the possibilities of Yoshiya Soeda's "life structure theory" as a perspective for understanding the activities of people who are positioned between individualization and solidarity in late modernity are examined. In doing so, the modern possibilities of his theory will be pointed out while keeping in mind the new lifestyles that have emerged since the 2000s. Specifically, an overview of urban sociology research in Japan is provided and "shu-katsu (end-of-life activities)" is taken as a specific example of the practice of "colonizing the future" in old age. In this process, his theory is positioned as having the potential to analyze aspects of life politics in which lifestyles are forced upon people.

Additionally, the perspective of "life planning" to understand the desire to place one's own life on a firm basis independently and stabilize one's life for the future is examined. Finally, it will be shown that it is possible to apply Soeda's "life structure theory" to things other than pursuing a lifestyle in old age. Therefore, Soeda's perspective of "life structure theory" is positioned as a reflection of how people living in the late modern period deal with problems related to life, welfare, and culture. The intention is to tentatively develop the parts of Yoshiya Soeda's sociological achievements that should be passed on to future generations.

Keywords : life structure, life design, life planning, shu-katsu, forced lifestyle

┃自由論文┃

地域包括ケアの主体としての住民リーダーに関する考察
　　　──主体形成のプロセスと内在する考えに着目して　　　鈴木　美貴

他害・触法に問われる障害者の地域移行と安全保障
　　　──介助者の葛藤と罪意識に着目して　　　樋口　拓朗

放課後等デイサービスにおける支援の論理の複数性
　　　──支援者の意味世界に着目して　　　白石　恵那

中国地方都市における息子たちの老親扶養規範
　　　──きょうだいを持つ中年男性の語りから　　　李　姝

| 自由論文 |

地域包括ケアの主体としての
住民リーダーに関する考察
——主体形成のプロセスと内在する考えに着目して

鈴木　美貴

　本稿では，地域共生社会が政策目標とされ公私のアクター間の協働が要請されているなか，住民主体で公私協働の体制を構築し地域の問題発見・解決の取り組みを実践している団体に焦点をあて，住民主体の公私協働を構築してきた住民リーダーの主体形成のプロセスを確認し，住民リーダーはどのような考えをもって活動を展開してきたのかを検討した．

　住民リーダーは，スタッフに対して気遣いやねぎらいの言葉をかけ，計画立案の際には，スタッフに主体性を促し，起案を後押ししてコミュニティでやりがいを感じてもらうよう尽力していた．とりわけ，その人のアイディアによる成功であることを明確にアピールすることが重要だという認識が示されている．さらに問題発見・解決という明確なビジョンを団体で共有したことが公私協働を後押しした。もう一人の住民リーダーは，住民の声を代弁するうえで大きな役割を担っていた．職歴において備えてきた具体的な知識や経験値は，住民活動を展開するにおける後押しとなっている．また，弱い立場にある人の声を拾い上げることにも貢献していた。当該団体が参画している公的事業，さまざま展開されている自主活動，そして社会的弱者の声を代弁することのいずれも，地域の課題発見・解決につながっている．このようなリーダーの存在が公私協働の実現の一端を担っていた．

　キーワード：地域福祉，住民主体，公私協働，地域包括ケア，主体形成

1　研究の背景と目的

　本稿は，地域共生社会が政策目標とされ公私のアクター間の協働が要請されているなか，住民主体で公私協働の体制を構築し地域の問題発見・解決の取り組みを実践している団体に焦点をあて，住民主体の公私協働の体制を構築して

すずき みき｜立正大学社会福祉学部・特任講師｜mik@kdp.biglobe.ne.jp

きた住民リーダーの主体形成のプロセスを確認し，さらには，住民リーダーは
どのような考えをもって活動を展開してきたのかを検討するものである．

　2000 年に厚生省から発表された「社会的な援護を要する人々に対する社会
福祉のあり方に関する検討会」報告書では，社会や社会福祉の手が社会的援護
を要する人々に届いていない事例が散見されるようになっている，という認識
が示され，社会福祉協議会，自治会，ボランティアなど地域社会におけるさま
ざまな制度，機関，団体の連携，つながりを築くことが必要だとされた．
2008 年「これからの地域福祉のあり方に関する研究会報告書」（厚生労働省）
では，公的な福祉サービスでは対応しきれていない生活課題について問題提起
し，ボランティアや NPO，住民団体による活動に着目しつつ，これらと行政
とが協働しながら地域の生活課題を解決する必要性を示している．

　このような流れから 2011 年には地域包括ケアシステム―高齢者が住み慣れ
た場所で自立生活を送れるよう，包括的なサービスを提供する体制―が，
2013 年には生活困窮者自立支援制度が規定され，対象者別の福祉制度と地域
住民との協働が志向されるようになった．2016 年に厚生労働省に設置された
「『我が事・丸ごと』地域共生社会実現本部」は，地域住民や地域の多様な主体
が参画し，地域をともに創っていく社会を目指すものとして「地域共生社会」
の実現を掲げている．

　岡村（1974）は，「生活上の不利条件をもち，日常生活上の困難を現に持ち，
または持つおそれのある個人や家族，さらにはこれらのひとびとの利益に同調
し，代弁する個人や機関・団体が，共通の福祉関心を中心として特別なコミュ
ニティ集団」を形成する必然性をうけてつくられるものとして「福祉コミュニ
ティ」の意義を強調した．多様な生活ニーズに対応するには多様な主体の協働
による対応が望まれることは誰もが納得できる．本稿の関心である地域住民も
多様な主体として想定されている．

　ここで留意すべきは，住民に対する過剰な期待である．2017 年に改正され
た社会福祉法の４条には，「世帯，孤立の問題等の制度の狭間の問題が想定さ
れる地域生活課題が規定され，その把握解決を図るように地域住民等が留意す
るもの」とされている．つまり地域住民であれば，問題を発見・解決できるこ
と，することが所与のものとされているように思われる．しかし地域の問題を

自分事と捉え行動する主体性や自発性に基づいた住民自治の実現を，政策として期待してよいものなのか．

　この懸念について藤井の的確な整理を参照したい．2017 年に改正された社会福祉法第 4 条との関連で，「地域住民による助け合いは生活行為そのものであり，その地域の伝統文化，産業等に根ざしたきわめて多様性と自発性・内発性にもとづいた生活行為」であり，「そこに施策としての相談のイメージをもたせる条文規定こそが，地域住民同士の助け合いとしての内発的な互助やボランタリズムにもとづく住民の自治を侵食するもの」と指摘している．そして自律的な助け合い以上のことについては，「地域住民の民主的な熟議による自発的な意思に立った官民の対等なパートナーシップのもとでの実践と政策形成に委ねられるべきもの」だと記す（藤井 2020：139）[1]．

　つまり重要なことは，地域福祉における住民の取り組みが公的制度の代替になるのではなく，行政などの公的アクターが，基本的な福祉ニーズは公的制度で対応することを踏まえつつ公私のアクターが対等な関係のもとに協働し，人びとのつながりが解決しうる問題群の解決過程に住民が果たす役割があることを認識することではないか．住民の連帯に基づく取り組みが施策に取り込まれていく懸念を踏まえれば，改めて住民主体であることが重要だといえる．それでは住民主体の公私協働はいかにして可能になるのであろうか．それを考えるには，まず，住民主体の公私協働を構築する住民リーダーはいかにして出現し，どのような考えを内面化していたのかを探る必要があるのではないか．これが本稿の問題意識である．

2　先行研究と本稿との関連

　以下では住民主体の公私協働に関する既存研究を概観し本稿の位置づけを示す．公的制度に基づく福祉領域の専門機関に着目した経験的な研究においては，住民活動との関連で議論されているものがある（合津 2007；長谷中 2010；若狭 2011）．しかしながら公私協働についてはいずれの論者も重要性を認識しながらも，実践に至っていないことが課題として指摘されている．たとえば土屋（2013）は，住民の互助活動の事例を通して，互助活動の仕組みが充実したと

しても地域の力だけで解決できる場合ばかりではない，日常の見守り活動については本人の生活環境を取り巻く多様な主体が実施した方が望ましいと公私協働の必要性を課題提起する．

　公私協働に関連して近年のガバナンスおよび多職種連携の議論にも着目しておきたい．ガバナンスは「統治」に関する用語であるが，近年では，統治の内実つまりその調整や管理の様態を表す用語として用いられている．こうした新しいガバナンスを担う主体として政府や営利企業，非営利組織，コミュニティ団体，住民組織などがあげられる（佐藤・前田 2017）．さらに地域における課題解決等に焦点をあてたものが「ローカル・ガバナンス」であり「多元的な主体が連携・協働しながら地域における政策課題の解決や公共サービスの供給にかかわっている状態」と説明される（伊藤 2015）．本稿の関心に重なる部分があるものの，ローカル・ガバナンス論は多元的な主体間の「連携」や「協働」の意義を強調するがそれがどのように作動しているのか，事例に即して検討した研究は必ずしも多くない（伊藤 2015）．そのようななか，荒見（2019）が地域包括ケアシステムにおける多職種連携のあり方について事例分析をおこない，調整主体の位置づけ等に関してどのような工夫がなされているのかを明らかにしたことは示唆に富む．しかし専門職と地域住民という行動原理が異なる主体間の連携をどう図るのかについては課題とされている．このように公私協働についてはその重要性が認識されつつも具体論がみえない現状がある．

　一方政策においては地域包括ケアの実現のために「地域ケア会議」[2]の設置が推進されている．期待される主要な機能のひとつに地域のネットワーク構築機能があり，公私協働の実現が期待されているといえる．しかし地域ケア会議における連携がどこまで実現するかは未知数であり（宮本 2014），地域ケア会議の設置が推進され地域のネットワーク構築機能が期待されているが，十分に機能しているとはいえないのが現状（長寿社会開発センター 2023）だとされる．とはいえ住民同士の親睦のレベルを超え問題発見・解決といった機能までを有し住民主体の公私協働の体制を築いている事例が，草の根活動から少ないながらも報告されてきている[3]．

　これからの地域福祉研究においては，多様な連携のなかで構築されていく多様な支援を視野に入れながら推進方法を明らかにしていくことが求められてい

る（永田 2020: 131）．また，住民との協働における課題として，あるべき論
を超えて具体的手法を理論化することが必要とされている（妻鹿 2021: 135）．
これらの指摘を踏まえれば，住民主体の公私協働の実現までのプロセスが，ど
のような契機から開始され，どのような条件のもとで可能になったのか，事例
を積み重ね，成功事例の共通要因を示すような丁寧な議論が必要だといえる．

　そこで本稿では，先進事例を対象に，①住民リーダーがどのように発現した
のか，主体形成のプロセスを確認し，さらに②活動推進の経緯においてリーダ
ーにどのような考えが内在してきたか，を明らかにしてゆく．

　なお，住民主体について，1）住民主体性：推進者の自主性・自発性[4]，2）
住民本位性：対象者の自己決定，の 2 つの特徴があると筆者は理解している[5]．
1）の住民主体性は，福祉の担い手としての住民の自主性・自発性を意味し，
2）の住民本位性は，問題を抱えた人の自己決定の実現（を支援者が尊重するこ
と）を意味する．本論では前者の住民主体性，すなわち住民の自主性・自発性
に焦点をあてている．また公私協働については，公＝行政（職員あるいは公的
サービス提供機関の専門職等），私＝住民（ボランティア団体，NPO 団体等）とい
う形で捉える．文脈によって前者を公的アクター，後者を住民アクター，両者
を公私のアクターと呼ぶ．公私協働については，NPO と行政との「協働」論
を参考にしたい．NPO と行政との「協働」論における協働概念をまとめれば，
個々の NPO と行政担当者の間の具体的な相互作用の場面が暗黙のうちに想定
されている．本稿では公私のアクターを face to face のミクロレベルの関係で
捉える[6]．また協働のあり方については，地域福祉計画の策定からサービス供
給システムにおける協働，イベントの開催などさまざまなレベルがあるが，本
稿では，相談あるいは問題の発見・解決などの機能が発揮される体制——たと
えば地域ケア会議のような——に焦点化して論じる．

3　研究方法と研究対象

　第 1 節で述べたことを踏まえ，住民主体の公私協働のあり方を探るには，
現段階で取り組みが進行している現場の関係者の声などから得られたデータを
もとに分析することが適切だと考える．本研究では，インタビュー調査によっ

てそのプロセスを読み解き，公私協働に至る過程とリーダーに内在する考えを明らかにする．対象とするのは，“住んでよかったと思えるまち”をつくることを活動理念として，A県B市において小学校区を単位としてコミュニティ活動を展開している住民団体である（以下この団体を「つくる会」という）．つくる会がある地区（以下「C地区」）の人口は約6,500人であり，多くの住民がつくる会の何らかの活動にかかわっている．役員は約50名，男女比はほぼ同数である．子育て中から定年後まで幅広い年代の人びとが，あまり負担がかからないような工夫のもと，活動に参画している．活動内容は生活支援，高齢者福祉，児童福祉，公共交通対策，居場所開催，環境活動などであり，関連する公的事業も受けてきている．

　対象事例の選出の理由は以下のとおりである．前述のように住民が参画して公私協働を推進している事例は少ない．2011年に包括ケアシステムが，2016年には「地域共生社会」の実現が政府によって推進され多様な主体の連携が要請されてきたが，つくる会はそれを契機にしての取り組みではなく，それ以前から行政，地域包括支援センターなどと生活課題について共有するなどして，日常的に公私協働で問題発見・解決の取り組みを実践してきている．ここから先見性を評価することができる．つくる会を含む小学校区コミュニティ団体協議会が公開している資料によれば，1974年のA県国体を機に，B市では「きれいなまちで国体を」という行政からの呼びかけと，市民の「自分の地域は自分の総意と努力でつくり上げる」という思いがひとつとなり市民運動がスタートした．B市コミュニティ推進関連課の職員によれば，この市民運動は県主導ではなくB市の市民が独自に展開し，それにともない行政が後押しする形になったものだという．A県のその他の市町村において公開されている資料を確認した限り，B市のような取り組みが推進されているところは見当たらない．

　B市内にはつくる会を含めコミュニティ団体が23ある．各団体の活動状況を詳述した市の資料によれば，いずれの団体も積極的な活動を展開している．その一方で，多くは防災活動や健康増進のための講習会などのイベント開催を中心としており，意義深い取り組みであることはいうまでもないが，本稿の関心である問題発見・解決の体制を構築しているところはつくる会のみである．以上のことから，つくる会に焦点をあてることが適切だと考える．インタビュ

ーデータは逐語録として文字化した．当該団体が主催する諸活動，公私協働での会議における参与観察の記録[7]，会議での議論を文字化したものも分析対象とした．また当該団体が作成した資料，当該団体の活動圏域の行政資料も参照している．

4　データ概要と倫理的配慮

インタビュー対象者は，対象団体の会長Dさん，副会長Eさん，同じく副会長のFさん，つくる会の福祉局長Gさん，B市の行政職員1名である．インタビューは，「地域の基本情報」，「事業内容」，「立ち上げ時の経緯」，「立ち上げ時からこれまでの経緯」，「活動において重視していること」，「行政とのかかわり」，「行政とのかかわりにおけるメリット，デメリット」，「人材確保における工夫」「スタッフ間の関係」などの質問項目に基づき半構造化面接による調査を2022年9月9日〜9月8日に実施した．時間は約1時間〜1時間半で行った．これらは「福祉社会学会倫理綱領」に照らして実施した．

匿名化などのプライバシーの配慮などを説明し，同意を得た．個人を特定しないよう，事実を損なわない程度に倫理的配慮に基づき加工した．個人情報の保護および人権尊重に配慮し，調査結果および本稿での記述内容について関係者の了承を得ている．

インタビュー対象者リスト

対象者	役職	主な役割	活動のきっかけ（活動年数）
Dさん（女性60代）	会長	全活動の総括	PTA仲間の声かけ（約40年）
Eさん（男性60代）	副会長	外部との交渉・代弁活動	地域の先輩の声かけ（約40年）
Fさん（女性60代）	副会長	高齢者支援	Eさんの声かけ（約40年）
Gさん（女性50代）	福祉局長	子供支援	Dさんの声かけ（約15年）
B市　行政職員1人	社会福祉関連課		

5 事例の概要と機能

5.1 事例の概要

　つくる会の設立の経緯には，1974 年の A 県国体を機に，B 市で小学校区ごとに市民運動が始まったことがある．現在は 23 の学区にコミュニティ組織がある．B 市は海沿いの風光明媚なまちである．人口は，約 17 万人，高齢化率約 33 %（2022 年現在），つくる会がある地区（以下「C 地区」）の人口は約 6,500 人，高齢化率約 33 %（2022 現在）となっている．C 地区の小学校（以下「C 小学校」）は 1979 年に開校した．その翌年 1980 年につくる会が発足し，地域課題の解決のために事業を展開してきた．約 40 年が経ち，現在では活動の約 60 %は福祉に関するものとなっている．

　つくる会はさまざまな地域課題の解決に取り組んできている．以下当会の資料から活動内容を記述する．「高齢者が抱える課題の多様化にともない高齢者のニーズに応えるため，発足からこれまで住民ニーズを把握するアンケートを 10 回開催」している．1989 年には「C 地区コミュニティプラン」を策定し，これを機に，それまでの「イベント型の活動から 365 日の日常活動型」へ転換した．「コミュニティプランを 5 年ごとに見直し，活動拠点に協力員が常駐して住民からの相談ごとに対応」し，関係機関と連携して地域の暮らしを見守っている．活動は基本的に会費制をとっており自主財源での運営を重視している[8]．主な活動として，「暮らしサポート事業」[9]などの高齢者福祉の活動[10]，「放課後児童クラブ」など子ども支援の活動，公共交通対策，居場所としてのカフェ開催，環境活動があげられる．高齢化にともない力を入れている高齢者福祉の活動としては，大きなサロン 5 つ，小サロン 2 つが開催されており，65 歳以上の方は誰でも近くのサロンに参加できる．各サロンの内容は，茶話会，グラウンドゴルフ，ぬり絵，温泉旅行，簡単な体操などである．また手作り弁当の配達もしている．配達に筆者が同行させていただいたところ，弁当を手渡する際に声かけをして生活の様子を確認していた．つまり活動をとおして利用者の見守りにつなげているといえる．諸活動は別々に展開されているわけではなく，たとえば高齢者領域と児童領域の活動において，地域住民の

問題発見や共有が横断的になされていると捉えることができる.

5.2 公私協働で行われていること

つくる会の資料によれば，当該地域ではひとり暮らしや高齢者世帯が増え，認知症やうつ病など地域の課題が複雑になっており，問題が起きても民生委員や地域だけでは解決が困難になっている．このような状況に向きあうために2008 年から「コミュニティ・ケア会議」として，当事者（本人または家族），民生委員，地域包括支援センター，市関係課，市社会福祉協議会，ケアマネジャー，利用施設などが一堂に会し，情報・意見交換を通して問題を共有し解決方法を見出す会議を開催している．また任期満了となった民生委員から「これからも何か手伝えることはないだろうか」という声があり，元民生委員を中心にボランティアグループを発足し，学区内全世帯訪問を実施している．その成果として，地域の実情が見え苦情や要望などを聞くことができている．問題を抱えている人がいれば「介護保険の説明をしたり，地域包括支援センターにつないだりしている」．本稿はこのような公私協働を詳細に検討することが目的ではない．以下では調査結果に基づき，公私協働に至ったプロセスを，住民リーダーに内在してきた考えに着目しつつ検討する．続いてこれらの検討をとおして見出されたことについて述べる．

6　結果と考察

以下，分析から得られた結果をプロセスごとに論じる．なお【　】はプロセスの各段階で明らかになったリーダーの理念である

6.1　きっかけは PTA 活動

会長 D さん（女性）が初めてつくる会にかかわることになった頃の状況を確認したい．最初のきっかけはおよそ 40 年前，子どもの PTA 活動だったと D さんは語った．

　　1979 年，長女が小学校に入った．広報や PTA の役員をやった．1981

年のこと，C小学校の先生が青空スイミングで，川で泳いでおぼれたとき
に浮いていられるように，泳ぎ教えてくださいって，誰か引き受けてくだ
さいって．それで引き受けて．PTAの印刷機を借りたいと思った．PTA
副会長に頼んだら「つくる会，少し手伝って」って言われた．最初は情報
提供をはじめて，1981年〜1983年，情報として「3つ子ちゃんのチュー
リップ咲いた」，「ピアノ要らなくなった」などを（広報誌に）載せて．事
務局の一員になるまで3年かかっている．1984年，事務局のはしくれ．
会議のとき，当時女性は「8時に女性は帰っていいよ」って言われたが，
次の回の案内書いて持って行った．

　Dさんは子どもが小学校のときにPTA役員などの役割を引き受けたり，子
どもたちに水泳を教えたりしていた．その流れで，当時つくる会にかかわって
いたPTAの役員から声をかけられ，つくる会に入ることになる．声をかけた
人は，DさんのPTAでの尽力ぶりをみてそうしたのではないだろうか．同じ
状況にある人がすべてそうだとはいえないが，たとえば子どものために積極的
に役割を果たそうという人は，さらに広がりのある活動に参画する意欲を備え
ている可能性がある．

6.2　リーダー観を学ぶ

　つくる会に参画したDさんは，前会長（2代目会長）の時期，1989年から
1997年までの約8年間事務局を担当していた．事務局になる頃のことを，D
さんは以下のように語った．

　　（前の）会長，力のあるかただった．平成元年（1989年）に「事務局を
　やれ」って．喉をとおらなかった．前会長から色々学んだ．地域は何をし
　ないといけないか，わたしたちも力をつけないと．前会長が，訪れる人に
　説明するのを聞いていた．自分がどうありたいか，そういうことをいつも
　思っているか，地域を思っているか．広報の大事さ，リーダーとしての考
　え，アンテナ，伝える手段，ひるまない，押せばいいってものじゃない，
　言わなきゃいけないことは言っていく．10年たつと自分の生き方と違っ

てくるのを知った．「疲れました」と事務局をおろしてもらって（つくる会のなかの）別のところに移動した．1998 年から 2 年間．

　つくる会が作成した視察者向けの資料には，1989 年（平成元年）にコミュニティプランが作成されたのを機に，それまでのイベント型活動から日常生活の問題に向き合う活動に転換されたことが記されている．ちょうど D さんが前会長から事務局をするよう言われた時期と合致している．活動の方向性の転換の時期に D さんは前会長からリーダーとしての考えを学び影響を受けた．しかしその後，時間とともに気持ちに変化が生じてくるのは，自分なりの進め方を模索するうえで当然の流れだったともいえる．2000 年に前会長が退任し 2001 年から D さんが会長となる．

6.3　副会長 E さんの出現

　もう一人，副会長の E さん（男性）の現在までの経緯について確認したい．つくる会が発行した冊子のなかに E さんの経歴が紹介されている箇所がある．その内容を以下に要約的にまとめる．

　　約 40 年前に地域の先輩 3 人が自宅を訪問してきて，「C 小学校（開校）に伴い C 学区にもコミュニティの組織を設立したいので，市役所に行っている E さんにも役員として手伝ってほしい」といわれ快諾した．それから約 40 年，この会の最初のイベントであった第 1 回住民レクリエーション大会の部長をはじめとして，事務局，事務局長，副会長などの役員を歴任しながら，初代会長，2 代目会長，そして 3 代目の現会長を補佐してきた．

　E さんは行政職員だったときにつくる会のスタッフになっている．そのときの状況を，E さん本人は次のように語った．

　　B 市の職員だったころ，コミュニティの先輩から「お前，手伝いしてほしい．メールボーイでいいんだ」．1980 年，市民活動家のセクションに

いった．住民レクレーション担当，運動会をやった．種目プランニングについて学校の先生からアドバイスもらって大勢が参加して大成功だった．

　筆者のインタビューの際に，Ｅさんは，当時の運動会の様子を，臨場感をもって語ってくださった．その様子からは地域を思う気持ちの大きさを知ることができた．また，地域の先輩が声をかけてきたという事実からは，その先輩がＥさんの人柄を見込んで依頼してきたことがうかがえる．

　Ｅさんはその後市役所を 1994 年に退職し，翌年市議会議員に当選する．以降，現在（2023 年）まで 7 期議員をつとめている．行政職員だったころから 40 年にわたってつくる会にかかわってきており，現在は副会長をつとめている．もっとも行政職員あるいは議員が住民団体の一員となるということはそう多いようには思われない[11]．Ｅさんは住民団体における活動と自身の立場との関連について次のように語った．

　　　私のように住民のように出発している人はいない．いい意味で影響をもらえている．コミュニティで，たまたま議員であるということのメリット．予算の採択，補助金も上手に獲得してきた．お金がなくてもやってきた．

　Ｅさんのコミュニティ活動への参画の源には，上でも触れたように，まず地域を思う気持ちがある．そのことは「たまたま議員であること」という語りからもわかる．とはいえ自身の社会的立場から得られた知識等と地域活動への貢献をあえて切り離す必要はない．たとえば補助金の獲得や関係機関との交渉など，それまでの経験をもってつくる会に貢献できる部分は大きかったであろう．

6.4　中核スタッフの出現

　現在の活動において会長Ｄさん，副会長Ｅさんのほかに 2 人の中核的スタッフがいる．一人はＥさんと同じ副会長をつとめるＦさん，もう一人はつくる会の福祉局長Ｇさん（いずれも女性）である．Ｆさんはおもに高齢者支援にかかわる活動，Ｇさんは子ども関連活動の中核リーダーだと捉えられる．会長と子ども活動を担うＧさんとの出会いについて，会長，続いてＧさんは次の

ように語った．

　　（Gさんが）少年団の役員をしていて，息子さんが近くの幼稚園に行っ
　ていた．違和感なかった．「午前中だけでいいから来て」（と声をかけた）．

　　（活動を始めて）午前中だけで帰っても会長がかばってくれた．「来年（子
　どもが）1年生になってから」っていった（が，その前に始めて），もう15
　年になる．会長が，（Gさんが何か）提案するとき，「まずはやってみなさ
　いよ」，「失敗してもいいから」（と言ってくれる）．だからやりやすい．

【リーダーの活動理念①】失敗にこだわらない柔軟性
　活動時間のことを考えれば，もしかしたら子育てまっただ中であるGさん
よりも適任者はいたかもしれない．しかし会長はGさんの人柄を信頼し，時
間に制限のある活動にもGさんが負い目を感じないよう配慮しながら支えた．
「まずはやってみて」，「失敗してもいいから」と前に進むことを後押ししたの
はGさんへの信頼感のあらわれである．と同時に，失敗にこだわらない柔軟
性をあらわしているようにも思われる．このことは以下の会長の語りにも示さ
れている．

　　コミュニティ正解ってない．失敗ってないって気がする．やってみない
　とわからない．

　新しいことを始めるのは経験が無いため不安が伴う．しかしまずは始めてみ
ないとどのような展開になるかわからない．地域の取り組みのパフォーマンス
というのは可視化するのは難しく，しばらくたってからでないと評価できない
ことも多い．このような状況においてチャレンジをいとわない姿勢というのは
着目に値する．失敗をおそれない柔軟な姿勢は以下の会長の語りからもうかが
うことができる．

　　「暮らしサポート」ひとつとっても，ゴミ屋敷とか，事業者さんからう

ちに（案件依頼が）くるのは変だとみんな思っている．（スタッフの中には）
「どうして私たちやらなきゃならないんですか？」「これ続かないよね」（と
いう人もいる）．でも今仕組みが無いからやるしかない．「続かなくていい
んじゃない？新しいやり方でやるんじゃない？」（と答えている）．

　ゴミ屋敷や孤立の問題など，制度の隙間から生じる問題が多い（髙良 2017）
といわれて久しい．このような問題を受けて地域共生社会が展望されてきてい
る．しかし制度の隙間の問題は地域住民だけで対応しきれるものではないし，
対応すべきではないこともある．冒頭で述べたように行政が住民に過剰な期待
をかけることには注意が必要である．したがってスタッフの懸念はもっともだ
といえる．しかし現状では対応する仕組み，すなわち公的サービスが無いため，
依頼がくればひとまず自分たちがやる，と会長はあくまで自然体である．住民
がやるべきことなのか，行政が担うことなのか，という疑問を抱えつつも目の
前の課題には向き合う柔軟性をみてとることができる．

6.5　活動しながら人を集める

　ところで会長はＦさん，Ｇさんのような人材をどのように集めてきたので
あろうか．つくる会の資料によれば，民生委員のOBを中心に会を立ち上げ福
祉活動を支えてもらったり，PTAやスポーツ少年団などの役員OB，活動で出
会った人などに声をかけたりすることをとおして人材発掘をしている．この点
について，会長は次のように語った．

　　自治会の会長とかで何年かやっている人に「何かやってみてください」．
　一本釣りみたいなもの．しかけづくりをしてきた．活動しながら人を見つ
　ける，豊かな人いっぱいいる．知り合いの人に「手をかして」って言った
　り．常に人，人って思っている．声かけてもだめならいい．「放課後児童
　クラブ」をＧさんが引っ張ってくれている．コミュニティつくる（ってこ
　とは），窓口で対応するだけじゃすまない．住民とその間をつなぐ，そこ
　はゆずれない．Ｆさん，Ｇさん，一番だと思う．Ｆさんに引っ張っていた
　だいてよかった

【リーダーの活動理念②】その人の力を伸ばすこと・有償であること

　さらに，会長はスタッフの力をのばしたいと考えている．先に，子育て中で活動時間に制限のある G さんが負い目を感じないよう会長が配慮していることにふれた．また活動のなかで，会長が他のスタッフへ細やかな声かけをしている場面が頻繁に観察された．たとえば筆者が参加させていただいた公私協働の会議では，冒頭で会長がスタッフの名前をあげてねぎらいの言葉を述べていた．スタッフとのコミュニケーションを大切していることがうかがわれた．さらに周りの人たちの力を伸ばすことを重視していることが以下の会長の語りからわかる．

　　　新しい事業でいくってときは誰かが起案しないと駄目．仕事して，コミュニティでやりがい（を感じてもらう）．起案したことが成功したこと．横取りしたことない．皆で説得するにはどんな言葉が必要なのか．本人のためでもある．どんなことでも仕事．生き方のひとつ．成功させれば，成功体験．

　会長は，信頼できる人材を発掘したうえで自ら考えてもらい，事業を起案し成功体験を積むことを期待し後押している．いわれたことをするだけでなく，主体性をもって活動することを重視している．加えて，住民活動であっても報酬がともなわれることが必要だという認識が以下の会長の語りに示されている．

　　　多彩な事業，委託事業受けたときに人件費として使っていいか（委託元へ）必ず聞く．誰がやるのかってことが大事．有償じゃないと駄目．経営感覚をもたないと駄目かな．

　ボランティア活動は，自発性（自主性），公共性（公益性，社会性，連帯性），無償性といった原則に基づく活動（早瀬 2018）であると説明される．その一方で，ボランティア活動のあり方は変化している．ボランティアが報酬を受け取ることによって，他者からの評価（社会とのつながりの意識）や相手の助けになっている実感（自己有用感）を得て，地域の困っている人を援助したいとい

う社会性の意識が高まっていくという議論もある（井出 2022: 8）. 会長が有償の活動であることを重視し，行政からの事業を受託した際にも人件費にこだわるのは，社会とのつながりなどの肯定的なものがスタッフにもたらされることの意義を実際の場面で認識してきたからではないだろうか.

【リーダーの活動理念③】住民の声を代弁する

　先に失敗にこだわらない柔軟性な姿勢について言及した. とはいえ柔軟性をもって諸事に対応するだけではない. たとえば行政にはっきりとものをいう姿勢もあわせもっていることが，以下の会長の語りからわかる.

　　　ソフトを始める前にハードをしっかりしないと，補助金（をもらうと）市に報告もしないといけない. 市には３万円くらいならいらない（と伝える）. 50万の環境交付金，これに「DVDつくれ」っていって（くる）. お金をやれば何でもやってくれると思っている. 提出を，ボランティアに求めてくるのはおかしい.

　ソフトは人材，ハードは運営資金のことだろう. 自主事業での収益を基本としているとしても，安定的な財政基盤のために公的な補助金等が必要となることは住民団体にとって少なくない. だからといって，すべて行政の指示とおりに動くわけではない. 多くの住民団体がそうであるように，つくる会にも “住んでよかったと思えるまち” を目指すという明確な理念がある. 活動を支えるための補助金と引き換えに行政が望む成果を求めることは本末転倒だといえよう.
　ここで副会長Eさんの存在について言及したい. 会長は，副会長であり議員でもあるEさんが「議会でいってくれることもある」と語り，声をあげることの重要性を認識している. さらに会長はEさんについて「議員の力は大きい. 困っている人にとって，普通は議員さんに直接つながらない」と話す. Eさんは，一人の住民としての周囲からの信頼，そして自身の地域を思う気持ちからつくる会にかかわってきた. のみならずEさんの社会的立場が，つくる会にとって，そして課題を抱える弱い立場にある住民にとって，その声を代

弁するためのチャネルとして心強いものになっているといえる.

6.6　イベント型の活動から課題解決型の活動へ

5.1 で確認したようにつくる会は 1989 年に「C 地区コミュニティプラン」を策定した. それを機に, それまでのイベント型の活動から 365 日の日常活動型, すなわち課題解決への関心が高い活動に転換した. 1989 年は, 会長 D さんが事務局のときであり, 当時の会長からいろいろと学んでいたころである. つまり当時の会長が, イベントにとどまらず日常の生活課題に向き合う姿勢を明確に打ち出していたといえる. 前述のように, 当時, 事務局を担っていた現会長の D さんは, 自分の考えと当時の会長のそれに一定の距離を感じ, 担当を変わっている.

【リーダーの活動理念④】課題解決を主旨とする

このような経緯があったにもかかわらず, 前会長が引退し D さんが 2001 年に会長に就任したあとも, 住民ニーズを重視するため住民アンケートを継続したり公私協働の仕組みを構築したりするなど, D さんは課題解決型の活動を志向している. 筆者のインタビューでも「イベントばっかやって, イベントやるのって何のためか」と D さんは語っていた.

ここで行政職員は公私協働の体制についてどのように感じているのか確認したい. 以下, B 市職員の語りである.

　　行政が行き届かないところ, 補充して頂いている. そこに連携をはかって敬服している. 地域に顔を分かってもらう, 顔がみえないとお話することができない. 顔が一致することができない. 伝えたいことも伝わらない.

つくる会は, 民生委員や地域包括支援センターなど多様な主体の連携, 多様な活動をとおして問題発見・解決の機能を有している. 行政にとって, 公私協働の体制を通して単独では十分に行き届かないアウトリーチが可能になる. たとえば書面などを通して事務的につながるだけでなく, face to face の関係を作ることによって, より緊密な連携が可能になることは多くの人が経験してい

ることではないだろうか．そのような体制がまた課題発見・解決につながるという循環をもたらしているといえる．

　課題解決志向はたしかに前会長が打ち出したものであるが，Dさんは，それをそのまま踏襲したというよりも，課題解決の重要性を改めて自分の考えとして内面化し推進していった．というのも，課題解決型の活動は，イベント活動に比して，アウトリーチの方法や解決のための社会資源の活用など，高度な取り組みが求められることが多い．加えて，事務局を離れるなど試行錯誤した時期があったことを踏まえれば，会長Dさんの考え方が，現在の公私協働の構築に色濃く反映していると捉えることができる．

7　総合的な考察

　これまで①住民リーダーがどのように発現したのか，主体形成のプロセスを確認し，②活動推進の経緯においてリーダーにどのような考えが内在してきたか，明らかにしてきた．以下では検討から見出されたことについて，公私協働との関連で整理する．

7.1　フォロワーの能力を後押しするリーダー像

　住民リーダーとしての会長は，人材を積極的に集め，活動の際にはその人にとって負担にならないよう細やかな配慮をしていた．またスタッフを盛り立てる言葉やねぎらいの場面などが観察された．計画立案の際には，スタッフに対して主体性を促し，計画の起案を後押ししてコミュニティでやりがいを感じてもらうよう尽力していた．とりわけ，その人の起案による成功であることを明確にアピールすることが重要だという認識が示されている．さらにはスタッフのモチベーションのためにも有償の活動であることが不可欠だとして行政と交渉している．このリーダー像を捉える際にグリーンリーフが概念化したサーバントリーダーシップが手がかりになる．その特徴として，①傾聴，②共感，③癒し，④自覚，⑤説得，⑥概念化，⑦先見性，⑧責任感，⑨人の成長への関与，⑩コミュニティの構築があげられる（グリーンリーフ 2008）．会長が，イベント型ではない課題解決を活動の目標として明確に掲げてきたところは"概

念化"に当たるだろう．スタッフへの細かな配慮やねぎらいの言葉は"共感"，"傾聴"に，計画の起案を後押しして成功体験をもたらそうとしているところは，"人の成長への関与"と捉えられる．そしてこのようなスタッフとのかかわりをとおして，課題解決型のコミュニティを構築してきたことが公私協働の体制につながったといえる．公私協働の実現を担った要因のひとつに，会長がサーバントリーダーシップを発揮したことがあったといえるだろう．

7.2　住民の声を代弁し活動の展開を後押しする存在

　立ち上げ時から歴代の会長を支えてきた副会長 E さんの存在もまた，公私協働の実現のための役割の一端を担っていた．行政職員から現在の議員に至るまでに備えてきた知識や経験値は，住民活動を展開するにおける後押しとなっている．行政職員時代には市民活動セクションにかかわり地域貢献のための価値や方法論に精通してきた．また，議員として弱い立場にある人の声を拾い上げ，適切な相手に伝えてきたことが会長の語りに示されている．E さんは，住民の声を代弁するチャネルをつくるうえで大きな役割を果たしてきたといえる．冒頭でふれたように岡村（1974）は，日常生活上の困難を持つ人びとの利益に同調し代弁する特別なコミュニティ集団として「福祉コミュニティ」を規定した．困難を抱えた人の生活改善のためには，同調するのみならず代弁機能までが果たされる必要がある．要望が増加してゆくことによって利害をめぐる緊張が生じうることは踏まえなければならないが，E さんの果たしてきたことは代弁の具現化と捉えることができる．これらのことから，住民の声を代弁し活動を具体的に後押しする知識や経験値等を備えた存在があることが，問題発見・解決を中核とする体制に影響を与えてきたということは指摘できるだろう．

　地域活動は地域の実情にそくして展開されるべきだといわれる．本稿の関心である住民リーダーの出現過程や主体形成のプロセスもさまざまであろう．先進事例をけん引してきたリーダーに関しては，その成果はもっぱらその人物の属性に起因しているといわれることも少なくない．しかし行政と住民の協働が強く望まれ，必要性が広く認識される現在において，住民リーダーの個人的な属性にとどまらない共通項を見出す作業が求められている．

　本研究は一事例を対象にしたものであるためここで得られた見解を一般化す

ることはむずかしい．今後は広範囲での調査が必要である．また今回は，活動理念の異なる公私のアクターの協働を探るという目的のもと，おもに住民リーダーに焦点をあてた．今後は他の住民アクター，さらには行政アクターの声にも耳を傾けてどのように協働関係が築かれたのか，調査を進めることも課題である．

謝辞

　本研究にご理解いただき，長時間にわたるインタビューにご協力くださった「堝山学区住みよいまちをつくる会」の皆様に心から感謝申し上げる．

注

1）藤井は住民と行政との関係について，「対等なパートナーシップにもとづくローカル・ガバナンスとしての地域福祉を形成する規定ではなく，あくまで民間主導の実践を期待し，行政はその後方支援としての基盤整備が役割であるという規定として読み取れる」（藤井 2020: 135-6）と記している．

2）地域包括支援センターまたは市町村が主催し設置・運営する「行政職員をはじめ，地域の関係者から構成される会議体」と定義され，構成員は「会議の目的に応じ，行政職員，地域包括支援センター職員，介護支援専門員，介護サービス事業者，保健医療関係者，民生委員，住民組織等の中から，必要に応じて出席者を調整する」とされる（長寿社会開発センター 2023）．

3）全国コミュニティライフサポートセンター（2020），全国社会福祉協議会（2016）

4）ここには推進者の自己決定・自助も含まれると考えるが，2）との混乱を避けるため自発性・自発性という意味を強調しておく．

5）山口（2000）の議論を参考にした．

6）原田（2010）の議論を参考にした．

7）活動中はメモにとどめ帰宅後フィールドノーツ（以下「FN」）としてまとめた．

8）2022 年度の福祉関連事業の活動費は，福祉事業市社会福祉協議会負担金，暮らしサポート事業の利用費等の自主財源合わせて約 360 万円であった．

9）庭の草取り，庭木の剪定，粗大ごみの片付けなど，核家族化が進みひとり暮らしになり身近に依頼できる人もいない現状を受けて実施されている事業．

10）福祉分野の具体的な活動内容として，大きなサロン 5 つ，小サロン 2 つが開催されており，65 歳以上の方は誰でも近くのサロンに参加できる．各サロンは，茶話会，グラウンドゴルフ，ぬり絵，温泉旅行，簡単な体操など．

11）真山（2001）は，住民と行政のパートナーシップで進めるまちづくりを例に「住民のなかに専門家や市民活動家がいることもありうるが全体としては例外である」と記す．

文　献

荒見玲子，2019，「地域包括ケアシステム——多層化・冗長化する多職種・多機関連携のマネジメント」伊藤正次編『多機関連携の行政学——事例研究によるアプローチ』有斐閣.

地域包括ケア研究会，2016，「地域包括ケアシステムと地域マネジメント」三菱 UFJ リサーチ＆コンサルティング，（2023 年 8 月 20 日取得，https://www.mhlw.go.jp/file/06-Seisakujouhou-12400000-Hokenkyoku/0000126435.pdf）.

長寿社会開発センター，2023，「政策形成につなげる地域ケア会議の効果的な活用の手引」.

藤井敦史，1999，「『市民事業組織』の社会的機能とその条件——〈市民的専門性〉の形成——」角瀬保雄・川口清史編『非営利・協同組織の経営』ミネルヴァ書房.

藤井博志，2020，「共生社会における官民協働のあり方——地域福祉の政策化をめぐって」上野谷加代子編『共生社会創造におけるソーシャルワークの役割』ミネルヴァ書房.

合津千香，2007，「住民主体による地域福祉計画策定と地域福祉活動推進の課題——松本市笹賀地区における実践分析から」松本短期大学『松本短期大学研究紀要』16: 137–50.

グリーンリーフ．R. K.，2008，『サーバントリーダーシップ』英治出版.

長谷中崇志，2010，「地域福祉時代における社会福祉協議会による地域組織化モデル——住民主体を基盤とした『プロセス重視型』組織化の事例を通して」名古屋柳城短期大学『研究紀要』32: 131–9.

原田晃樹，2010，「NPO と政府との協働」原田晃樹・藤井敦史・松井真理子『NPO 再構築への道』勁草書房.

早瀬昇，2018，『「参加の力」が作る共生社会——市民の共感・主体性をどう醸成するか』ミネルヴァ書房.

井出（田村）志穂，2022，「ボランティア活動の有償性がボランティアの意識に及ぼす影響——子育て支援活動を事例として」『日本女子大学大学院人間社会研究科紀要』28: 1–11.

伊藤正次，2015，「多機関連携としてのローカル・ガバナンス」宇野重規・五百旗頭薫編『ローカルからの再出発——日本と福井のガバナンス』有斐閣.

厚生労働省，2000，「社会的な援護を要する人々に対する社会福祉のあり方に関する検討会」報告書，（2023 年 8 月 26 日取得，https://www.mhlw.go.jp/www1/shingi/s0012/s1208–2_16.html）.

————，2016，「我が事・丸ごと」地域共生社会実現本部，（2023 年 8 月 27 日取得，https://www.mhlw.go.jp/stf/shingi/other-syakaihosyou_457228.html）.

厚生労働省社会・援護局，2008，これからの地域福祉のあり方に関する研究会報告書，（2023 年 8 月 26 日取得，https://www.mhlw.go.jp/shingi/2008/03/s0331-7.html）.

高良麻子，2017，『日本におけるソーシャルアクションの実践モデル——「制度からの排除」への対処』中央法規出版.

真山達志，2001，『政策形成の本質——現代自治体の政策形成能力』成文堂.

妻鹿ふみ子，2021，「社会福祉法人に求められる地域貢献——インタビュー調査からの考察」「地域福祉研究」編集委員会編『地域福祉研究』49: 134-44.

宮本太郎，2014，「地域社会をいかに支えるのか——生活保障の再編と地域包括ケア」宮本太郎編『地域包括ケアと生活保障の再編』明石書房.

永田祐，2020，「包括的な支援体制を目指す市町村地域福祉行政の再編」上野谷加代子編『共生社会創造におけるソーシャルワークの役割』ミネルヴァ書房.

岡村重夫，1974，『地域福祉論』光生館.

佐藤正志・前田洋介，2017，「ローカル・ガバナンスとは何か」佐藤正志・前田洋介編『ローカル・ガバナンスと地域』ナカニシヤ出版.

土屋耕平，2013，「地域包括支援センターと福祉コミュニティ形成——地域包括ケアでの行政責任」早稲田大学総合研究機構『プロジェクト研究』9: 17-39.

若狭重克，2011，「地域ケアにおけるネットワーク構築——地域包括支援センターの調査から」『藤女子大学 QOL 研究所紀要』6, 1: 81-9.

矢代隆嗣，2013，『NPO と行政の《協働》活動における“成果要因”——成果へのプロセスをいかにマネジメントするか』公人の友社.

山口稔，2000，『社会福祉協議会理論の形成と発展』八千代出版.

全国コミュニティライフサポートセンター，2020，『住民主体の活動と専門職の連携による在宅高齢者支援のあり方に関する調査研究事業報告書』.

全国社会福祉協議会，2016，「専門的援助と住民主体の福祉活動の協働を進めるために〜新しい総合事業における要支援者等への支援を考える」全国社会福祉協議会要支援者等への支援における専門的援助と住民主体の福祉活動の協働に関する調査研究委員会.

abstract

A Study on Resident Leaders as Actors in Comprehensive Community Care —Focusing on the process of subject formation and inherent ideas—

SUZUKI, Miki

Rissho University

The focus of this report is on a group that has established a system of public-private collaboration on the initiative of local residents and are implementing initiatives to identify and solve local problems, as the policy goal of a regionally symbiotic society requires collaboration between public and private actors. The kinds of ideas the resident leaders had in developing their activities are examined in this study. One resident leader expressed her concern and encouragement to the staff. She encouraged the staff to take the initiative in planning, and she made an effort to encourage them to draft plans and to make them feel a sense of fulfillment in the community. In particular, she recognized the importance of clearly demonstrating that the success of the project would be due to the ideas of the staff. In addition, the group shared a clear vision of finding and solving problems, which encouraged public-private collaboration. Another leader played a major role in representing the voice of the residents. The specific knowledge and experience he had gained in his professional career was a boost to the development of residents' activities. He also contributed to the voices of those who are in a vulnerable position. The public projects in which the organizations participate, their various voluntary activities, and their representation of the voices of the socially vulnerable have all led to the discovery and solution of local issues. The existence of such leaders has played a part in the realization of public-private collaboration.

Keywords：community welfare, resident-based, public and private partnerships, re-
gional comprehensive care, subject formation

| 自由論文 |

他害・触法に問われる
障害者の地域移行と安全保障
——介助者の葛藤と罪意識に着目して

樋口　拓朗

　障害者の求める安全と，地域社会の安全は時に相反し，障害ゆえの表現が他害や触法とみなされるとき，衝突は先鋭化する．その狭間に立つ介助者は，対立では言い尽くせない葛藤を経験する．

　本稿の目的は，1）国連最終見解を経た2020年代の地域移行には「安全」という先端課題があることを確認したうえで，2）他害・触法に問われる障害者を介助する者がどのような支援に可能性を見出しているかを明らかにし，3）その支援が抱える限界との間で経験する葛藤を，介助当事者の視点から描写することにある．そのための方法として，介助者の当事者研究を用いた．

　その結果，次の2つのテーゼが導かれた．①他害・触法に問われる障害者のリカバリーには免責領域が有効である．この支援観が，他害・触法に対する主流の応答である厳罰主義の対極にあり，そこに回復の可能性が示唆されたことは重要である．②ただし，免責領域を形成するケアは葛藤や罪意識を伴う仕事である．その支援観が支持される一方，「免責できても，罪は消えない」限界が指摘され，「その『罪』や『責任』は，どこに行くのか？」が問われた．

　介助者の葛藤の根底には，安全を重視するケア言説がもつ「安全基地」と「社会防衛」の両義性があり，そのどちらもがケア現場に受容されうる実態を指摘した．介助者の葛藤は先取りされた社会の葛藤を映し出す．最後に，安全とケアをめぐる葛藤をワークスルーする必要を提示した．

キーワード：当事者研究，社会的包摂，脱施設・地域移行，安全，罪責感

1　はじめに

　どうすれば，他害行為や触法行為に問われる障害者が，別言すれば，周囲の安全を脅かすと危険視される人びとが，安全に生きることができるのか．以下に続く論考は，上記の実践的な問いに応えるために取り組まれている．

ひぐち たくろう｜東京大学大学院・日本学術振興会｜higuchi-takuro@g.ecc.u-tokyo.ac.jp

図 1　地域移行と安全保障のトリレンマ[1]

1.1　問題の所在

　障害をもつ人びとにとって，家族や施設は必ずしも安全な場所にはならず，地域自立生活の希求は，ときに生存の脅威に対する切迫した安全希求でもあった．一方，地域移行を果たした人々の障害ゆえの表現が，社会的には他害行為や触法行為とみなされるとき，地域社会はその行為者を安全への脅威とリスク視する．入院を決める精神保健指定医，逮捕勾留する警察，退去を求める近隣住民等，地域社会の諸勢力と他害・触法に問われる障害者の間には緊張関係がある．そのとき支援者は，緊張の狭間に立ち，隔離収容への逆戻りでも，治安への不安でもない，両者の安寧を保障する重責を負うが，ひとたび支援者が燃え尽き脱落すれば緊張関係は再燃する．それゆえ，介助者が燃え尽きない安全は，地域定着を握る重要な鍵となる．しかしながら，他害・触法に問われる障害者の安全／地域社会の安全／介助者の安全は三律背反の関係にあり，2つを求めればひとつが達成されないトリレンマ状況がある（図1）．

　他害や触法に問われる障害者の地域移行が，定着するか，退場となるかは，多様性と包摂を価値づける社会に与えられた最も困難な課題のひとつである．トリレンマ下で介助者が経験する葛藤は，先取りされた社会の葛藤を映し出す．トリレンマ状況で匙を投げず，介助者の葛藤に向き合うことは，社会課題に向き合う端緒になるはずである．

1.2　目的

　本稿の目的は，1）障害者権利条約に関する国連最終見解を経た 2020 年代

の脱施設・地域移行の先端課題を確認したうえで，2）他害・触法に問われる障害者を介助する者がどのようなケア／支援に可能性を見出しているかを明らかにし，3）そのケア／支援が抱える限界との間で経験する葛藤を，介助当事者の視点から描写することにある．

　そのために本稿では，筆者を含めた介助者の当事者研究を用いた．筆者は，2000 年代後半から障害者の地域生活支援に従事し，地域移行と安全保障をめぐる葛藤を十数年体験してきた介助者である．方法については後にもう一度触れる．

2 脱施設・地域移行の先端課題

　地域移行を支援する介助者の葛藤を描き出すために，まず，2020 年代の障害者の脱施設・地域移行の先端にある課題を，障害者権利条約に関する国連最終見解と先行研究をレビューしながら確認する．

2.1 国連最終見解

　国連の定める障害者権利条約は，世界の障害者政策の羅針盤として，障害者の脱施設・地域移行をその中心で明確に定めている．2023 年現在，180 を超える国と地域が条約に批准しており，1970 年代からの脱施設・地域移行の世界的潮流は，障害種別や地域を超えた普遍的な前提となりつつある．

　日本においても，2014 年に政府が条約に批准したことで，重度知的・精神障害をもつ人びとに対しても施設を出て地域に移行するための制度整備が積極的に施されてきた．しかしながら，日本の脱施設・地域移行は，外面は進んだが内実が伴うとは言い難い．このことは，2022 年 10 月 7 日，国連障害者権利委員会（2022＝2023）が公表した『障害者権利条約に関する日本国の第 1 回報告に対する最終見解』に最も的確に示されている．そこには次のような厳しい勧告が含まれていた．

　まず第一に，一般原則と義務に関して（1 条～4 条），次のような懸念が表明されている．

　日本の障害関連の国内法や政策は，障害のある人に対する父権主義的アプローチが色濃く残っており，障害者権利条約における障害の人権モデルに対応していない（2022＝2023：4）.

　続く，特定の権利（5条〜30条）への指摘のなかで，とくに本稿と関連する3つの条項に関する懸念と是正勧告[2]を抜粋した（表1）.

表1　国連最終見解の抜粋

	懸念・指摘事項	是正勧告
10条 生命に対する権利	23.b.　障害を理由とする非自発的入院の状態での身体的拘束，薬物による鎮静	24.b.　ディスアビリティのある人の入院や治療をインペアメントに基づいて強制的に行うことを，いかなる形態においても阻止し，障害のある人にとって必要な支援を地域に根ざしたサービスの中で確保すること
14条 人の自由及び安全	31.a.　周囲からみなされている，あるいは実際に起こっているインペアメントや危険性に基づいて，障害のある人を精神科病院に非自発的に収容し，非自発的（involuntary）に治療することを法律が可能にしていること	32.a.　実際の，または周囲から見なされているインペアメントや危険性に基づいて障害（ディスアビリティ）のある人を非自発的に入院させるような自由の剥奪を認めている，すべての法的規定を廃止すること
19条 自立生活と地域社会参加	41.a.　長期的に施設に収容することにより，知的障害や精神障害のある人，障害のある高齢者，身体に障害のある人，地域社会の外で暮らしており集中的な支援が必要な人，および知的，精神もしくは感覚（視覚・聴覚等）に障害（ディスアビリティ）があったり，児童福祉法にもとづく集中的な支援を必要としている人などから，家庭生活や地域生活を剥奪していること	42.a.　障害のある人を施設収容することから，他の人と平等に地域社会で自立して生活するための支援へと予算配分を振り向けることで，児童を含む障害のある人の施設収容を終わらせる迅速な措置をとること
	41.b.　精神障害または認知症のある人の公立・私立の精神科病院への収容を促進していること，特に，精神科病院への精神障害のある人の無期限の入院が継続していること	42.b.　無期限の入院をやめ，インフォームド・コンセントを確保し，地域社会で必要な精神保健上の支援とともに自立した生活を営むことができるようにするために，精神科病院に入院している障害のある人のすべての事例を見直すこと

　日本の精神保健福祉領域における地域移行が OECD 加盟国のなかで著しく立ち遅れていることはかねてから指摘されてきたが[3]，国連最終見解によってその現実が厳しく勧告された．日本は，地域移行のスローガンはあるが，地域に受け皿がない社会であると，国際基準に即して公式に評価されたことになる．

　しかしながらこの指摘は，一見すれば，1970 年代以降の障害者の地域自立生活の拡大過程とは異なる観察になる．この差異から，2020 年代の脱施設・地域移行の先端課題を精査したい．

2.2　「ポスト自立」の時代認識

　脱施設・地域移行を掲げた障害者の自立生活運動は，黎明期から半世紀以上を経て，不十分な面や負の側面は残るが，地域生活を可能にするための，当初不可能と考えられた条件が整備され，運動が目標として掲げた権利や制度の要点が獲得されてきた[4]．

　そのなかでも大きな達成のひとつに，2014 年の重度訪問介護の対象拡大がある（岡部 2015）．「重度」とされる障害者がパーソナルな介助を伴った自立生活を可能にする重度訪問介護の制度対象が，それまで肢体不自由者を中心としていたものが，重度の知的・精神障害者，難病者に拡大され，自立の間口は広く開放された．このことは，かつて「自立的でない」とされてきた人びとの地域生活を可能とする画期的な進展であった．

　そもそも，自立生活運動は，身体障害者を中心に展開した経緯がある（立岩[1995] 2017）．重度訪問介護制度が身体障害者のニーズを反映して設計されたことは否めない．制度の設計理念には，四肢機能に障害は有するが認知機能は正常な身体障害者を中心に想定された自立生活の理念があり，その中心には「自立した主体による自己決定」があった．

　しかしながら，自己決定概念は，差別と矛盾の論理構造をもつことが指摘されており（麦倉 2019），結果として自己決定能力が不安定な障害当事者が差別的に処遇される契機を用意する．

　「自立」に含意される合理性・自己統御・一貫性を備えた主体像を想定して自立生活を構成することの限界はかねてから指摘されてきたが（立岩 2000；星加 2001），自立生活の制度対象が拡大した 2010 年代に改めて表面化したとい

えよう．こうした限界を反映して，障害者解放の象徴となってきた自立生活運動の分岐点が指摘され，2010 年代以降は「ポスト自立生活運動」の局面にあるとする時代認識が注目を集めた（尾上ほか 2016；渡邊 2011, 2018）．

2.3 「ケア」の上昇

「ポスト自立」の時代認識を下支えした理念的な契機のひとつとして，この四半世紀における「依存」の再評価や依存を可能にする「ケア」理論の高まりがあげられる．

2000 年代を前後して，人間をケアする存在とはっきりと定義した哲学者として M. ハイデガーが再発見され，ケアの倫理やケアリングの議論が隆盛している（池田 2013）．連なるように近年は，障害者運動が親や施設の庇護からの「自立」を志向したことへの敬意と評価を示しつつ，「依存」が再解釈されている．重度重複障害者の娘をもつ政治哲学者 E. F. キテイの主著が 2010 年に邦訳され，2011 年に来日し，依存にもとづく人間観や正義の再編は日本においても広く受容された（Kittay 1999＝2010；Fineman 2004＝2009）．そして，脳性麻痺当事者の熊谷晋一郎（2014）による「自立は依存先を増やすこと」としたパラダイムシフトによって，自立像を相対化する認識は広く人口に膾炙された．こうした潮流の中心には，依存は人間存在の根本的な条件であり，それを気づかうことの内に人間は存在の根源をもつとする解釈があり，「ポスト自立」の時代認識の理念的契機の一端を担っただろう．

「自立」は多方面から相対化され，「自己決定・自己責任」を地域移行の条件としない制度的・権利的・理念的な基盤が準備され，かつて自立生活は不可能とされた重度知的／精神障害のある人びとの地域移行は現実に口火が切られている．

2.4 「安全」という争点

しかしながら，国連の最終見解が示すように，他方では地域移行が遅々として進んでいないとする観察と，それを裏付ける現実がある．ここに，ケアや依存を再解釈することで「自立」を相対化した先にも，いまだ超えられない課題が残ることが伺える[5]．

2010 年代から 20 年代を通じて提出されたポスト自立の認識と国連最終見解を経たうえで，普遍的な脱施設・地域移行の先端課題のひとつとして本稿が提起するのは「安全」である．

岡部耕典（2019）は，障害の重さが施設入所や精神科病院への入院の決定因でないことを強調する．日本において最後まで入所施設や精神科病院に残された障害者は，依存の程度が高いとされる常時の医療的ケアが必要な心身障害者や問題視されやすい強度行動障害のある「動く重症児（者）」だけではないとし，具体像として，障害の程度に関わらず触法のおそれのある（軽度）精神／発達障害者をあげる．映画『不安の正体』（2022 年）は，精神障害者グループホーム建設をめぐる地域住民との施設コンフリクトを描き，（ときに偏見に満ちた）「不安」こそが地域移行を阻むハードルであると指摘する．

こうした知見は，地域移行の条件として「自立」以上に「安全」が問われる事態を示唆する．「『自立』してるか否かは包摂の条件ではない！」とする宣言を裏付ける言説資源は豊富に生産されてきた．一方で，「『安全』か否かは包摂の条件ではない！」と言い切るには躊躇いが残るように思われる．その躊躇いは，地域に移行した他害や触法に問われる障害者の支援場面で先鋭化する．

地域移行と安全保障が相反するとき，社会は葛藤を経験する．この局面で経験される葛藤に取り組むことは，普遍的な包摂の先端課題に取り組むことになるだろう．その端緒として，本稿は，フロントラインに立つ介助者の当事者性に着目する．

3　方　法

本研究は，介助者が経験する葛藤に迫るために介助者の当事者研究を実施した．熊谷（2020）によれば，当事者研究は，「自分と類似した他者」との「共同性」のなかで「自分史を紡ぐ」ことで，他者の視点や解釈を得ながら，「変えられない自分のパターン」を探り，自身の当事者性に対する知識を更新するものであり，さらにそれを「公開」していくことで，社会が広く共有する規範や知識も更新する実践であるとする．当事者研究の方法を用いる本稿は，上記の射程を持ちながら，先端課題に直面する介助者らの共同研究によって得られ

た知見を公開するものである．

　介助者の当事者研究を組織するにあたり，十数年の障害者地域生活支援で得た関係ネットワークを基盤に，他害・触法に問われる障害者の地域移行および生活支援に従事している／従事していた，筆者を含む5人の介助者を機縁法によって募った[6]．参加する介助者が支援してきた人びとには，他害行為から医療保護入院歴のある強度行動障害を伴う自閉スペクトラム症者，アルコール／処方薬・市販薬等への依存歴のある重複障害者等がいた．なお，本稿で参照する経験は，すでに他界された方の介助経験を反省的に振り返ったものであり，存命する方に関する記述はない[7]．

　当事者研究会は，120分／セッション，1セッション／月の頻度で開催し，ファシリテーターは筆者が務めた．語られた内容は毎回ICレコーダーで録音し，トランスクリプトを作成した．研究会は，2023年2月に開始し，9月時点で継続中であり，合計15回を予定しており，本稿はその中間報告となる[8]．

　当事者研究会の準備会と初回では，参加する介助者が従事する「2020年代の脱施設・地域移行」についての歴史と先行研究を筆者がシェアし，トリレンマ状況が生まれる時代背景と先端にある課題を示した．2回目以降に，各参加者が，介助をするに至る背景とそこで経験してきた，他害行為や触法行為を含む困難をシェアした．介助者の経験する困難には，介助される側の切実な困難が現れるという認識を基礎に，難しさに対応しうる支援観について，ディスカッションを行い，議論を展開していった．必要に応じて，筆者や参加者が関連する先行研究を，通常の障害者介助の文脈では参照されないものも含めてシェアした．自分たちの実践への汎用可能性や，自分たちの文脈に応用した場合の構造的な限界を指摘しながら，介助者の当事者研究を進めた．次節は，その議論の過程をフォローしつつ再構成したものである．介助者の当事者研究を通じて，これまでに次の2つの仮説を導いた．

　①　他害・触法に問われる障害者のリカバリーには免責領域が有効である

　②　ただし，免責領域を形成するケアは葛藤や罪意識を伴う仕事である

　仮説に至る議論を以下で追っていく．

4　当事者研究

4.1　他害・触法の核——不安の自衛

　急激に表情曇ってきて，それが溢れてきて，モー！モー！とか，やってる
ときってやっぱ本気でこう，なんて言うのかな，叩いてしまいそうなのを，
出せる限りの大声出して，投げられる物全部投げて，涙流しながらさ，暴
れ，あの，地面を踏んだりして，流してるんだろうなって．ま，ほんとキ
ツいんだろうなっていう，不安が．嵐とか痛みとか，ま，いろんな言い方
あるんだけど，ま，それもう痛烈に感じてるんだろうなっていうの伝わる．
他のやり方あればいいんだけど，見つけられないんだろうな，って．

　強度行動障害のある知的障害を伴う自閉スペクトラム症者を介助する者が，
障害当事者が大声を出し物を投げ地団駄を踏む情景を語った．いわく，その障
害当事者は，他害行為から医療保護入院に至った経験があり，不安をぶつけそ
うになるが，どうにか他害行為——介助者を叩く——に至らぬよう踏みとどま
っているようであったという．
　介助者の当事者研究を通じて，他害や触法として表現される行為の「核には
不安」があり，まるで，侵襲する不安へのなけなしの対処として「自衛隊を組
織して防衛」してるようだという視点が提起された．この視点は，介助者が他
害や触法の当事者を分析的に解釈しようと試みて見出されたものではなく，出
来事を問題化して当事者に端的に帰責する姿勢から距離をとろうとするなかで
見出されたものである．そのために，薬物依存症回復支援の実践知や精神医学
臨床の次のような諸仮説が参照された．
　上岡陽江ら（上岡 2012）は，「生き延びるための犯罪(みち)」というテーゼを用い
て，違法薬使用などの触法に問われる行為の背景を象徴的に表現する．これは，
薬物依存症回復施設で支援に従事するソーシャルワーカーや，回復途上にある当
事者から出された視点である．いわく，違法薬の使用などの触法に問われる行
為は，過酷な今を他人に頼れず自分だけで耐え抜くための戦略——嵐を凌いで

生き延びる術——であるという.

　上岡らのテーゼを間接的に支持するものとして,「依存症の自己治療仮説」と呼ばれるものがある（Khantzian 2008＝2013）.これは,精神科医の E. J. カンツィアンらが依存症臨床に根ざして提唱した,精神医学領域には珍しく 30年以上支持されている仮説である.いわく,依存症は,その人が抱える困難や苦痛を瞬時に瞬間的に緩和するために無意識が出す究極の処方箋であるという.

　カンツィアンらの仮説を積極的に紹介する日本の薬物依存症治療の第一人者である松本俊彦は,依存症をめぐる「負の強化」仮説を提唱する（松本 2020）.松本は,「依存症者はなぜ飽きないのか？」という問いを立て,次のような仮説によって答える.いわく,依存症者が嗜癖物に耽溺するのは,それによって快楽を最大化するためではない.むしろ,侵襲してくる苦痛を味わうより前に,嗜癖対象に刺激された欲求回路が呼び起こす渇望に乗っ取られることで,その苦痛を感じないために耽溺しているのが実態に近い.このことを,「正の強化」よりも,「負の強化」と表現する.つまり,苦痛や困難（「負」）が耐え難い水準に強化されているために,飽くなき依存が続けられるというのである.そのため,外傷や逆境による苦痛を抱える人の方が依存症になりやすく回復しにくいとし,依存症の中心には「痛み」があるとする.

　精神科医の H. S. サリヴァン（Sullivon 1968＝1990）は,不安が自身の手に負えない厄介なものになったとき,不安を引き起こす体験を自己に取り入れないよう振り分けて解離するセルフ・システムの働きを見出した.そのような,安全保障感を脅かす不安を体験しないためにセルフ・システムが取り廻す仮初めの手捌きを「安全保障操作」と呼んだ.しかしながら,この「操作」の反復は,烈しい不安を警告し不気味感をまとう「自分でないもの」を暗在させ,人格の統合を欠き,重篤な精神的危機を招きかねないという.仮初めの選択的非注意は,整合性の乏しい行動を導き,未発展とされる人格とともに,社会的には難がある人格が構成される帰結を導くという.

　当事者研究会を通じて,これらの先行する諸実践や諸仮説を参照し,先にあげた,「他害や触法の核にある不安」という視点を吟味し,「他害行為や触法行為は不安に抗う自衛戦略」という視点へと展開した[9].

　この視点に基づき,他害や触法に問われる障害者の支援に従事する介助者が,

どのような支援／ケアに可能性を見出しているかを言語化するよう試みた.

4.2　ケアの核——安全保障感の保障
4.2.1　自衛手段への応答——安全基地

> ループに陥っちゃってる時に, とにかく, 一人じゃしんどいかもしれない
> けど, とにかくもう, ここ, そんな恐ろしいところじゃないよ, ってこと
> を強調してた. いろんな方法で, 『この世界は大丈夫だ』ってメッセージ
> が入っていかないかなって, やってみてた.

　他害行為や触法行為の核に不安があるとすれば, 支援／ケアの核は, 安全保障感を保障することにあるだろう. サリヴァンの臨床理論を紹介する中井久夫（2012）によれば, 不安に苛まれる人が, 喉から手が出るほどに欲しがっているのは, 安全保障感であるとする. その場合にケア者の役割として求められるのは, 苦しみ（安全保障感の乏しさ）に共感し, 安全保障感を注ぎ, 支えることであると表現している.

　他害や触法に問われる行為は, 一時的には自衛手段となるが, 結果的に自虐手段になることが多い. そうした手段に依らず, 「嵐」や「苦痛」や「不安」に侵襲されない安全基地を提供するのが核心的な応答とする立場が, 介助者の当事者研究から導かれた. この立場は, 一瞥すれば自明の応答だがチャレンジングな一面がある.

4.2.2　他害・触法行為への応答——厳罰主義

　というのも, 現実場面において, 他害行為や触法行為への主たる応答は, 逮捕・勾留に代表される懲罰や叱責である. 一方で, 厳罰主義の効果は疑問視されてもいる.

　K. Hazama ら（2020）は, 出所した覚せい剤事犯者の再犯予測因子を調査した. その結果, 覚せい剤使用の再犯率の高さは, 刑務所収容期間の長さ, 収容回数の多さ, 精神疾患の併発, 初犯時の年齢の低さに有意に関連していることがわかった. この結果から, 刑期の長さや収容回数の多さは再犯リスクをむ

しろ高めるという知見が導かれた．この研究では，収監は再犯抑止につながらないため，仮釈放を長くすることを提言している．

　こうした見解が当事者研究を通じて参照され，他害や触法のような自衛手段に頼る他ない人びとに本来必要なのは，懲罰や叱責よりも，「不安」に侵襲されることのない「安全基地」の提供にあるという立場が共有された．

4.3　過失を侵した者の安全保障
4.3.1　アジールのモチーフ

　この点について，樋口拓朗（2021）は，「アジール」のモチーフを使って，他害行為や触法行為への別様な応答を検討している．アジール（独：asyl，英：asylum，希：ἄσυλον）は，言語により示す内容は異なるが，中世ゲルマン社会において庇護や避難所を意味し，俗世界の法規範と無縁の場所，不可侵の領域と解釈されてきた．実態としては，縁切寺，駆込寺，聖域，避難所，自由領域など多様な形態に開かれる．古代ギリシアの「アジュール」は，「身柄保護特権」あるいは「差し押さえ免除特権」を意味していた．

　このモチーフを用いるうえで注目したいのが，アジールの成立と終焉の局面である．法治国家が確立していない中世ゲルマン社会では，人びとは違背行為に対して自力救済に頼るしかなく，ある者が殺害されると，その血縁者が復讐をする「血讐」が慣わしになっていた．しかし，これでは復讐の連鎖が終わらない．そこでアジール法によってその抑止がはかられた．つまり，アジールが抑止したのは，被害者が加害者になる暴力の連鎖構造だったことは重要な点である．アジール研究の古典を訳した舟木徹男（2018: 114）は，アジールを，「人間の心身に脅威からの庇護をもたらす空間的・時間的・人的な平和の場」と定義する．しかし，近代国家の成立とともに消滅し，前近代のアジールは，近代の刑罰へと移行し，アジールにみられた民衆レベルの平和観念が，法治国家の治安に置き換えられる過程を辿ったとされる（舟木 2010）．

4.3.2　免責領域がもたらす治癒と回復

　アジールのモチーフから取り出したいのは，それが，「過失を侵した者の安全保障」として機能していた点である．つまり，他害行為や触法行為の中心に

ある「不安」への応答として，厳罰主義により責任を糾明し罰を科すのではなく，庇護と免責によって，安全保障感を提供していたことは注目に値する．

　というのも，アジールには，心身の治癒と平和の回復をもたらすことが示唆されている．舟木は，中井を参照しながら，「心身の『治癒』とは，広義における『平和の回復』の一形態」とし，「それゆえ，平和の場としてのアジールが治癒の場でもあることには必然性がある」（舟木 2018: 116）とする．

　ここにある回復の可能性を考えるのに，國分功一郎（2022）の有責性論は重要な示唆を与える．國分は，島根県の受刑者更生プログラムを取り上げ，そこにみられる「いったん免責されることで責任が生じる」プロセスに注目する．引責はひとつの典型的治癒像である．一時的に棚上げされた責任から責任を引き受けるまで，その間の一時的な免責領域が回復をもたらすことが示唆されているのである．

　以上のような議論を参照し，介助者の当事者研究において，免責領域——有責性の保留と引責の間——に見出される治癒と回復に，他害・触法に問われる人びとのリカバリーの可能性が見出された．そして，その可能性を支持する諸実践がある．

4.4　免責領域を構成する諸実践

　現代においても，以下に示すように，過失を侵した者の安全保障を試みる諸実践がある．当事者研究において，そのなかに「免責領域」を構成する契機を読み取ろうとした．

　精神障害者の地域生活拠点である「べてるの家」に端を発する当事者研究においては，多数派と少数派では線引きが異なる「変えられる／変えられない」の境界線を引き直すことで，免責と引責のバランスを再設定する実践がある．障害や病気のために「変えられないこと」を問題化して責任を問うより，変えられることが何かを見極め，変えようのない部分は社会設計の変化に委ねる志向がある．実践例として，ローンが残る住宅に放火した精神疾患の当事者が，この問題行動をテーマにした当事者研究が紹介される．このとき，当事者研究の実践のなかに限り，「問題」を研究上の「問い」とすることで，問題行動が一時的・部分的に免責される機制がある．

　女性薬物依存症者の回復施設である「ダルク女性ハウス」では，違法薬の再使用は，回復へのステップの一段階として位置づけられるという．使用と通報は直結せず，再使用を治療的に取り扱う基本姿勢がある．また，ダルク内の自助グループにおけるアノニマスな言い放し原則には，これまでの罪が目撃されるが追及されない不可侵領域を構造的に保障する構成がある．

　べてるやダルクの実践を思案するうえで，違法薬処遇における「ハームリダクション」には，過失者の安全基地を社会的に保障する観点から重要な示唆が含まれる．ハームリダクションは，自身に危険をもたらす行動習慣をもつ人が，その行動をただちにやめられない場合に，その行動に伴う害や危険をできる限り減らすための公衆衛生上の社会的選択をさす（harm reduction：被害低減）．ハームリダクションが支持される国際的な文脈では，薬物問題は犯罪よりむしろ健康問題とみなされ，規制や取り締まりよりも公衆衛生施策や支援の対象とされる（松本ほか編 2017）．

　近年の日本での実践例として，薬物・アルコール等の物質使用障害治療プログラム（SMARPP–24）において，「再発」を使用前から使用後に再定義する営みがある．従来，再発は再使用の手前に現れる現象と定義されていたが，一度のスリップではなく，それが繰り返されることで乱用時のような行動や考え方（「依存症的行動」や「依存症的思考」）に戻ってしまうことに問題の焦点が移動された（松本ほか監修 2023）．ハームリダクションの文脈において，使用を即ち再発とみない，国際標準ではあるが，日本の依存症臨床においては画期的な変更が加えられた．

　島根あさひ社会復帰促進センターでは，「セラピューティック・コミュニティ（治療共同体）」と呼ばれる受刑者更生プログラムが用意されている．そこで話されるのは，加害者としての反省ではなく，「被害と加害が混じり合う」体験である（坂上 2022）．プログラムに参加するメンバーのなかで重視されるのが，言葉に詰まる体験を語ることができるための「安全」を保障し，体験が「聴かれる」こと，それによって，それまで欠けていた体験の「証人」を互いに担い合うことである．D. M. オレンジ（2019）は，トラウマや解離，沈黙の分析治療において，「目撃証人」を得ること，「目撃証人」として語ることを，主体体験へと向かう重要なモーメントであると指摘している．治療共同体は，象徴

的に，「サンクチュアリ──聖域」の呼称が与えられ，安全をベースに受刑者が罪に向き合う場を構成している．

　以上のように，過失者の安全保障を試みる現代的な諸実践のなかに免責領域を構成する契機を読み取った上で，次のような仮説を導いた．

5　分析 1

　まず，介助者の当事者研究会において，上述の先行する諸理論と諸実践を検討し，自身の支援やケアに通底する要点として，次の 4 点を取り出した．

① 　違背行為に対して，懲罰や叱責によらない支援技法が現代的に開発されている．
② 　そうした支援技法では，テンポラリーであっても，空間的・時間的・人的な免責領域が構成されていて，
③ 　その領域のなかに安全を保障する基地がつくられており，
④ 　その安全基地がリカバリーに有効なことがわかってきている．

以上を敷衍して，次の一つめの仮説をたてた．

〈他害・触法に問われる障害者のリカバリーには免責領域が有効である〉

　アルコール依存に苛まれる身体障害当事者の介助経験があり，自身もアルコールや処方薬等に依存した経験のある介助者が，耽溺から抜けられずに 20 代を過ごした過去を語った．

　　いや，ま，俺のことかなと思いながら．つまりその依存症とか嗜癖に陥ってたとき，なんかうまくやりたいのに，できないんですよ．で，例えば，周りから怒られるんですよ．そうすると，あの，自分はうまくやりたいし，なんかいろんな人とか社会に貢献したいのに，それができない．で，自分を責めてちゃって，それがさらに重荷になるんですよね．なんか分かんな

い．さらになんかその．陥っちゃうんですよ，はい．で，動けなくなるっ
ていうか．

　ただし，自身は，アルコールに依存する障害当事者に「そういうかかわりで
きなかったんだけど」と前置いたうえで，「一回ミスっても，『あー，やっちゃ
ったか』ってガッカリされるんじゃなくて，『ま，こっからだよ』っていうス
ペース用意されると，生きるのやりやすくなった」経験が共有された．

6　分析2

〈ただし，免責領域を形成するケアは葛藤や罪意識を伴う仕事である〉

6.1　免責領域の可能性と限界

　他害や触法に問われる人びとに免責領域を確保することがもたらすリカバリ
ーに可能性を見出してきたように，ここまで，免責領域を肯定的に取り上げて
きた．しかしながら，「免責」は，政治的にも倫理的にも多様な解釈に開かれ
るはずである．必須の留保として，過失を犯した者の免責領域を形成すること
の「可能性」と「限界」を指摘したい．
　まず可能性として，免責領域がもたらす心身の治癒と回復（リカバリー）が
あることを指摘してきた．
　他方で，「たとえ免責できても，罪は消えない」という限界がある．起こっ
た出来事はなくならない．往々にして，罪の後ろに暴力がある点は看過しがた
い．我々支援者は，トラウマを通じて消えていない罪に出会う．この限界点が，
介助者の当事者研究において，主要なテーマとして浮上した．

6.2　ケア者の罪責感──宙に浮いた「罪」と「責任」

　障害者の支援なんだから，やっぱ，免責（領域の形成）は欠かせない．障
害とか依存症とかって，わかってたってそれができないことなわけじゃな
い．「自分じゃ変えられないこと」を「お前のせいだ」って責任追及して

も意味なくて，だから支援者がいる．あんたの責任っていわずにその免責領域を形成するって，障害や依存症の支援なんて本質的にそんなことの連続じゃない．それを個人の責任に押し込めて，罰を与えるとか，罪を償えとか，ナンセンスだよな，って．そこに，支援とかケアとかがある世界じゃなきゃ変だなって思う．だけど，それがまあ，人を叩いちゃうとか，犯罪を侵しちゃうとかだと，本当に，それ免責（される領域を形成）していいのかなって．暴力で深刻な傷を負う人がいる．それがトラウマになって連鎖してたりするから．その暴力とか罪とかを免責（される領域を形成）するって，ま，それが大事なのわかるけど，それいいのかって．司法の中で罪に問われるような出来事が起こったときとかっていうのもあるから．誰かが亡くなるような出来事が．

「自分では変えられないこと」を抱える障害者や依存症者に応答する姿勢として「免責領域を形成するケア」が不可欠であり，支援はその連続であることが強調されている．他方で，免責領域を形成するケアの可能性を評価したうえで，罪に問われる出来事にいかに応答するかが仮想でなく問われた．そこで浮上した問いが，「免責された『罪』や『責任』はどこにいくのか？」というものであった．

　罪っていうの，を，「あなたのせいじゃない」って，とりあえず態度とることできても，でも，出来事自体は起きてるわけじゃない．カテゴリーエラーなのはわかってるんだけど，だけど，宙に浮いたままの「罪」とか「責任」が，それがこう，免責（領域を形成）する人の背中に降りてくる，っていうのかな，なんかそんな気に陥っちゃうことがある．宙に浮いてる「罪」とか「責任」とかを吸い込んじゃうっていうのかな．自分だけなのかもしんないんだけど，免責（領域を形成する）人が，逆になんか，罪意識もっちゃう感じがある．

　多くの場合，免責領域の形成は，その領域の外部の安全が保障されることとセットでなければ成立しない．その時，「免責領域を形成するケア者」は，「保

安の責任者」という側面もあわせもつ．「罪」や「責任」が所在なく宙に浮いた状況は，「安全」とはいいがたい．繰り返しになるが，これはカテゴリーエラーだが，「罪」や「責任」が，「免責領域を形成するケア者＝保安責任者」に降りてくるように感じられる時，免責領域を形成するケアは，罪意識を伴う仕事になる．

　以上から，介助者の当事者研究の中間報告として，〈免責領域を形成するケアは葛藤や罪意識を伴う仕事である〉という 2 つめの仮説をたてた．

7　考　察

　ケア者が抱く「罪意識」について経験的に触れた．以下で，罪意識のルーツにある「葛藤」について理論的に触れたうえで考察する．そのために，安全保障を重視するケア理論の二つの潮流を取り上げる．というのも，両者は互いに反目する点がある．

7.1　ケアと安全の両義性
7.1.1　安全基地としてのケア
　ひとつめが，先にも取り上げた精神科医であるサリヴァンの精神医学におけるケアの臨床理論である．

　サリヴァンは，不安は，安全保障感（security feeling）が脅威されたことを示す指標であるという．安全保障感が脅かされるとき，意識の幅を制御し不安を体験しないセルフ・システムを作動させる力動態勢を，安全保障操作と呼んでいた．そのケアを考えるうえで重要なのは，この操作による安全追求は，本来の満足を置き換えるもので，真の満足は得られず，無際限の追求となりうる点である．その代理過程には，強迫症，心気症，妄想症，嗜虐症があるという．

　サリヴァンの臨床論によれば，ケア者の役割は，精神的危機にある人が孤独で際限ない安全保障操作に依らずとも，対人関係のなかに安全保障感を提供できることにあった．そのとき，これは「ほんとうは大丈夫だ」ということを伝えるケア者の言動のことを，「安心再保証」（reassurance）という概念で表現した．サリヴァンは，いかに安全保障感を損なわないようにしながら，さりげな

く安心を再保証（reassure）するかに腐心していたという（中井 2012：227）.

　いわば，「安全基地としてのケア」を強調した理論である.

7.1.2　社会防衛としてのケア

　もうひとつが，フェミニスト政治哲学者である J. C. トロントのケア倫理議論のなかの「庇護（protect）としてのケア」をめぐる一節である.

　トロントは，近代においてポリシング（policing）は，軍事化と男性化を伴って進行したが，「『ポリス（police）』は本来的にはケア活動の一種であった」（Tronto 2013: 74）と指摘する.「ポリス（polis：防壁で囲まれた都市国家）」の構築は広義のケアの役割としてあったとし，世界を「維持し，管理し，修繕する」という広義のケア定義を用いれば，リスクを予防・最小化する軍事や監獄による安全保障をケアの成分とみる視点は一貫して存在してきたと指摘する.

　トロントは，共にケアに従事する民主的市民を構想するにあたり，2013 年主著の最終章において，次のような論争的な観点を提示する. 庇護としてのケアをマスキュリニティの特権とすることなく，それが民主的市民によって担われるならば，「市民は，軍事，自国の安全保障，警察と警察権力，監獄システムをケアのタスクであるとみなすことになる」（Tronto 2013: 172）という. 軍事・警察・監獄の任務をケア活動／ケア責任の一部として再考する可能性が示唆されるのである.

　確かに，監獄というシステムにケア（保護・規律・矯正）されていると考えることは理論的に可能である. 他方で，収監は，市民のセキュリティ確保のために，リスク視された存在を隔離収容してリスク回避し，無害化した結果でもある. それは，リスク視された存在の安全を強制的に脅かす. 論争的な視点であるが，「社会防衛としてのケア」が強調された一節である[10].

7.2　ケアと安全の政治

　ここで 2 つのケア理論を取り上げたのは，ケアの本懐は，ケアニーズを持つ者の「安全基地」の保障なのか，治安を保障する「社会防衛」なのかを突き詰めるためではない. ここでの目的は，安全を重視するケアをめぐって，互いに反目する 2 つの言説が，ケア実践の現場でどちらも受容される実態を浮か

び上がらせることにある．その結果，ケア者がとるべき態度は，安全基地と社会防衛の2つのあいだで揺さぶられ，葛藤する．ただし，介助者は，他害・触法に問われるか否かにかかわらず，くれぐれも障害当事者のケア者であり，社会防衛より障害当事者の安全基地を絶対的に優先することはいうまでもない．しかしながら，地域社会の安全を等閑視すれば地域から退場させられかねず，本人がそれを望まないとき，介助者は葛藤することを申し添えておきたい．

　そのうえで，他害・触法に問われる者を支援する葛藤の背後にある「ケアと安全の政治——誰の安全なのか？／誰をケアするのか？」を注視するのは重要である．ケア倫理議論は政治議論でもある[11]．

　葛藤は避けられないが，ケア者は，ケアを必要とする者に対峙したとき，社会防衛に先立ってその人の安全基地の保障におもむくことを再度強調したい．本稿は，そこに立脚しながら，トリレンマに取り組む立場にある．

8 結 論

　介助者の当事者研究を通じて，先行知見を参照し，「他害・触法行為は不安に抗う自衛戦略」という視点が見出された．加えて，核に不安があるなら，「ケアの核は安全保障感の保障」という支援観が浮かび上がった．この支援観が，厳罰主義の対極にあり，それが回復に有効なことが示唆される点は重要である．そして，過失者の安全保障を重視する現代的実践のなかにも免責領域を形成する契機があり，他害・触法に問われる人びととのリカバリーの可能性が見出された．

　しかし他方で，たとえ「免責できても，罪は消えない」限界が指摘された．免責領域の有効性を支持する一方で，「その『罪』や『責任』は，どこに行くのか？」が問われた．つまり，支援をめぐる先行の専門知見に残された課題が，包摂と安全をめぐる葛藤の前線に立つ当事者性から指摘された．このとき，カテゴリーエラーを注釈したうえで，「免責領域を形成するケア者が，宙に浮いた『罪』や『責任』を背負う気に陥る」ことが浮かび上がった．それを介助者が負ってしまう時，「免責領域を形成するケアは罪責感を伴う仕事になる」ことが指摘された．

　このことは同時に，介助者が罪や責任を被ることを恐れ，他害行為や触法行為を端的に責めたり，予防的に拘束する可能性にも開かれる．それは当然，他害・触法に問われる者の安全を脅かす．

　冒頭にも指摘した通り，ここで介助者が経験する葛藤は社会も経験しているはずである．介助者の経験から社会の葛藤を映し出すことは本稿のもうひとつの目的であった．ポジショントークに葛藤はない．葛藤はそれをワークスルーする不可欠のプロセスである．

注

1) 三角形の頂点に記された安全が，他の2つの安全と背反し脅かされて生じる事態が，その頂点から垂線を下ろした先に記されている．

2) この見解は，2022年8月15日〜9月9日に開催された第27回会議にて委員会により採択された．今回の勧告は日本が障害者権利条約（2006年に国連で採択）を2014年に批准してから初めてのもので，拘束力はないものの，対応したうえで2028年2月20日までの報告が求められている．

3) 日本の精神・知的障害者の地域移行は国際環境のなかで著しく立ち遅れている．OECD加盟35カ国の人口千人あたりの精神科病床数の平均は0.7で，日本は2.6で約4倍．平均入院日数は36日で，日本は298日で8倍以上（OECD 2014）．日本の精神科病院に入院する約40万人の「社会的入院」状況は，国連やWHOから「深刻な人権侵害」と勧告されてきた．約11万人の施設入所する知的障害者の割合は，約5人に1人で，入院する精神障害者よりさらに多い．

4) 制度拡充を求めた自立生活運動は，1993年に初めて24時間の公的介護保障を獲得し，2003年の支援費制度以降は多額の財源が確保された．権利擁護の面でも，障害者差別解消法改正（2021年）と，その裁判所に対する取扱い指針（2022年），事業者に対する差別禁止指針（2015年）や合理的配慮指針（2016年）が設けられ，急速に躍進したといえる．

5) 注2に示したように，国際環境に比した国内環境の社会資源の物理的な不足が大きな課題であることはいうまでもない．そのうえで本文では，主として理念的な課題に着目している．

6) 本研究を実施するにあたって，4人の介助者と研究参加の同意書を交わした．同意手続きについては，研究計画を東京大学倫理審査専門委員会に申請し，その承認を得た手続きに則った．

7) 筆者は，介助者として十余年にわたり他害や触法に問われうる行動や気分の障害をもつ人びとに身を寄せながら，彼／彼女らが，周囲の人びとの安全を脅かすような危険視される局面があるのと同じかそれ以上に，彼／彼女ら自身が，周囲の人びとから安全を脅かされる局面により頻繁に晒されることがあるという危機意識を抱いていた．彼／彼女ら自身の安全が脅かされ，保障されなかった結果，命を落としたのではないかと思う事態にも何度か遭遇した．そうした経験が本研究の問題意識の

出発点にあり，その経験を反省的に振り返る作業を介助者仲間と続けてきた結果の一部を本稿にまとめている．

8) 中間報告では，①時代状況，②先端課題，③課題への応答，④その限界，これらを掴み指摘することに注力した．これらの大筋を同定するだけでも，複数の新規性に言及する必要があり，一つの論文としてまとめる必要があると判断し，これを中間報告とした．大筋が示された問題意識を掘り下げた細部については，中間報告の次の最終報告にて詳述する計画である．

9) 不安の質は問わない．それが，自分や世界が破滅解体していく不安なのか，慣れ親しんだ心地よい殻を破り踏み出すのに伴う，殻から見捨てられる不安なのか，寂しさや怖さの気分を味わえるだけ表象化される以前のいいようのないものに侵襲される不安なのか，内実は細分せず分析には向かわない．それは本稿のねらいを超える．

10) トロントのケア理論の全容はここにまったく収まらない．本稿で取り上げたのは，大きな全容のなかから，ケアの社会防衛としての側面が表現された一節を抜き出したことは注釈が必要である．

11) 誰をケアすることで，誰の安全を保障するか．政治哲学としてのケア倫理が，ケア者の社会経済的地位を保護する政治的モーメントをもって展開した一面があることに，筆者は一抹の懸念を抱く．ケア者の立場からすれば，ケア倫理議論が，ケア者が置かれた既存の労働環境や社会的承認の再考に寄与した事実もあり，それ自体は手放しで賞賛に値すると考える．一方で，同じ政治的立場が，別局面では，ケア者や地域社会にとってリスク視される当事者の拘束や隔離に向かいうるとすれば立ち止まらざるを得ない．それは，ケアの「倫理」なのかと．中間報告である本稿は踏み込めなかったが，今後の介助者の当事者研究はこのテーマが俎上にあがる．

文　献

Convention on the Rights of Persons with Disabilities, 2022, *Concluding observations on the initial report of Japan*, (高橋優輔・澤井大和・宇野晃人・柳下祥・笠井清登・福田正人訳，2023，『障害者権利条約に関する日本国の第1回報告に対する最終見解』，2023年8月31日取得，https://kokoro-zukan.com/archives/662#content).

Fineman, Martha A., 2004, *The Autonomy Myth: A Theory of Dependency*, The New Press.（穐田信子・速水葉子訳，2009，『ケアの絆――自律神話を超えて』岩波書店．）

舟木徹男，2010，「解題――アジールの近代」O.ヘンスラー著，舟木徹男訳『アジール　その歴史と諸形態』国書刊行会，189-288.

―――，2018，「アジール研究の現状と今後の方向性――網野善彦から自然法と公共性へ」『宗教と社会』24: 113-20.

Hazama, Kyoko and Katsuta, Satoshi, 2020, "Factors Associated with Drug-Related Recidivism Among Paroled Amphetamine-Type Stimulant Users in Japan", *Asian Journal of Criminology*, 15: 109-22.

樋口拓朗，2021，「アジール形成としてのケア――他害・触法の障害支援からケアの

倫理を再考する」『言語・地域文化研究』27: 1-14.

星加良二，2001，「自立と自己決定——障害者の自立生活運動における『自己決定』の排他性」『ソシオロゴス』25: 160-75.

池田喬，2013，「死に至る存在としての人間——ハイデガーとケア」『明治大学教養論集』493: 145-67.

上岡陽江＋ダルク女性ハウス，2012，『生きのびるための犯罪』イーストプレス．

Khantzian EJ & Albanese MJ, 2008, *Understanding addiction as self-medication: Finding hope behind the pain*, Rowman & Littlefield Publishers.（松本俊彦訳，2013『人はなぜ依存症になるのか——自己治療としてのアディクション』星和書店．）

Kittay, Eva F., 1999, *Love's Labor: Essays on Women, Equality and Dependency*, Routledge.（岡野八代・牟田和恵監訳，2010『愛の労働あるいは依存とケアの正義論』現代書館．）

國分功一郎，2022，「中動態から考える利他——責任と帰責性」伊藤亜紗編『「利他」とは何か』集英社新書，147-78.

熊谷晋一郎，2014，「自己決定論，手足論，自立概念の行為論的検討」田島明子編『「存在を肯定する」作業療法へのまなざし』三輪書店，15-35.

————，2020，『当事者研究——等身大の〈わたし〉の発見と回復』岩波書店．

松本俊彦・古藤吾郎・上岡陽江編著，2017，『ハームリダクションとは何か——薬物問題に対する，あるひとつの社会的選択』中外医学社．

松本俊彦・今村扶美・近藤あゆみ監修，2023，『SMARPP-24　物質使用障害治療プログラム［改訂版］』金剛出版．

松本俊彦，2020，「心はなぜアディクションに捕捉されるのか——痛みと孤立と嘘の精神病理学」松本俊彦編『アディクション・スタディーズ——薬物依存症を捉え直す 13 章』日本評論社，12-25.

麦倉素子，2019，『施設とは何か——ライフストーリーから読み解く障害とケア』生活書院．

中井久夫，2012，『サリヴァン，アメリカの精神科医』みすず書房．

OECD, 2014, *Making Mental Health Count*.

岡部耕典，2015，「『重度訪問介護の対象拡大』の経緯とこれからのために」，寺本・岡部・末永・岩橋著『ズレてる支援——知的障害／自閉の人たちの自立生活と重度訪問介護の対象拡大』生活書院，210-40.

————，2019，「『障害者』と／のシティズンシップ——排除と周辺化の構造とメカニズム」『福祉社会学研究』16: 55-71.

尾上浩二・熊谷晋一郎・大野更紗・小泉浩子・矢吹文敏・渡邊琢，2016，『障害者運動のバトンをつなぐ——いま，あらためて地域で生きていくために』生活書院．

オレンジ，ドナ M.，2019，「トラウマ，沈黙，そして解離」冨樫公一編著・監訳『トラウマと倫理——精神分析と哲学の対話から』岩崎学術出版社，221-37.

坂上香，2022，『プリズン・サークル』岩波書店．

Sullivan, Harry S., 1968, *The interpersonal theory of psychiatry*, W. W. Norton & Company.（中井久夫ほか訳，1990，『精神医学は対人関係論である』みすず書房．）

立岩真也, ［1995］2017, 「はやく, ゆっくり——自立生活運動の生成と展開」安積純
　　子・岡原正幸・尾中文哉・立岩真也『生の技法——家と施設を出て暮らす障害
　　者の社会学（第3版）』生活書院, 57-74.
————, 2000, 『弱くある自由へ——自己決定・介護・生死の技術』青土社.
Tronto, Joan C., 2013, *Caring Democracy: Markets, Equality, and Justice*, NYU
　　Press.
渡邊琢, 2011, 『介助者たちは, どう生きていくのか？——障害者の地域自立生活と
　　介助という営み』生活書院.
————, 2018, 『障害者の傷, 介助者の痛み』青土社.

abstract

The Security and Social Inclusion of People Who Harm Others or Infringe the Law : Focusing on Caregivers' Sense of Dilemma and Guilt

HIGUCHI, Takuro

The University of Tokyo

The security of people with disabilities and of the local community are often contrary. When the actions of a person with a disability are regarded as causing harm to others or infringing the law, then conflicts sharpen. Caregivers who mediate between the two inevitably struggle with dilemma.

The aims of this paper are: 1) To recognize that 'security' is the leading subject of social inclusion in the 2020s following the UN's "Concluding observations on the initial report of Japan"; 2) To reveal caregivers' perspective on caring for people who harm others or infringe law; and 3) To describe caregivers' experience of the dilemma between the possibilities and limitations of their perspective on caring. To these aims, Tojisya-kenkyu of caregivers is employed in this study. This produced the following two theses.

(1) A space of exemption from responsibility is effective for the recovery of people with disabilities who are accused of harm or legal infringements. It is notable that this perspective is the polar opposite of the severe punitive policy that is the mainstream response to those who are accused of harm or legal infringements, and suggests the possibility of recovery for these people.

(2) However, caring activity that creates space to exempt responsibility arouses in caregivers a sense of dilemma and guilt. Some limitations are suggested, that is, 'even if you exempt someone from responsibility, the fault never disappears' and 'where, in the world, does the fault and the responsibility go?'

At the foundation of this dilemma, there is an ambiguity in the meaning of 'care.' Discourses on care that take account of security can support a 'secure base,' as well as a 'social defense.' It is important to note that both discourses are referred to as 'care' within present caring practice. It is necessary to work through the dilemma between security and care for an inclusive society.

Keywords：Tojisya-kenkyu, social inclusion, deinstitutionalization, security, sense of guilt

| 自由論文 |

放課後等デイサービスにおける支援の論理の複数性
——支援者の意味世界に着目して

白石　恵那

　2012 年の創設以降，放課後等デイサービスは事業規模を拡大し続け，社会的な存在感および需要を伸ばしてきたが，現場で支援者たちが直面するリアリティは十分にとらえられてこなかった．本稿では，行動療法的な発達支援の提供を謳う事業所に焦点を当て，語りの記述・分析を通して，支援者たちの意味世界においてどのような支援の論理が成立しているのか明らかにした．

　まず，支援者たちの意味世界において，「子どもの変容を目的とする支援」として，「特定の欠点の克服」を目指す支援の論理だけでなく，問題を欠点そのものとは別次元に置くことで，その直接的な克服ではない「代替的な発達」を志向する支援の論理や，"今以上に良くなる必要性"を下げることで，むしろ子ども自身が現状の欠点も含めて「自己肯定できるようになるという変容」を志向する支援の論理が成立していることが明らかになった．また，子どもの変容を志向せず，子どもの「ありのままの受容」を支援目的とする支援の論理や，欠点とされうる特徴を肯定的にとらえることによって，「その子どもの"よさ"の維持」を志向する支援の論理も見出された．

　そのうえで，発達支援として一般に期待される支援観に限定されない複数の支援の論理は，一見すると，変容をめぐって相反する支援観であるが，支援者たちの意味世界において，それらは複層的な論理構造を成しており，それによって併存していることが明らかになった．

キーワード：放課後等デイサービス，支援者の語りの分析，支援の論理，発達，存在肯定

1　はじめに [1]

　放課後等デイサービス（以下放デイ）は，2012 年児童福祉法改正に伴い，障害のある就学児（原則 6–18 歳）へ「生活能力向上のために必要な訓練，社会

しらいし えな｜東京大学大学院教育学研究科・博士課程｜e8n1a.b.earth@gmail.com

との交流の促進その他の便宜を供与する」事業として創設された（児童福祉法：第六条二の二）．今日，全国に多くの事業所が開設され，多くの子どもたちが利用している．厚生労働省（2022）によると，2021 年時点で，事業所数は17,372 か所（うち，最も多くを占める営利法人は 10,862 か所，次点の特定非営利活動法人（NPO）は 2,520 か所，次いで社会福祉協議会以外の社会福祉法人が2,080 か所），利用実人員は 438,471 人だったという．実数の増加と同時進行的に，社会的な認知も需要もますますの高まりをみせている（宮地・中山 2020，加藤 2022）．そうした現状を踏まえると，今後放デイの社会における存在感はますます増し，支援対象とされる子どもたちも増加していくことが推測される．したがって，放デイに着目することは，障害児福祉や教育の今日的状況の理解の一助になると考える．

　放デイは創設以降，利用する子どもや保護者のニーズおよび提供される支援内容が多様であり，事業者ごとの「支援の質」の差が指摘される状況にあった．それをふまえ，2015 年に，全国一律の「支援の質」を担保するための基本的事項を示す「放課後等デイサービスガイドライン（以下ガイドライン）」が作成された．それによると，放デイの「基本的役割」は「子どもの最善の利益の保障」，「共生社会の実現に向けた後方支援」，「保護者支援」の 3 つであり，そのために支援者には「専門的な知識・経験」ないし「専門的知識，技術及び判断」が期待されるという．関連して，放デイは，「一人ひとりの状態に即した放課後等デイサービス計画（＝個別支援計画）に沿って発達支援を行う」ものであり，その発達支援とは，「子どもの発達過程や障害種別，障害特性を理解している者による」ものであるとのことだ（厚生労働省 2015）．

　なお，放デイ利用に際して，必ずしも療育手帳等の障害者手帳は必要とされないが，各市区町村の発行する「障害児通所受給者証」が必要となる．サービス利用のための「障害児通所給付費」支給の有無およびその支給量は，書類審査とアセスメントを踏まえて決定される．また，利用者負担額は，サービス利用費用の原則一割（1 回あたり 1000–2500 円程度）であり，世帯所得に応じて負担上限月額が設定される（横浜市 2021）．

　そうした制度の下，現場において支援者たちがどのような論理を以て自身の携わる営みを意味づけるのかという位相は十分にとらえられてこなかった[2]．

本稿では，支援者たちの直面するリアリティに焦点を当てる．

2　問題設定

2.1　先行研究の検討

　本節では，放デイに関する社会学的な研究のうち，本稿の問いおよび分析枠組みの設定のうえで重要な視座を提起する鶴田（2018）と渋谷（2021）を中心に検討を行う．

　まず，「療育」という営みが成立する論理をエスノメソドロジカルに明らかにした鶴田（2018）は，研究対象としたフィールドは本稿とは異なり療育センターであるが，その知見は放デイにおける支援をとらえるうえで重要である．鶴田によると，現場において想定されるという「『発達可能性』や『教育可能性』等の『美しい言葉』が，『個人の障害の克服』という非常に限定的な将来のみを志向して」おり，それによって初めて療育実践が正当化されるとのことだ（鶴田 2018: 168）．障害学的に換言すると，鶴田（2018）は療育の場において個人モデル的な支援観があることを発見し，「療育の論理」として概念化したのである．また，療育実践を成立させる論理は，「ひとたび『できない』ことが観察可能になれば，療育という相互行為を『完了』させるために『できる』ことが必要とされる」（同書: 77）とも説明される．「できない」こと，すなわち個人に帰属する障害は発見されれば無視されることなく直ちに「克服」の対象となるのであり，その「克服」とは個人の発達を自動的に意味することとなるのである．

　放デイの支援は，前節で示したように「発達支援」であると制度的には定義され，その「支援の質」の向上が追い求められている[3]．今日全国の放デイ事業所における支援は，子ども個人に帰属する障害の発見，そしてその克服のためにその個人の発達を目指す，まさに鶴田のいう「療育の論理」によって少なからず規定されていると考えられる．また，放デイの需要が高まる今日的状況および専門性の高い支援を提供する場であるという認知が広まっているという指摘（宮地・中山 2020）から，制度的に期待される支援観は社会的にも，また，現場においても浸透していることが考えられる．

　一方，渋谷（2021）は，ある放デイ事業所「タンポポ」に着目し，フィールドワークと支援者たちへのインタビューを通して，そこにおける固有の「支援の論理とつながりの形」を描出した．「タンポポ」では，複数の子どもたちが平日それぞれの学校から車で送迎されてから 17 時半まで，休日 8 時半から 16 時半まで過ごすという．活動プログラムが用意されるとしても，必ずしも参加が強制されているわけではなく，思い思いに過ごすことが許容されており，そのプログラムも状況次第でなくなることがあるという．また，空間的にも大まかな区別がなされているとはいえ，それぞれの子どもがある程度自由な使い方をすることが許されているとのことだ．

　渋谷は，「放デイは，障害のある子どもの放課後という制度のすき間をカヴァーするためにつくられ，家庭と学校のあいだの居場所を提供している」，「決して安定しているとはいえない制度の下で，さまざまな支援が展開される」（渋谷 2021：150）ととらえており，日々の営みにおいては，競争化に伴い進む効率化・合理化で説明できない，また，有用な支援と言い切れない実践があると想定している．

　たしかに「タンポポ」では，子ども個々人を“わかる・管理できる対象”とはとらえていないことが明らかになった．むしろ「タンポポ」は，個別の調整と繰り返される枠の付け外しによって生じる自由の余地において，子どもたちが社会に適応するよう変容することを「待つ」ための場所となっているという（同書：161）．そこで行われている支援は，鶴田（2018）の概念化した「療育」の営みには回収されず，むしろ「個人の障害の克服」および発達への志向が留保されているのである．

　また，「待つ」支援の発見は，単に発達を志向する過程における一時的な事象の発見というだけではなく，その学術的意義は，むしろ“発達という時間軸を伴う変容を抜きに，ありのままを受容する”という全く別の支援観が理念型として導出できるという点にある．仁平（2018 等）の提起した概念を援用すると，放デイにおいて，「〈教育〉の論理」（これは鶴田（2018）の「療育の論理」と連続的であると考えられる）だけでなく，実は，それに対置される「〈無為〉の論理」，すなわち「より良い存在になるという条件抜きで，存在をそのまま肯定する意味論」もまた駆動していることが示唆されたのである．

とはいえ，ここで描かれた「タンポポ」の状況は「ひとつの放デイのつかのまの姿」（渋谷 2021: 180）であるとのことだ．「支援の論理は，固定された普遍的特性をもつのではなく，個々の実践の内で試され修正され，絶えず変化していくものであるだろう」（同書: 152）とも述べられている．したがって，放デイという制度運用の実情をとらえるためには，渋谷の描出した論理が新たな文脈においても適用されうるか確かめ，その結果を以て学知の更新を図ることが求められる．

2.2　本稿の目的

以上，放デイにおける支援観として 2 つの相反する論理を導出した．すなわち，「個人の障害の克服」のための発達という変容を志向する「療育の論理」と，変容を条件とせずに個人のありのままの受容を志向する「〈無為〉の論理」である．なお，「待つ」支援は，前者の前提が完全に排されていないなか，後者が前景化している状態であると解釈できる．

また，福祉労働従事者の抱える多様な葛藤が報告されている（横須賀・松岡 2011，鈴木 2018 等）ことを踏まえると，現場において日々実践を行うにあたって，放デイの支援者たちも時に矛盾するような論理を（自覚的にかどうかはさておき）もっていると考えられる[4]．そうした支援者個々人の主観的リアリティの位相に着目することは，高まる需要と期待される専門性に反して支援者が不足している放デイの現状（宮地・中山 2020）を理解する意味でも重要である．

以上の問題意識から，本稿では，行動療法的な発達支援の提供を謳う事業所（鶴田（2018）の対象とした療育センターとはもちろん，同じ放デイ事業所でも「タンポポ」（渋谷 2021）と文脈を異にする）を対象として，支援者たちの意味世界において，どのような支援の論理が成立しているのかを明らかにすることを目的とする．特に，子ども個人の発達ないし変容に回収されない目的の支援観は成立しているのか，またどのような論理によって成立しているのかという問いに迫る．

3　方法・データの概要

　筆者は，Z 社の放デイ事業所 P に所属する支援者へのインタビュー調査を行った．

　Z 社は，創設初期から放デイ事業に参入しており，今日全国各地の主に都市部で多くの事業所を運営する営利企業である．近年の日本の障害支援市場において大きな影響力を持つ会社であり，匿名化のため詳細は伏せるが，自治体等に行動療法的な発達支援のノウハウを提供する等の展開もみせている．また，丸山（2015a）によると少ないという「多くの事業所を運営する大企業」（その上，児童発達支援事業や就労移行支援等のさまざまな福祉事業にも参入しており，ノウハウや人的資源を潤沢に有している）である．しかし，その内部に踏み込んだ研究は管見の限り無い．

　P 事業所は，Z 社の放デイ事業所の内，比較的早い段階から運営されている事業所である．他の Z 社の放デイ事業所と同様に，原則小学生から高校生までの男女児童に利用されている．また，支援は PDCA サイクルが徹底される形でマニュアル化されており，支援者はそれぞれの子どもの個別支援計画に基づき，ターゲットの達成に向けた指導を行う．その際，Z 社では，言語を介さずとも他者が客観的に行動を理解することが可能であるという行動主義および「良い行動」を増やし，「悪い行動」を減らすように働きかける行動療法（心理学的な専門性に則った支援といえよう）が徹底されている（白石 2022）．

　そのほか，渋谷（2021）の対象とした放デイ「タンポポ」と大きく異なる点として，一回の支援時間は，50 分が基本である．子どもたちは決められた曜日・時間に通所し，それぞれのニーズによってマンツーマンから複数人の集団まで，異なる形態の学習支援やソーシャルスキルトレーニング（SST）を受ける．なお，原則担当制は採用しておらず，毎回支援者は異なる．また，保護者も共に来所することが多く，支援の様子をモニタリングし，その後支援を行った支援者からフィードバックを受ける．

　調査協力者の概要は表 1 の通りである．全員が 34 歳以下であり，勤続年数も短いが，教育学や心理学，社会福祉学を四年制大学および大学院（E の場合

表 1　調査協力者一覧

支援者	年齢	Z 社における勤続年数	卒業学部／研究科の学問領域	免許・資格
A	30 代前半	4 年目	心理学（修士）	臨床心理士，公認心理師
B	30 代前半	3 年目	社会福祉学	
C	20 代後半	3 年目	教育学（修士）	小学校教諭専修免許，特別支援学校一種，中学校教諭二種
D	20 代後半	3 年目	教育学	小学校教諭一種，特別支援学校一種，司書教諭
E	20 代後半	2 年目	社会福祉学	
F	20 代後半	1 年目	心理学（修士）	
G	20 代前半	1 年目	教育学（→社会福祉学）	保育士，幼稚園教諭一種，社会福祉士，認定心理士

は四年制大学卒業後進学した専門学校）にて修めており，関連資格を保持している者も半数以上いる．また，OJT や定期的な研修等，行動療法の学習の機会が設けられている．そのため，P 事業所では人的資源という点においても“専門的”な支援を提供する環境が整えられているといえるだろう．

　本稿では，調査協力者 A–G を「支援者」と総称する．A は児童発達支援管理責任者であり，B–G と異なり，利用する子どもの支援実践に直接携わるわけではないが，個別支援計画の作成に関する業務および利用者やその家族，また他の支援者たちに助言等を行うことを役割とするため（厚生労働省 2012: 第27・28 条），支援構築において重要な主体である．

　なお，本研究は事前に東京大学倫理審査で承認を得ており，調査協力者への説明・同意のうえで実施された．

　筆者は，2021 年 9 月から 10 月にかけて，「zoom ミーティング」を用い，各人 2 時間程度を 1 回または 2 回に分けて，共通のインタビューガイドをもとに半構造化面接を行った．質問は具体的な子どもの個別支援計画作成や自身の役割等，支援者のリアリティをとらえるために幅広く設定した．その後，録音データを文字起こしし，本稿の課題に関連する語りを抽出，分析した．

　以下，まず支援者たちがどのように自らの携わる支援を語るのか，「子どもの変容を支援目的とする語り（4.1）」と「子どもの変容を志向しない語り（4.2）」の 2 つに整理する．これらは，先行研究との接続を意識して設定した

大枠であり，その詳細は帰納的に分析する．なお，具体的な子どもについては順次 h-o と表記する．

4　P 事業所における支援の論理

4.1　子どもの変容を支援目的とする語り

4.1.1　特定の欠点の克服（「療育の論理」）

　まず，ある“できないこと”の発見された子ども個人が変容することによってその欠点を克服することを志向する支援観の表出した語りを見ていく．以下の語りは典型的である．

　　A：（hについて）OKって思ったときの，アクセルの踏みっぱなしがすごいので，もうちょっと徐々に上げてくんないかなみたいな．ちょっとそんな感じで<u>より細かいコントロールができるようになるといいのかなって印象はありますね</u>．全力でいくか止まるかみたいな感じなので，<u>相手の反応を見ながら，様子見ながら動くっていうところが出てくるといい</u>

　このAの語りから，hが他者の様子に合わせて自身の気分を調整するスキルに欠けており，それを克服することを目指すという支援の方向性が読み取れる．このように，何らかの欠点を克服するという形で子ども本人の変容を支援の目的とする語りの具体例としては，他に，iが社会における「ルール」理解に不十分であり，最低限の「ルール」順守ができるようになってほしいというAの語りも挙げられる[5)]．

　また，Fは以前NPO法人運営の児童発達支援事業所で実習の経験があり，そこでは「とにかく今日こういうことをやって，こういうことができましたとか，その日によってばらばらだった」ことに対し，P事業所では「しっかりターゲットを立てて，その順序を追って，できるに繋げてる」と評価している．続けて以下のようにも語っている．

　F：わかりやすく「これとこれとこれをターゲットにしていて，今日これ
　　　ができました，次はこういうステップです」っていうのが目に見えて
　　　わかる．それに，「前はこれできてなかったけど，今これできるよう
　　　になったよね」っていうのがすごいわかりやすくできる

　体系的に「できてなかった」ことを「できるように」していく支援観がまさ
に語られているのである．
　関連して，以下のような語りもある．

　A：他の放デイさんで預かりだけでっていうところの話はちょっと聞いて
　　　いるので，もちろん居場所っていう部分もすごくあっていいかなと思
　　　うんですけれど，P事業所みたいな，やっぱこれをやるんだっていう
　　　ふうに，（個別支援計画において）目標明確にして（その個別支援計画に
　　　沿って体系的に）課題に取り組むっていうところもあってもいいのか
　　　なと思う

　Aはどちらも評価しつつも，「預かり」や「居場所」といった支援を提供す
る他の放デイと明確に区別する形でP事業所のPDCAサイクルの徹底された
支援を語っている．こうした二項対立的な見方は，丸山（2015b，注4参照）
の知見と重なっており，Aはまさに「療育」を実践する事業所としてP事業
所を認識していると考えられる．
　支援者たちは高等教育段階に加え，就職後も定期的に，個人モデル的な障害
理解および支援観に親和的な学習経験を積んでいることは前節で示した通りで
ある．Z社全体でマニュアル化された行動主義的なフレームを支援者たちが内
面化しているからこそ，支援者たちの意味世界において，特定の欠点の克服と
いう変容を目的とする，まさに「療育の論理」（鶴田 2018）が成立しているこ
とが確認された．

4.1.2　代替的な発達
　次に，欠点自体を克服対象とはせずに代替的なスキルの獲得を目的とする支

援観が表出した語りをみていく.

> G：(jについて) 本人の困りとしては，相手に伝わりづらいっていうのと
> かがあったりとかして，聞き取ってもらえないっていうのは結構多い
> のがあって，それはたぶん本人も自覚してるし，だからそれをどう伝
> えたらいいかっていうのをやっていけたらいいなっていうのを（支援
> の方向性として）考えてました
> 　：発音，発語，ちょっと難しい感じの子で，ちょっと聞き取るのが難し
> かったりするところもあって，あと書字も崩れるのも，ちょくちょく
> ある感じの子で，まあでも言葉が伝わらないときに，文字で教えてく
> れたりしようとか，携帯で見せてくれようとしたりとか，自分なりに
> 考えて，どうにかしようとしてくれてる子

　Gによると，jは「発音」や「発語」，「書字」に難しさを抱えている．しか
し，それらそれぞれをできるようになることは目指されない．それら自体では
なく，それらによって「相手に伝わりづらい」ということを問題視したうえで，
「どう伝えたらいいか」(jが既に自発的にしている「文字で教え」る，「携帯で見せ」
る等が念頭にあると考えられる）を代替的に獲得することが，目指されているの
である．同様に，Aは緘黙のkへの支援についても，kの声によるコミュニケ
ーションのできなさ自体は克服対象とはせずに，「どう伝えたらいいのかわか
らないって困り感」がある状態を問題視しており，「kがやりやすい手段で伝
わる手段を持っている」ことを支援の目的として語った．
　関連して，以下の語りも検討してみたい.

> F：(lについて) 様子とかを見ていると，見直しをせずに「これで合ってる」
> って自分で思い込んで出して結局違うっていうのの繰り返しが多くて
> ……こういうふうにやったらできるんだっていう手立ての方，今身に
> 着けてほしいなってところで，数学の内容っていうよりは，こういう
> ふうにしたらできるよってところを（個別支援計画において）重視した
> 形ですね

　　：わからなかったところを聞けないとか，困ったときに人に頼るみたい
　　　なところが難しい

　ここから，1 の支援において，「数学」自体をできるようになることは第一義
的な目的ではなく，「こういうふうにやったらできるんだっていう手立て」を
獲得することが目指されている．その「手立て」としては，具体的には，解き
方や答えを思い込まずに「見直し」をすることであったり，わからない・困っ
た時に人に聞くことが想定されていると読み取れる．

　　F：クリエイティブ，発信，YouTube やってるのもあるんですけど……将
　　　来的には自分の強みを生かして，パソコンの編集技術とかだったり，
　　　誰にでもできることじゃないと思うので，できないところを底上げし
　　　て将来的にっていうよりかは，自分の得意を伸ばして，できるを仕事
　　　にするなりできたらいいかなって思ってて．ただ，そのときに，今回
　　　だったら数学とかだったり，できないことをどうしたら（できるかとい
　　　う手段を獲得してほしい），できないことについては別に悪いことじゃ
　　　ないと思ってて，固定概念みたいな，色んな柔軟なやり方があって，
　　　それをやるとできるようになるよねっていう，そこのところを，いろ
　　　いろ吸収していってほしい

　そうした「手立て」の獲得の必要性は，ここで「できないことについては別
に悪いことじゃない」と語られているように，できなさ自体によって根拠づけ
られるのではなく，柔軟性の不足が 1 の長所（「クリエイティブ，発信」，「パソコ
ンの編集技術」）を維持，発揮するうえで問題となるという形で説明されている．
つまり，1 のできないこととして「数学」も確かに認識され，かつ，支援にお
いてアプローチされてはいるが，あくまで発達は発達でも“できないことが生
じても柔軟に対処できるという状態”に向けた発達が目指されているのである．
　以上，直接的な欠点克服は志向しないが，関連するスキル獲得という代替的
な発達を目的とする支援観が，子どもの抱える問題を欠点そのものに置かない
ことによって，論理として支援者たちの意味世界において成立していることが

明らかになった．

4.1.3 子ども本人の自己肯定

　さらに，広い意味では子ども個人の変容に当たるとはいえ，「4.1.1」，「4.1.2」とはまた別用の変容を志向する語りもみられた．

> *C：(mについて) そういう自分であることを，場を明るくできるってところを，自覚してもらって，* <u>*できないこと確かにたくさんあるんだけど，「こういう自分も別に良くない？」みたいな感じで開き直って，*</u> *だったりとか，あとは「私ちょっと字読むの苦手だから読んでよ」とか，軽く言える，みたいな．それができない子もいるけど，mはできるようになるんじゃないかなっていうのがあるので，楽な考え方みたいのが，できるようになったらいい*

> *A：(nについて) あと，いずれは，いうて人間，そんな完璧にできないものがあるので，ここまでいったら私としてはOKにしようというところの折り合いをつけられるようになれたらな．自分の中で本人の，「私はここが出来てるから大丈夫」，「ここはちょっと苦手ぐらいでいっかな」みたいな感じで，* <u>*自分を許せるようになれたら*</u>

> *G：* <u>*自信を持ってほしいっていうのと，*</u> <u>*自分の中の理想が高すぎるから不*</u> *安になってるのかなって思うので，そんなに完璧じゃなくてもいいんだよって思えるのが一番いいんじゃない*

　これらmやnの支援についての語りからは，自分のできる部分を肯定し，できない部分も含めて自己肯定できるようになるという形での変容を目的とする支援観が表出した．
　また，この二人についての「どんな子どもか」という質問に対して，mはCによって第一に「明るくてムードメーカー」「まじめというか，素直というか」と語られ，nはAによって「よくあろうというところでひたむきに頑張る努力家のところはすごい」と語られた．こうした語りから，少なくともmやn

のような自己肯定感の低い子どもについて，その子どもの得意なことや，性格的な長所に（その子どもの欠点に言及するとしてもその前に）着目する規範があることが示唆される．

　よって，子どもの得意なことや長所を引き合いに出すことで，発達への志向を不要なものとして脇に置き，むしろ“子ども自身が自分のできない部分も含めて現状を肯定できるようになる”という変容を志向する支援が必要であるという論理が，支援者たちの意味世界において成立していると考えられる．

　さらに，そうした論理が現時点では支援を意味づけてはいないケースにおいても，将来的に前景化する可能性があることを示す語りもみられた．

> B：(oについて)（個別支援計画で立てられたターゲットの一つである）「相手によって話題を変える」ってところについては，彼女のねがい，「友達を作りたい，友達が欲しい」ってところからきていて，なんて話しかけたらいいのかがわからないとか，どういう風に接したらいいのかわからないってところの，困り・ねがいから目標を立ててます
> ：(P事業所における支援を通して以上のようなスキルを身につけると同時に，P事業所で) 知らなかった人と仲良くなれるって経験を積んだら……万が一，もしすぐ学校でお友達作るのが難しかったとしても，他に，「P事業所って場でお友達が私はいるから，大事な人間なの」とか，そういう自己肯定感にも繋がるかなって

　oの支援において，「友達を作る」ための「相手によって話題を変える」スキル不足および経験不足を克服する形でo本人の変容を目指す支援の論理(4.1.1) が，「万が一」の時には後景化し，子ども本人が自己肯定できるようになるという目的的な支援観が前景化する（ゼロサム的な切り替わりというよりも，支援の論理としての働きが相対的に強まるのだと考えられる）ことが示唆されたのである．

　本項では，子どもの変容を志向する語りを整理し，3つの支援の論理を導出した．そのうちひとつ目は，まさに鶴田（2018）のいうところの「療育の論理」

であった（4.1.1）．何らかの欠点の克服のために，子ども個人の発達を支援の目的に据える支援の論理が支援者たちに共有されていた．

　一方，「療育の論理」に回収されない形での変容が志向される支援観も見出された．それは，代替的なスキルの獲得といった発達を目指す支援の論理（4.1.2）と，子どもが自分自身を肯定的に受け入れられるようになるという変容が支援目的として重視される支援の論理（4.1.3）である．前者は問題を欠点そのものとは別次元に置くことで，後者は既存の得意なことや長所を以て"今以上に良くなることを目指す必要性"を下げることで，支援者たちの意味世界において成立しているのであった．

4.2　子どもの変容を志向しない語り
4.2.1　ありのままの受容（「〈無為〉の論理」）

　本項では，子どもたちの発達ないし変容を目的から排した支援観として，まず，変容を抜きに子どもたちのありのままを受容するという支援観（仁平（2018）における「〈無為〉の論理」に重なると考えられる）が顕著に浮かび上がった特定の子どもについての語りをみていく．

　　A：居場所ですね，この子（m），使ってるものとしては
　　　：疲れたときに，なんとなく自分らしくあれる場所っていうところで使ってもらえたらなっていう感じでやっているので，そこの部分．自分らしさとか，ちょっと悩んでるところとか弱みを見せられるっていうのが，目的になってるので，あんまりターゲット，ステップアップしていくっていう感じではないかなというふうに思ってます

　mへの支援の目的は，「居場所」や「自分らしくあれる」，「弱みを見せられる」場の提供であると語られ，何かをできるようになるという発達ないし変容への志向は支援目的から排されている．

　また，mについての語りにおいて，m本人の抱えているであろう辛さが，他の子ども以上に強調されていることは特筆すべき事項であると考えられる．

　C：できなくて，困ってる自分に自己嫌悪しちゃったりとか，周りもなん
　　　でできないんだろうみたいな感じになっちゃうのがつらいかなって思っ
　　　た．結構学校部活でもしんどそうだったり
　　：その時（mの母親と電話にてやり取り）に詳しく聞いて，本人（m）が「死
　　　にたい」って思うっていうのがあったんですけど，それがP事業所に
　　　来てる期間は減るんですよ，みたいな，話してて……今そうなんだっ
　　　たら，来てほしいな

　このように，mの支援の必要性は，m個人の欠点ではなく，m本人が辛さ
やしんどさを抱えているという側面から説明されている．そして，その辛さが
「死」に関わる切実なものであることを根拠に，ただ「来」ることを重視し，
本人の変容を志向しない支援の論理が成立している．
　なお，「4.1.1」で確認したように，Aは基本的にP事業所を「居場所」の機
能を果たす場ではないととらえているため，このmに対する支援はAにとっ
て例外的なケースであると考えられる．Aは支援における優先順位の基準の一
つとして，「心の安全性」という表現を以て，「自殺リスク」にも関わる子ども
の精神状態を挙げている[6]．したがって，そうした観点においてmのケース
は閾値を超えたために，少なくともAにとっては二次的な支援の論理が発動
したのであって[7]，換言すると，Aの意味世界において「〈無為〉の論理」は，
一時性を含意する「待つ」支援としてであればこそ初めて成立可能となるのだ
と解釈できる．そのように考えると，辛さの緊迫性が解除されたと判断され次
第，再度変容への志向が支援の論理として前景化する可能性もまた読み取るこ
とができる．
　以上，特定の子どもへの支援については，子ども本人の変容を志向すること
なく現状ありのままを受容することを目的とする支援の論理が成立しており，
その支援の根拠として，その子ども本人の辛さの緊迫性がある可能性が明らか
になった．

4.2.2　その子どもの"よさ"の維持
　以上のような子どもの変容をまったく志向しない支援観とは異なるが，特定

の方向性の変容については目的から排する支援観も語りに立ち現れた．

> D：（「ルール」に従うようになるという発達が目指される支援実践の中で）「止
> まって」って言われて止まるだけで本人は止まりたくない時あるだろ
> うから，もっとじゃあ（「止まりたくない」といった）要求の言葉，レ
> パートリー増える方を（個別支援計画の）メインにした方が良い

　このiについて，「4.1.1」でみたように，社会的なルールの理解・遂行ので
きなさという欠点の克服を目的とする支援の論理がAの語りからは見出された．
しかし，Dはiの現状を“ルールを守れない”というようにはとらえず，“本
人のやりたいこと・やりたくないことが別にあり，それをうまく伝えられない”
ととらえており，それを克服する方向性での変容を志向している．
　そのうえで以下のように語った．

> D：衝動性って言ったらそこに着くんだろうけど，まあ素直な子だなって．
> やりたいことやる，やりたくないことやらない，怒るとき怒るみたい
> な……本人がすごい話したいなら話して，発語の練習をもっと訓練す
> ればいいんだろうけど，でもそれを無理やりして，無理やり頑張って
> 誰かが教えて，大きくなってください，よりかは，今本人が別に，自
> 分はこのままでいいやって感じなら，このまま行くべき場所に行って
> その子らしく，いつも元気に（口頭言語以外の方法で）意思伝えとけば
> いいんじゃないか

　Dは，「やりたいことやる，やりたくないことやらない」といったiの特徴
を“ルールを守れない”に一般に結びつけられる「衝動性」ではなく，むしろ
「素直」さとしてポジティブにとらえており，本人の「やりたくないこと」に
該当する「発語の練習」を却下している．このことから，先の引用にみられた
「要求の言葉，レパートリー」を増やすことを志向する支援観は，口頭でのコ
ミュニケーションを意味していたわけではなかったと読み取れる．口頭言語以
外でのコミュニケーションにむしろiの「その子らし」さを同定し，肯定的な

評価を加えることで，それを維持する（逆にいえば，i が「発語」できるようにな
るという特定の変容への志向を排す）支援の論理が成立していると考えられる.

　同様に，特定の変容志向を抑制し，その子どもの"よさ"を尊重する支援観
は以下の語りからも読み取れる.

> E：(h について) <u>自分の世界も大事にして</u>，自分で遊ぶときの楽しさと，
>   他のお子さんと遊ぶ時の楽しさを，別で知っていってほしい
> ：h の世界観まで壊しちゃうのもったいないなって思う……<u>自分らしさ</u>
>   <u>を見失ってしまう</u>っていうか，だったり，今まで楽しいと思ってたこ
>   とが逆に楽しめなくなってしまって何か違和感っていうか，<u>悪い意味</u>
>   <u>で変わっちゃう</u>ところがある気はする

　h は「4.1.1」冒頭で取り上げたように，他者の様子に合わせて自身の気分
を調整するスキルの未獲得という欠点の克服が目指されていることが A に よ
って語られた.　しかし，ここで語られた「自分の世界」を持っているというこ
とは，他者の様子を介さない自己本位的な「楽しさ」である意味で，そうした
欠点と表裏一体であるにもかかわらず肯定的に評価されており，かつそれは「自
分らしさ」として維持すべきものととらえられていることが読み取れる.　他者
と関わるため，自己をコントロールできるようになるという支援観が成立して
いるとはいえ，それは「自分の世界」を損なわないことが前提にあるのである.
ここから，特定の，つまり「自分の世界」を損なうような方向性の変容は志向
しない支援の論理が読み取れるのである.

　こうした語りから，支援者たちの意味世界において，克服すべき欠点とされ
る部分を，むしろその子どもの"よさ"として肯定的にとらえることによって，
それを尊重し維持することを支援の根幹に据えるような支援の論理が成立して
いることが明らかになった.

　本項では，子どもたちの発達ないし変容を一部，そして全面的に志向しない
2 つの支援観を支援者たちの語りから導出した.　まず，特定の子どもに関して
は，その子ども本人の主観的な辛さを根拠に，現状ありのままを受容するとい

う，まさに「〈無為〉の論理」が支援者たちの意味世界において成立していることが明らかになった（4.2.1）．ただし，そうした論理が支援者たちの意味世界において成立する条件として，緊迫性という一時性がある（もしくは，「待つ」ための支援であるということで初めて成立しうる）という可能性も示唆された．

また，子どもの欠点ともとらえられる部分をその子らしさとして肯定的にみなし，それを維持することを支援の根幹に据える支援観も表出した（4.2.2）．変容が支援において志向されるとしても，その子どもの"よさ"を損なわない形での変容であり，必ずしも発見された欠点が直ちに克服対象となるわけではないことが明らかになったのである．

5 複数の支援の論理を併存させる論理構造

第2節にて，「個人の障害の克服」のための発達という変容を志向する「療育の論理」と，変容を条件とせずに個人のありのままの受容を志向する「〈無為〉の論理」を，放デイにおいて想定される対象的な2つの支援の論理として先行研究から導出した．それら2つを踏まえ，第3節では分析に先んじて「子どもの変容を支援目的とする語り（4.1）」と「子どもの変容を志向しない語り（4.2）」という大枠を設定した．前節では，それに即して抽出した語りを整理し，支援者たちの意味世界においてどのような支援の論理が成立しているのか記述・分析を試みた．

前節で描き出したように，大枠だけをみれば相反する支援観であるが，それぞれの下位分類に位置づけられる5つの支援の論理は支援者たちの意味世界において併存していた．たとえば，Aは自身の携わる支援を意味づける論理として，「4.1.1」と「4.2.1」の両方を持っていた．支援者たちは論理間の相反性を認識・葛藤することなく，ケースによってそれらを使い分けていることが見出されたのである．

支援の論理間の関係性を図示したものが図1である．結論から述べると，P事業所において複数ある支援の論理は，このように複層的な論理構造を成しており，その結果併存可能となっていると考えられる．

以下，図1に即して，支援者たちの意味世界に併存する支援の論理を改め

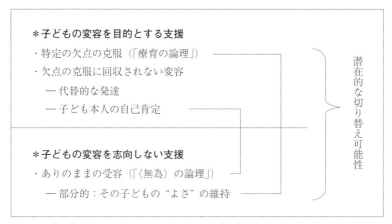

図 1　支援者たちの語りから導出される論理構造

て整理する.

　まず,支援者たちの意味世界において,「子どもの変容を目的とする支援」
として,「特定の欠点の克服」(4.1.1)を目指す支援観(「療育の論理」)だけで
なく,それに回収されない変容を目指す支援観もあることが明らかになった.
欠点が発見された時,その欠点の克服が目指されるというシンプルで,かつ障
害の個人モデルや“専門家による管理”と親和性の高い支援の論理が直ちに発
動するわけではないということだ.そうではなく,問題を欠点そのものとは別
次元に置くことで,その直接的な克服ではない「代替的な発達」(4.1.2)を志
向する支援の論理や,“今以上に良くなる必要性”を下げることで,むしろ現
状の欠点も含めて「子ども本人の自己肯定」(4.1.3)できるようになるという
変容を志向する支援の論理が成立していることが明らかになったのである.

　P 事業所の支援者たちにとって,支援を通して目指されるべき変容は,「療
育の論理」(鶴田 2018)における変容よりも広く,対象の子どもによって異な
る.何らかの欠点の発見に加えて,将来的な問題の所在や,子ども本人の自己
肯定感についての判断もふまえた論理が支援を説明するのである.したがって,
どの支援の論理が前景化するとしても,いずれも支援者たちの意味世界におい
て,子どもにとって必要な変容に向けての支援であるため,矛盾なく並列的に
存在していると考えられる.実際,支援を意味づけるために駆動する論理が移

り変わる可能性も語りに表出した．

　また，行動療法的な発達支援がマニュアル化され，それに準拠した支援の提供が期待される P 事業所の支援者たちの語りにおいても，「子どもの変容を志向しない支援」の論理が見出された．すなわち，支援者たちの意味世界において，子どもの「ありのままの受容」(4.2.1) を支援目的とする，「〈無為〉の論理」(仁平 2018) に連なると考えられる支援の論理や，欠点とされる特徴を肯定的にとらえることによって，「その子どもの“よさ”の維持」(4.2.2) を志向する支援の論理が成立していることが明らかになった．

　前者の子どもの「ありのままの受容」を目的とする支援の論理は，「子ども本人の自己肯定」(4.1.3) を目指す支援と連続性があり，また，子ども本人の辛さの緊迫性を根拠に成立している可能性が示唆された．ここでみたケースからは，設定した大枠を超えて支援の論理が切り替わる可能性が見出された．また，後者の「その子どもの“よさ”の維持」を志向する支援の論理は，「特定の欠点の克服」(4.1.1) を目指す支援観の顕著なケースにおいて，その子どもの“よさ”として同定したものを損なわないよう，支援を通して目指す変容を方向付ける機能を果たしていた．すなわち，一見すると変容をめぐって相反する支援観であるが，支援者たちの意味世界において，それらそれぞれの下位分類の関係は排他的ではなく，むしろ両立する様相が浮かび上がったのである．

　以上のように，支援者たちの意味世界において折り合いの悪いはずの複数の支援の論理は，複層的な論理構造を成すことによって併存していることが明らかになった．その成立背景には，制度や Z 社全体で共通の方針，保護者から直接向けられる役割期待，および支援者たち本人のこれまでの学習経験等に支えられる専門性の自負の一方で，「障害」を必ずしも克服対象として自明視しない探索的な姿勢や，目の前の子どもの最善を模索する（特定の欠点の克服に回収されない変容を目指すことも，それどころか，変容すら排して子どものありのままの受容を志向することも厭わない）規範的姿勢があると考えられる．

6　おわりに

　以上，これまでの研究で十分に踏み込まれてこなかった支援者たちの意味世

界に着目し，複数の支援観およびそれらが併存する複層的な論理構造を明らか
にした．特に，2015 年のガイドライン作成に顕著なように支援の成果が求め
られる潮流のなか，そうした潮流に親和的な立場にある支援者たちの意味世界
においても，「個人の障害の克服」（鶴田 2018）のみではなく，別様の変容を
志向する支援観，さらには（一時的，部分的であったとしても，）変容を志向し
ない支援観が成立する論理構造があることは，重要な知見である．

　とはいえ，今後放デイ事業がさらに拡大し，「支援の質」ないし専門性がま
すます求められるとすると，支援者たちの抱く支援観もまた変化する可能性が
ある．特に，マニュアル化が進むことにより，子どものニーズに合わせた多様
な支援の提供が成立しなくなることが危惧される．政策動向を踏まえつつ，現
場のリアリティを継続的に注視していくことが求められる．

　また，本稿では，支援者たちがどのような論理を以て自身の携わる営みを意
味づけるのかの記述・分析を通して，先行研究の導出した論理の適用には限界
があることを確認し，放デイという制度の下行われる実践の多様性を状況依存
的な営みの総体としてとらえる必要性が改めて示されたといえる．本稿もまた，
放デイすべての事業所に当てはまる一般化可能な理論の生成を企図しているも
のではない．

　しかしそのうえで，放デイという制度の下，なされる支援が障害児に対する
処遇として社会的にどのような機能を果たすのかを明らかにし，より一層学知
の更新に寄与するためには，記述をより厚く積み重ねることが重要である．本
稿では，放デイ事業所のうち，特に渋谷（2021）の対象としたフィールドを意
識し，対象を選定したが，今後も放デイの拡大が進むことを踏まえると，たと
えば運動療育を謳う事業所や，NPO 法人運営による事業所等，多様なフィー
ルドを議論の俎上に載せることが重要になってくるだろう．そうした記述の蓄
積によって，支援者たちの意味世界における複層的な論理構造の成立条件に関
しても，より多くの放デイ事業所に対して妥当性の高い議論が可能になると考
える．

　加えて，本稿で明らかにしたことは，厳密にいえば，支援者たちがどのよう
な論理を以て自身の携わる営みを"筆者に対して"語るのかということである．
したがって，本稿でも h や i のケース等にみられたように支援者間でも支援の

意味づけが異なることを踏まえ，彼らの間でどのような相互行為が展開するのかは別途研究が求められる．また，まさに当事者である子どもたちに対しての語り，さらには，サービス利用に際して重要な意思決定者であり，かつ放デイの「基本的役割」の一つ，「保護者支援」の対象でもある保護者に対しての語りは，本稿で対象としたものとは別様を呈すると考えられる．今後の課題としたい．

注

1) 本稿は，修士論文（白石 2022）の一部を踏まえて，支援の目的をめぐる支援者たちの語りのバリエーションを主題化し再編成したものである．
2) たとえば，丸山（2015a）や加藤（2022）は，放デイ事業への企業参入の全体像をとらえるうえで重要な研究だが，本稿で言及する他の研究（渋谷（2021）以外）と同様に，支援者個々人の主観的なリアリティの位相は議論の射程にない．さらに，市場の原理が福祉に介入することに対する三好（2016）の懸念や，上野（2008 等）による営利企業が運営する福祉事業が被支援者に与える負の影響の指摘を踏まえると，そうした営利企業の構成員でもある支援者に着目することは，近年の福祉の供給構造を検討するうえでも重要である．
3) 「支援の質」向上を主張する潮流は学術的にもみられる（たとえば，山根ら（2020））一方，ガイドライン自体やそれに基づく実践に対する批判的な視座からの先行研究はあまり見られない．
4) 実際，「療育」と「預かり」という二項対立的な見方が全国の放デイ事業所において浸透していることが指摘されている（丸山 2015b）．
5) A「ルールとか何でそうなるのっていうところがわからないところがあるので……とりあえずみんなこのルールを守ってるらしいっていう感じで動いてもらえたらいい」．
6) A「安全性最優先，かな，その身体の．あと高学年だったら心の安全性もくるので，表出できないと，自殺リスクとかも上がってきちゃうので」．
7) 一方，「4.1.3」でみたように，n は，m と同様に本人の自己肯定が目指されていたが，Aからみて本人の辛さの緊迫性が m ほどにはないため，何かをできるようになるという変容志向を取りやめることまでは不要であると判断されたと考えられる．

文　献

加藤旭人，2022，「社会福祉基礎構造改革と放課後等デイサービスの制度化の展開——障害児の放課後をめぐるポリティクス」『大原社会問題研究所雑誌』（767・768）：55-74.

厚生労働省，1947，『児童福祉法（昭和 22 年法律第 164 号）』．

————，2012，『児童福祉法に基づく指定通所支援の事業等の人員，設備及び運営に関する基準』．

————，2015，『放課後等デイサービスガイドライン』．

────，2022，「令和 3 年社会福祉施設等調査」，（2023 年 8 月 12 日取得，https://www.e-stat.go.jp/stat-search/files?tclass=000001160165&cycle=7&year=20210）.

丸山啓史，2015a，「障害児の放課後活動における企業参入の実態」『学童保育』5: 57-65.

────，2015b，「障害児の放課後等デイサービス事業所における保護者の就労支援の位置づけ」『京都教育大学紀要』127: 77-91.

宮地由紀子・中山徹，2020，「障がい児の放課後等の居場所づくり施策の現状と課題」『日本家政学会誌』71(4): 240-8.

三好正彦，2016，「学童保育，放課後等デイサービスに見る障害児の放課後」『福祉労働』150: 42-9.

仁平典宏，2018，「〈教育〉の論理・〈無為〉の論理──生政治の変容の中で」『教育学研究ジャーナル』22: 43-9.

渋谷亮，2021，「つながりをつくる居場所──放課後等デイサービスにおける支援の論理」村上晴彦編『すき間の子ども，すき間の支援──一人ひとりの「語り」と経験の可視化』明石書店，148-82.

白石恵那，2022，「多元性と葛藤を含んだ『支援』の構築──放課後等デイサービス事業を行うある療育現場の支援者たちによる語りに着目して」，東京大学大学院教育学研究科 2021 年度修士論文.

鈴木由真，2018，「介護福祉士の職業教育訓練による職務認識の差異──『尊厳と自立』概念に着目して」『福祉社会学研究』15: 265-88.

鶴田真紀，2018，『発達障害の教育社会学──教育実践の相互行為研究』ハーベスト社.

上野千鶴子，2008，「福祉多元社会における協セクターの役割」上野千鶴子・中西正司編『ニーズ中心の福祉社会へ──当事者主権の次世代福祉戦略』医学書院，126-53.

山根希代子・前岡幸憲・北山真次・内山勉・金沢京子・米山明・光真坊浩史，2020，「放課後等デイサービスガイドラインを用いたサービス提供の実態把握のための調査」『脳と発達』52: 311-7.

横浜市，2021，『横浜市　障害児通所支援事業ご利用の手引き』.

横須賀俊司・松岡克尚，2011，『障害者ソーシャルワークへのアプローチ──その構築と実践におけるジレンマ』明石書店.

abstract

Plurality of Logics of Support in After-School Day Service: Focusing on the Meaning-world of Supporters

SHIRAISHI, Ena

The University of Tokyo

Since its establishment in 2012, the After-School Day Service has continued to expand in scale, increasing its social presence and demand, but the reality faced by supporters in the field has not been fully captured. The focus of this paper is on an office that claims to provide behavioral therapy-like developmental support, and through the description and analysis of the narratives, clarifies the logics of support in the meaning-world of the supporters.

First, in the meaning-world of the supporters, it was clarified that "support for the purpose of transformation of the child" is not only a logic of support that aims at "overcoming a specific defect." A logic of support has also been established that places the problem on a different dimension from the defect itself and is oriented toward "alternative development" that is not a direct overcoming of the defect. A further logic of support oriented toward "transformation to become self-affirming," including the child affirming his or her own current defects, by lowering the need to become better than what they are now has also been established. Also clarified in this paper is a logic of support that does not aim at transformation of the child, but aims at "acceptance of the child as he or she is," and a logic of support that aims at "maintaining the child's merit" by viewing characteristics that could be considered shortcomings in a positive light.

It was then revealed that there are multiple logics of support that are not limited to the view of support generally expected as developmental support. These are apparently conflicting views of support regarding transformation of the child, but they form a multi-layered logical structure in the meaning-world of the supporters, and thereby coexist.

Keywords：After-School Day Service, supporters' narrative-analysis, logics of support, development, existence affirmation

| 自由論文 |

中国地方都市における
息子たちの老親扶養規範
——きょうだいを持つ中年男性の語りから

李　　　姝

　本研究は，中国地方都市において，きょうだいを持つ，経済的に安定している中年男性へのインテンシヴなインタビュー調査を通じて，彼らの語りに基づき，息子たちがいかに自らが老親扶養を担っており，いかに他のきょうだいが老親扶養を担っていると意味づけ・解釈しているのかを明らかにした．その結果，現代中国の地方都市における老親扶養において，経済的に安定する中年男性（息子）たちは，経済的に安定しているがゆえに，「息子老親扶養規範」に呪縛されており，そのため自らの老親扶養を相対的に高く評価すると同時に，女きょうだい（娘）の老親扶養を過小評価してしまっている．また，現実的には「息子から娘への移行」がなされながらも，経済的に安定している息子たちは「息子老親扶養規範」に呪縛されながら，必死になって「息子としてのメンツ」を保つような試みを行っていた．したがって，「実際に家族の絆が強化されている」のではなく，「規範として家族の絆がある人たちにおいて強化されている」ことを明らかにした．

　キーワード：中国地方都市，中年男性，息子老親扶養規範

1　はじめに

　本研究は，中国地方都市に在住する，きょうだいを持ち，かつ経済的に安定している中年男性の語りに基づき，彼らが「息子老親扶養規範」[1]を参照しながら，いかに自らが老親扶養を担っており，いかに他のきょうだいが老親扶養を担っていると意味づけ・解釈しているのかを目的とする．

　「男子均分相続」を基本とする中国社会においては，「長男単独相続」に基づいた長男扶養規範がある日本社会とは異なり，昔から長男だけではなく，息子

りしゅ｜中央大学大学院文学研究科・博士後期課程｜yingluo330@yahoo.co.jp

たちが基本的に平等の原則に従い，「輪流管飯」（子どもたちが交代で食事などの世話をすること）の形で老親をみるのが主な老親扶養の形態であった（若林1989: 75）．中国地方都市における老親扶養の研究は限られた数しか行われていないが，その多くは，主たる扶養者が「息子から娘へ移行する」という論じられ方である．しかし，きょうだい間で誰がどのように老親扶養を担っているのか，いかに老親扶養を分かち合っているのかについては十分に検討されてこなかった．また，たとえば，「非経済的扶養」は女性が主たる担い手であるが，それのみならず，「経済的扶養」に関しても男性より女性の方が親への扶養意識が高いという指摘がある（張・杉澤 2014: 98）．社会保障の充実した都市部とも，家族・親族ネットワークの充実した農村部とも異なる「境界領域」に位置する地方都市は，経済的に安定しているがゆえに，「娘」たちが老親を扶養せざるを得ない状況に置かれており，特定の子どもに老親扶養上の負担が集中しかねない事情がある（李 2021・2022）．それゆえに「きょうだい間での（老親扶養の）分かち合い方」について注目する必要があるのだ．

　日本における老親扶養に関する社会学研究においては，経済的に安定しているシングルが親の扶養・介護を引き受けざるを得ない状況にあることがしばしば指摘されてきた．近年，少子化や双系化に伴って男性もケアの担い手となる傾向があり，男性への注目が集まっている（岩井・保田 2008; 平山 2017）．また，以前は長男規範との関係で扶養が研究されていたために，規範的には扶養の第一責任者とみなされる長男やその妻に着目した研究がなされていた．近年は，夫や妻のみならず，春日（2000）や中西（2009）などの娘研究，平山（2017）を代表とする息子研究がなされている．しかし，中国においては，老親扶養の主たる担い手が息子から娘へ変動することばかりに注目が集まり，地方都市における老親扶養の現状について十分に検討されてこなかった．

　なお，中国社会における老親扶養に関する先行研究では，「都市」と「農村」という二元論が用いられている．大別して，都市部では，社会保障の充実や年金制度の改革などにより，「子世代から親世代への扶養義務よりも，親世代から子世代への責任を強調している」という「親から子への責任」規範がみられる（楊・賀 2004）．一方農村部では，社会保障制度がいまだ不十分であり，経済改革と都市化が遅れていることから，伝統的な「子から親への義務」を強調

する関係が「不均衡化」しているものの，根強く残存している（郭 2001；王 2008；陳 2009；賀 2008・2009）．このように，「都市」と「農村」における老親扶養を対比的に論じる研究が中心であり，その「中間領域」である「地方都市」に関する研究は少ないといえる．

　中国地方都市の中年男性たちは経済的に安定しているがゆえに，ある種の「息子老親扶養規範」に呪縛されていることが推測される．一方で中国地方都市においては，経済的に安定している娘が老親扶養を引き受けざるを得ない状況が存在する（李 2021・2022）．息子による老親扶養が望ましいという理想と娘による老親扶養へ変化しつつある現実のギャップのなかで，娘たちがさまざまな苦悩や葛藤を抱え込んでいる（李 2023）．しかし，主たる扶養者ではない息子たちがどのようにほかのきょうだいの老親扶養を理解しているのか，また，息子がどのように自らの女きょうだいたちの老親扶養を意味づけ，解釈しているのかは十分に検討されてこなかった．

　したがって，本研究では，中国地方都市において，きょうだいのいる経済的に安定している既婚中年男性に照準したうえで，彼らが，いかに自らが老親扶養を担っており，いかに自らならびに他のきょうだいが老親扶養を担っていると意味づけ，解釈しているのかを明らかにする．

2　研究方法および調査対象

2.1　研究方法

　本研究では，筆者の知人である地元住民の紹介を通じて，中国地方都市に長年在住し，高齢の親ときょうだいとりわけ男きょうだいを持ち，経済的に安定している中年世代に焦点を当て，スノーボールサンプリング方式で調査対象者を集めた．そのうえで，2017 年 8 月から 2021 年 12 月までの期間，中国河南省 Z 市在住の中年世代 17 名を主な対象者として，その配偶者や子どもなどへの半構造化インタビュー調査を行った．本稿では，男きょうだいのいる息子の視点に着目するため，調査対象者における 5 名の中年男性の「語り」を中心に分析する．

　本稿では，日本における老親扶養研究を参照した張・杉澤（2014）や楊

（2008）等の分類法を参考にして，老親扶養を「経済的扶養／身体的扶養／心理的扶養」という三つの側面に区分する[2]．また，分析する際には，日本における老親扶養研究を先駆的に行ってきた那須（1970）等の研究を参照し，老親扶養を主に「経済的扶養／非経済的扶養」の二区分に分けて，中年男性，いわゆる息子たちの「語り」の分析を行った．ここでは特に当事者たちの意味づけ・解釈について分析し，「息子老親扶養規範」というジェンダーの視点からどのように自らと他者の老親扶養を担っているのかを明らかにする．

　基本的な質問項目は，被扶養者が妻方の親であるか夫方の親であるか，調査対象者は主扶養者なのか補助的扶養者なのか，扶養者・被扶養者の経済および健康状態，きょうだい数と居住地，本人の家族構成，親との居住関係等である．これらの基本属性をおさえたうえで，親（実親・義親）に行う「経済的扶養／非経済的扶養」などの老親扶養の内実に関する項目を設定し，対象者のライフステージに沿って現在に至るまでの老親扶養の変化およびプロセスについて聞き取った．

　調査方法は，質問項目リストに大まかに沿いながら，一人あたり約1～3時間，方言を使って，話の流れに任せて比較的自由に話を聞く半構造化インタビューの手法を採用した．インタビュー調査では，ICレコーダーでの録音許可を確認したうえで録音を行った．また同時にフィールドノーツを作成した．調査対象者によって語られた言葉によっては，読み取りやすさを考慮して（　　）で括り，筆者によって補足を加えている．2021年3月以降の調査では，COVID19の影響で対面での調査が困難であったため，やむを得ずWeChat（SNS）でのオンライン調査に形式を変更した．倫理的配慮として，調査データの使用について，学術目的に限って使用することを伝えた．また，研究成果の公表について事前に確認し，調査対象者からの同意を得ている．

2.2　調査地域

　調査地域は中国の中部内陸地域にある河南省の一地方都市Z市を選定した．地方都市は大都市のように社会保険が整備されていないこと，高齢者の多くが年金を受給しておらず，貯金のない農村出身の高齢者が依然として子どもに依存せざるを得ない等の理由から，大都市／農村研究とは別の調査研究の蓄積が

求められる．そのため，本研究では中国の地方都市 3) に焦点を当てる．

　河南省 Z 市を調査地として選択した理由としては，第一に，河南省 Z 市は中国の中部地域に位置する内陸都市であることが挙げられる．中国では，中部地域は東部地域より経済的に遅れている．なかでも，極めて重要な農業大省として位置付けられている河南省は，全国的にみて農村人口が多い地域である．同地域には主幹産業が少なく，出稼ぎ労働者の数が全国のなかでも三位以内に入っている（河南省統計局 2022）．比較的流動性が高い地域であり，世代間・世帯間の格差が顕著にみられる．第二に，河南省における教育水準が全般的に低いため，教育を通して社会的地位を上昇させるのが難しいことが挙げられる（河南省統計局 2022）．第三に，河南省における人口比をみると，20 歳から緩やかに女性の方が多くなっているが，全体的には男性の割合が非常に高いことが挙げられる（中国国家統計局 2022；河南省統計局 2022）．男児選好の傾向が依然みられ，男女比が不均衡である．このように，経済発展および都市化と産業化の遅れ，出稼ぎ労働者の多さ，教育水準の低さ，「跡継ぎ」の重要さという特徴を踏まえて，本稿では河南省 Z 市を地方都市の一代表例として取り扱う．

2.3　調査対象者

　本研究では，中国地方都市において，きょうだい 4) をもつ，経済的に安定している 5)（40 代後半から 60 代前半までの）中年男性に着目する．そのうち，本稿では，V さん，W さん，X さん，Y さんと Z さん，5 名の中年男性の「語り」を中心に取り上げる（表 1）．

　表 1 から対象者の特徴を記述してみよう．第一に，4 名の対象者には女きょうだいと男きょうだいの両方がいる．唯一男きょうだいしかいないのは X であり，「男子選好」の傾向がみられる．第二に，親を経済的な自立の観点から分類できる．W，X，Z の親は経済的に自立できている．しかし，Y の実父と V の実母はいずれも農民出身で，経済的に子どもに依存せざるを得ない．第三に，親と同居している V を除くと，親と近居ないし別居している対象者が多い．また，対象者のなかで，長男ないし次男の方が多い．彼らの親は対象者と同居していなくても，対象者のほかのきょうだいと同居するか近居することによって老親扶養されることが多い．第四に，妻が死去した Y と義親が死去した Z

表1　中年男性の調査対象者の調査時の属性

	年齢	出身	配偶者の出身	親との居住関係[6]	きょうだい	実親	義親
V	40代後半	県出身かつ農民家庭	Z市出身かつ郵便局職員家庭	実母と同居，義母と同居	兄1人・姉6人	実父は死去。	義父は死去。
W	50代前半	卿出身かつ知識人家庭	村出身かつ農民家庭	実親と近居（妹と同居），義親と近居	妹1人・弟1人	実母は死去。	健康状態は良好。
X	50代後半	Z市出身かつ工場労働者家庭	村出身かつ農民家庭	実親と近居，義親と同居	弟1人	実父はガン。	義母は死去。
Y	50代後半	県出身かつ農民家庭	妻は死去	実親と近居（弟と同居）	兄1人・妹1人・弟2人	実母は死去。	義父母と離縁。
Z	60代前半	Z市出身かつ医者家庭	Z市出身かつ医者家庭	実親と別居（妹と同居）	妹1人・弟2人	実父は死去。	義父母は死去。

以外の全員は実親と義親の両方がいるため，実親の老親扶養だけでなく，配偶者の親の扶養まで担わざるを得なくなる場合がある．本稿では，息子がいかに実親への扶養を担い，自らをどのように意味づけ，解釈しているのかを中心に論じる．

　最後に，注4と注5に記されているように，対象者たちはいずれも長年Z市に在住し，持ち家があり安定した雇用状態であるため，沿海部都市住民ほど高収入ではないが，ある程度経済的に余裕がある．特にほかのきょうだいと比べると，相対的には経済的に安定しているといえる．

3　調査結果

　表2に示すように，特に実親への老親扶養において身体的・心理的扶養が必要とされていることが確認できる．以下では，息子たちの語りによって，前述した「経済的扶養／非経済的扶養」という二区分を大枠として，息子がどのように老親扶養を担っており，いかに他のきょうだいが老親扶養を担っていると意味づけ，解釈しているのかをみていく．

表 2　老親扶養の内容について

	実親への老親扶養			義親への老親扶養		
	経済的扶養	身体的扶養	心理的扶養	経済的扶養	身体的扶養	心理的扶養
V	○（全面的）	△（姉）	△（姉）	△（妻中心）	△（妻）	△（妻）
W	△（限定的・一時的）	×	△	△（限定的）	×	×
X	△（限定的）	△	△	△（妻中心）	×（妻）	×（妻）
Y	△（限定的・一時的）	×	△	×	×	×
Z	△（極めて限定的）	△	△	×	×	×

注：「○」は「ある」を指すもの，「×」は「なし」を指すもの，「△」は「時々ある」，「短期的にある」およ
　び「間接的に関わる」を指すものである．「△」は「○」の「ある」と比べると，相対的に扶養の量と質
　の両方が低い状態を示している．また，対象者が直接的に関わる「○」と異なり，「間接的に関わる」状
　態も指す．いずれも対象者の自己解釈に基づいて作成した．（　）で括った補足は筆者によるものである．

3.1　対象者が「主たる扶養者ではない」場合

　まず，対象者は「息子として老親を扶養すべき」と認識しながら，老親扶養
を担うことができず，他のきょうだいが老親扶養を担っている場合がある．そ
のことを対象者である息子たちがいかに意味づけ，解釈しているのかを，語り
を中心にみていきたい．

3.1.1　経済的に安定している女きょうだいによる同居型老親扶養

【Ｚのケース】

　まず，Ｚのケースからみていきたい．Ｚは長男であり，下に一人の妹と二人
の弟がいる．河南省には主幹産業がなく，教育水準が低いため，Ｚの弟たちは
子どもの教育のために地元から遠く離れた大都市に移住した．それゆえ，老親
が住む河南省にはＺと二人の妹だけが残された．Ｚは長男として，本来であ
れば老親を妻と協力して扶養すべきだったが，妻は自身のキャリアを重視し，
実子の子育てや同居の義父の「非経済的扶養」をＺと分担，協力しなかった．
その後，Ｚは妻と離婚し，再婚するといった生活上の変化が続き，親と同居し
て継続的に扶養を行うことが困難となった．ほかの男きょうだいの妻と実母の
間に「嫁姑問題」が発生したが，これまでのいきさつから同居できずそれをや
むを得ないことだと思っている．

結局のところ現在（2021年調査時点）は，同じ都市ではないが比較的近場に住んでいる妹夫婦がZの実母と同居しており，娘による老親扶養の形式になっている．実母が妹と同居せざるを得ない理由について，Zは以下のように語った．

　　Z：「父が死去した後，母は娘と一緒に暮らしている．私たち息子全員，本当は親孝行をとてもしたくて，母と同居してみたが，うまくいかなかった…
　　…（中略）
　　母が家にいると，妻と母の関係がうまくいかない．妻は…家に他人がいることを嫌がっているようで，軋轢や衝突が生まれてしまう．そして，妻から母親へのケアも少なくなってしまう．あるいは，もし母親が次弟の家に住むことになれば，弟嫁と母親の性格が合わないので，母にとってあまり幸せな生活とはいえないかもしれない．三弟と三弟の妻は学究肌の人なので，母は真面目すぎる雰囲気が嫌で，その家に行くのは好きではなかった．
　　だから，母は，実の娘（Zの妹）の家にいるときだけが一番幸せなんだ．妹婿は非常にやさしい人で，一言の文句も言わなかった．妹婿は本当にいい人で，私たち息子とほとんど変わらなく，まさにうちの（家族の）一員だ！」（2021年3月15日のZのインタビュートランスクリプションより）（以下省略）

このように，Zの実母はZとは同居せず，Zの妹夫婦と同居し，妹のケア（主に非経済的扶養）を受けている．Zは長男として，「本来は自分が親を扶養すべきだ」と語っていたが，嫁姑問題により親と同居ができなかった．現在，60代前半のZ自身も扶養される年齢に入り，体力も低下しているため，ほかのきょうだいに老親扶養を頼まざるを得なくなっている．しかし，Zの二人の弟はさまざまな理由からいずれも実母との同居が不調に終わった．

Zの語りからは娘である妹による老親への扶養，とりわけ主に担っている「非経済的扶養」への意識が抜け落ちている点が見て取れる．インタビューの際に，

Ζ からは妹の親への「非経済的扶養」に関する言葉は見出せず，むしろ「妹の夫」に対してのみ高い評価がなされていた．それは，本来ならば息子の役割である老親扶養を Ζ の妹が担っているにもかかわらず，ここで Ζ や Ζ の弟たち，そして親は，妹が老親の面倒をみていることへの感謝よりも，同居を許可している「妹の夫」への感謝を抱いているからである．つまり，ここでは息子によるケア責任主体の男性帰属が強く意識されているために，娘による実親への「非経済的扶養」が過小評価されているのである．

3.1.2　経済的に不安定な女きょうだいによる同居型老親扶養

【W のケース】

次に，W のケースをみていこう．W の場合，実父は農村出身者だが，教師として安定した仕事に就いており，しかも教育局等での職歴があったため，年金受給額は高い．対象者の親のなかでも，経済的には極めて余裕があるといえる．長男の W と一時的に同居していた実父は，その後，妹夫婦と長期間同居している．普段，息子である W と弟が定期的に実父へ送金をしており，誕生日やお正月などの祝日には小遣いなどを渡している．だが，足が不自由な父親が病気になった時の看護や日常的な世話（非経済的扶養）の役割を主に果たしているのは W の妹である．

実父への扶養について，W は以下のように語っていた．

　　W：「6，7 年前，まだ父が元気な時，（父は）半年ほど私の家にいて，後半は弟の家に行くということにしていた．そして，年末年始に家族全員が集まって，一緒に Ζ 市の大飯店で食事をした．しかし，うちの 2 人の子どもが大きくなってくると，受験勉強をしなければならないし，妻は仕事と 2 人の子どもの世話で非常に忙しく，老人の世話まではさすがに手が回らない状態だった．
　　…（中略）（妹夫婦と同居し始めた）当時，父の体はまだ大丈夫だったので，多少なりとも（妹の）子どもたちの面倒をみていた．父の年金（受給額）は多いので，基本的に子どもからのお金は要らない．父から一部のお金の援助をもらって，妹は県内に新しい家を買った．…将来，妹は父の財産を

　　相続することができないから，父が健在なうちは，妹にある程度の支援を
　　してもいいと思う．これに関しては，私たち兄弟ははっきりとは口にして
　　いないが，全員の暗黙の了解だ．」(2021 年 3 月 2 日，W)

　Wの事例をみると，Wと弟のいずれも妹より経済的に安定しているので，
親からの経済的援助がなくて済む．それに対して，妹夫婦は二人の子どもがい
るのに，夫が安定した雇用状況にはなく，妹一人の給料だけで家族全員を支え
るのは困難である．当時，Wと弟は子どもの進学に専念したかったこともあり，
実父との同居生活を中止し，「妹への援助」という暗黙の了解のもと，実父を
妹の家に送り込んだ．しかし，このような「娘による老親扶養（非経済的扶養）」
が達成されるためには，ほかの扶養義務者（Wと弟）の同意と被扶養者（Wの
実父）の裕福な経済条件という二つの条件が不可欠である．
　Wの実母が健在であった時期には，Wの実親はほとんど子どもからの支援，
特に「経済的扶養」は必要ではなかった．Wの実母が病気になってから亡く
なるまでの間は，Wと弟がほとんどの医療費を出して，実母の介護を順番に
担っていた．当時，経済力のない妹は，経済的な関与だけではなく，介護等も
回避できた．Wの実母が亡くなった後に，Wの実父の老親扶養をめぐって，
Wはきょうだいとやり取りをするなかで，自身は子どもの進学を優先するこ
とにして，実父を妹夫婦と同居させることを決めた．Wの語りによれば，妹
夫婦はきょうだいのなかで，一番経済的に厳しかったので，親からの援助が必
要であった．妹夫婦は実父と同居することによって，経済的支援だけでなく，
実父からの育児支援も受けられたので，彼女らにとっては非常に合理的かつ有
利な選択であった．しかも，これによりきょうだい間の経済的格差を軽減する
ことができ，親子間で育児支援や経済支援等を調達することで家族内の再配分
機能を果たしている．
　他方，Wは自分の代わりに老親扶養を担っている妹に対して，妹は実父か
らの経済的援助や子育て支援を受けているため，「お互い様」だと思っている．
ここでは「非経済的扶養」は「日常に受けている支援」と相殺されるものとし
て認識されている．「このまま最後までいくべきである」という暗黙の了解を
弟と共有していることもあり，やましさを感じることさえない．以上から，「お

互い様だ」とWが語ったように，息子による「ケアの互酬性規範」が強く機能していることで，嫁の代わりに娘が実親の「非経済的扶養」を担わざるを得ないことが見て取れる．信頼関係がないヘルパーを雇うことや老人ホームを利用するよりも，血縁のつながりのある，より親密な関係を持つ「娘」が実親をみてくれる場合，親も息子も安心できる．このようなソト（家族以外）とウチ（家族）の境界設定のなかで，娘が大半の「非経済的扶養」の負担を担うことで，家庭内のケア労働がほとんど外部化できずに，しかも過小評価されてしまうことが，近い将来家族において問題化すると考えられる．

　このように，Wは実父の「非経済的扶養」を担っておらず，親への「経済的扶養」が必要ではないとはいえ，W自身は定期的に実父に送金している．こうした行動を通して，Wは「息子老親規範」を参照して，「最低限は息子としての責任は果たしている」と自己評価している．また，長男であるWは，「本来は私が親の面倒をみるべきだが，子どもを優先するためには，仕方がない」と思っている．「息子老親扶養規範」に呪縛されているWは，「父が妹夫婦と同居することが」「親にとっても，私たちきょうだいたちにとっても一番合理的な判断だ．お互い様！」と解釈し，自らが「よき息子」であることを積極的に自己呈示している．

3.1.3　息子たちによる均等割り老親扶養

　最後に，Yの事例を挙げたい．

【Yのケース】

　Yには兄がいるが，兄はYより10歳年上で高齢であるため，実父を全面的に扶養することは困難である．そのため，妹を除き，Yを含めて，男きょうだい三人が順番で一年ずつ実父を扶養（息子が経済的扶養，非経済的扶養はその妻が担う）することになっている．調査時点では，Yの弟（三男）が実父と同居しているが，来年になるとまた扶養する息子が変わる．インタビューの時に，Yは以下のように語った．

筆者：「お父さんを子どもたちが輪流管飯をしているのですか？１ヶ月に１人？」

Ｙ：「１年だ. (私たち兄弟) １人が１年間交代で老人の世話をし，順番が回ってきた兄弟が全責任を負うのだ. 現在，私はまだ健康で，長男は遠方で北京で働いているため，普段は次男の家で過ごすことが多くなっている. お正月に子どもたちが帰ってきたら，一緒に帰省する.」

筆者：「つまり，高齢者が自分の面倒を見て，自分の収入源を確保できるのであれば，子どもに面倒を見てもらう必要はあまりないですね.」

Ｙ：「そう，その通りだ. (実父から見れば)，子ども (である私) は (実父に) 何もしてくれなくていいし，孫の送り迎えも普通に手伝える. しかし，収入源のない父のような人だと，負担を分担するのは子どもたちだ. でも，子どもたち全員の負担かというと…妹はそうじゃない.」

筆者：「嫁に行った娘はこぼした水 (中国語：嫁出去的女児潑出去水) ということでしょうか？」

Ｙ：「村ではどこも同じようなものだ. 妹は時々父が寝たきりの時の面倒を見るが，金銭的には面倒を見ないんだ.」(2021 年 3 月 11 日，Ｙ)

　Ｙの場合，息子たちが分担して１年交代の「輪番」で老親と同居する形で面倒をみている. 長男の兄と妹を除けば，男きょうだい全員で平等に親を扶養しており，伝統的な「輪流管飯」の形式のようにみえる. 「輪流管飯」というのは，息子たちが基本的に平等の原則に従い，「輪番」の形で老親をみるということである (若林 1989: 75). Ｙは「男きょうだいが老親を担うべきであり，輪番で平等にすべき」であり，「非経済的扶養」は「男きょうだいの嫁」あるいは「女きょうだい」が担うべきことだと思っている. 一見すると，「輪流管飯」もしくは「均等割り老親扶養」は非常に公平性があるが，実は息子たちにはそれぞれの事情があるため，老親扶養から逃れた息子もいる. 妻に先立たれたＹは，現在は老親扶養を担っておらず，「男きょうだい」の「経済的扶養」は「当然」だと思っているが，「他のきょうだいの嫁」が「非経済的扶養」を担っていることも当然だと思っている. その結果，「経済的扶養」における男性間の平等規範により，女性の「非経済的扶養」の不可視化が生じている.

　また，以前，Yの実親は三男の家に滞在して，子育て支援をしていた．それ
ゆえ，現在，三男が実父と同居中であることには特に問題がない．ただ，三男
の妻は子育てに集中していたため，実父が病気で入院した際は，同居中の三男
夫婦ではなく，遠方から来た妹が実父の介護・ケアを担っていた．当初，特に
きょうだいのなかで不満の声はなかった．しかし，実父が老いていくに連れ，
徐々に介護の水準が高まっていくことが予想でき，その時に誰が主たる介護・
ケアの担い手になるのかが，新たな問題になるに違いない．また，将来主たる
扶養者が変わる際に，誰が親の「経済的／非経済的扶養」をするのかという問
題をめぐって，きょうだいとの間にせめぎあいが生じる可能性が高いとも考え
られる．特に息子の妻が「非経済的扶養」の主たる担い手として応じてくれな
い際に，より一層の苦悩や葛藤が生じると考えられる．

　ここで注意を払うべきなのは，娘による扶養が過小評価・不可視化されてい
ることである．実際には，農村部の女性は老親への「経済的扶養」から免除さ
れる一方で，一定の「非経済的扶養」には関与しなければならないという状況
にある．にもかかわらず，きょうだいからも親からも老親扶養を担っていると
は評価されていない．このように，息子と娘の間には非対称性が存在している
ことがわかる．また，きょうだいが皆で親をみるという「均等割り老親扶養」
は一見平等ではあるが，実は「時々親の世話をする」，「父が寝たきりの時の面
倒をみる」Yの妹が評価対象外となっている．つまり，Yの妹が老親への「非
経済的扶養」を担っているにもかかわらず，「老親扶養の担い手」という評価
対象から除外されている．その結果，娘は老親から財産分与や子育て支援をさ
れないが，老親扶養を担っているという不均衡な現実がある．老親扶養をめぐ
るきょうだい間のジェンダーの非対称性がみられ，老親扶養をめぐるきょうだ
い間の苦悩や葛藤はますます深刻になると考えられる．

3.2　対象者が「主たる扶養者である」場合

　一方，対象者が自身を「主たる扶養者である」と解釈している場合，彼らは
「息子老親扶養規範」を参照しながら，いかに自らが老親扶養を担っているか，
いかに他のきょうだいの担っている部分を意味づけ，解釈しているのかを論じ
ていく．

3.2.1　息子による近居型老親扶養

　まず，対象者のなかで唯一女きょうだいがおらず，長男であり，弟と二人で実親の介護を担っている X の事例をみていきたい．

【X のケース】

　X の実親は Z 市の出身で，実父は正規雇用であったため年金収入があり，実母は正規雇用ではなかったが，以前小さな美容室を経営していたため貯金がある．X の両親は X の弟夫婦と長年同居しており，2012 年までは家事・育児支援を相当程度行っていた．X の弟は非正規雇用であり，弟嫁は無職である．2012 年になってから，実親は高齢により 6 階にあるマンションの一室まで毎日登るのが大変になり，年金と貯金で近くにある一階の新築を購入した．その後，6 階の部屋は X の弟夫婦に譲渡された．実親は弟夫婦と近居になり，弟夫婦は 6 階の部屋に住み続けた．現在，X の両親は X の家と弟夫婦の家のおよそ中間に住んでいる．

　2017 年に X の実父がガンになった際，X の妻が実父を介護するなかで，弟夫婦はあまりその扶養を負担しなかった．それゆえ X の妻が実父の介護を担うようになってから，X の実親と X 夫婦の関係は微妙なものとなった．この件について，X はインタビュー時に，以下のような思いを口に出した．

　　　X：「以前，父が病気で病院に行って検査を受けた時に，妻は私の代わりに，10 日間ほど実父のケアを担ってくれた．その間に，無職で時間的な余裕があるのに，弟嫁は「病院で検査を受ける手続き等がわからないから」という理由で父の介護をしなかった．その後，（父が）手術を受ける当日になって，弟嫁はようやく病院にやって来た．（妻は）1 週間以上連続で毎日父の介護・ケアを担っているのに，母からはその間，妻に対して何も連絡がなかった．弟嫁が病院にやって来たばかりの時は，母は弟嫁にはすぐに，しかも 1 日に 2 回の電話をかけた．このような状況に直面した妻は非常に不満を感じていた．…妻が病院から戻ってきた 2 週間後，ようやく（この件の顛末を）私に話してくれた．私はすぐに母の家に行って，その件について尋ねた．その後，母はようやく妻に電話をしたが，妻は「もう要らないよ」というような顔で返答しなかった．」（2021 年 6 月 24 日，X）

　2021 年に弟嫁が脳梗塞になり，ケアが必要となった時は，X の実母が昼間に弟嫁のケアをした．X の実父と弟嫁の二人の介護・ケアを担っていた実母は，2021 年の冬に転倒してしまい，同じく要介護状態になってしまった．しかし実父の介護をきっかけにした X の妻と実母との関係の悪化から，妻は実母の介護を拒否したため，現在，X と弟が順番で実母のケアを担っている（2021年 6 月 24 日および 2021 年 11 月 15 日，X）．しかも，X の実親はすでに古い家を弟夫婦に与えていただけでなく，「彼ら（＝ X の弟夫婦）はあまり余裕がないから」という理由で，将来多くの財産を弟夫婦に相続する予定なので，X と実親の関係も微妙なものとなっている．

　子どもと同居しないものの，実子から支援や介護を受けている X の親は，同時に X の弟夫婦には大幅に支援をしている．X は長男としての扶養責任があるため，「経済的扶養」を一人で担うことへの不平不満はないが，嫁である妻の「非経済的扶養」が評価されないことに対して怒りを持っていた．また，特に何もしていない弟夫婦への不平不満を強く持っていた．このように，X の語りのなかには，嫁による「非経済的扶養」の評価のなさへの怒り，または「嫁による代行ケア」への評価に対する大きな期待が確認された．X のケースにおいて，「経済的扶養」における男性間（息子間）での平等規範よりも，「非経済的扶養」における女性間（嫁間）での平等規範のほうが大きく作用している．しかし，前述した Z と Y の事例と同様に，X は自身の代わりに実父の介護を担っていた嫁である妻についてはほとんど言及せずに，弟嫁への不満だけを口にした．このように，女性の「非経済的扶養」が中年男性の「語」から抜け落ちていることが確認された．

3.2.2　息子による同居型老親扶養

　次に，V の事例をみていこう．

【V のケース】

　V は「男きょうだいが老親を担うべきであり，その務めは果たしている」と思っているが，「非経済的扶養」を担う女きょうだいに対しては「自分がお金を出しているのだから当然」だと思っている．

　V の実母は実父が死去した後に V と同居し始めた．それ以前は，V の兄が

近くに住み親の面倒をみていたが，Ｖの家に住むようになってからは，Ｖによる扶養になった．現在は，末子（次男）であるＶの家に住んでおり，娘（Ｖの姉たち）がよく家に訪問している．Ｖは末子だが，きょうだいの中で一番経済的に余裕があるため，兄の代わりに一人で親の扶養・介護を全面的にみてきた．しかし，Ｖは経営者として非常に忙しいため，誰か信頼できる人に親の扶養・介護を依頼しなければならなかった．姉たちはその依頼を引き受けてくれたが，Ｖは毎月親をケアする姉にお礼としてのお金を渡すことになった．Ｖはこれに関して「自分はお金を持っているから，お金を払えば他のきょうだいが喜んで親を見てくれるし，親も知らない人ではなく子どもによって世話されるので喜ぶ.」と語っていた（2021年3月10日，Ｖ）．Ｖの実母の健康状態は現在は良好なので，普段は，一緒にＶの家に住むＶの義母と雑談をして，時々孫娘の世話を手伝っている．息子と同居していることに加え，娘による日常的な世話等を受けているため，Ｖの実母は非常に満足している．

　以上のように，Ｖ夫婦は実親の「非経済的扶養」は女きょうだいに任せているが，義母の扶養は同居中のＶの妻が担っている状況にある．Ｖの義母はＶ夫婦と同居する以前，よく近隣の人と雑談をし，一緒に買い物に行っていたが，Ｖ夫婦と同居してからは，あまり外出することがなくなった．Ｖの家には毎日たくさんの人がいる．Ｖの姉たちはよくＶの家に来て，家事や料理等をして，Ｖの娘の世話をする．Ｖの実母もＶ夫婦と同居しているので，Ｖの実母と義母の二人はよく一緒に過ごす．Ｖの実母とＶのような良い母子関係の形を日々目の当たりにするなかで，本当は息子と一緒に暮らしたいＶの義母はしばしば落ち込み，時々娘（Ｖの妻）に対して怒りを抱いていた．たとえば，Ｖは義母の気持ちを以下のように聞かされた．「他の人の子ども（Ｖのことを指す）はちゃんと親孝行をしているのに，うちの子（＝Ｖの妻弟）は私のことを全然気にしてくれないんだ．母と子（＝ＶとＶの実母）が和気あいあいとしているのを見るのは辛いんだ」（2021年3月8日Ｖ）．夫婦であっても，実親を扶養することに関して，このような異なる結果になり，異なる評価がなされるのは興味深い．

　このように，次男が長男の代わりに老親を扶養する場合は高く評価される一方，娘が男きょうだいの代わりに老親を扶養する場合は，期待されている「息

子による老親扶養」ではないため，親からの評価がされにくい．つまりここでも，老親扶養における息子と娘の間に非対称性がみられるのである．

　上述のように，老親が経済的扶養を必要とする場合，息子によって担われることが期待されている．同時に，女性の役割とされる「非経済的扶養」が，嫁とりわけ息子の妻によって担われない場合は，やむを得ず娘によって担われる．そして，息子による「経済的扶養」は過大評価されている一方で，娘による「非経済的扶養」は過小評価されているのである．それは，「息子老親扶養規範」に縛られている息子たちが，娘が担っている部分を軽視し・看過することで，自らの息子としてのメンツを保っているためだと考えられる．

4　考　察

　本研究は，現代中国地方都市に在住する，きょうだいを持ち，かつ経済的に安定している中年男性へのインテンシヴなインタビュー調査を通じて，彼らが「息子老親扶養規範」を参照しながら，いかに自らが老親扶養を担い，いかに他のきょうだいが老親扶養を担っていると意味づけ，解釈しているのかを明らかにしてきた．その結果，以下のような知見が得られた．

　まず，息子たちは自らの担うべき老親扶養は「経済的扶養」であると認識しており，老親扶養のすべての面を担わないまでも小遣いや送金などを通じて，自らも相対的に「老親扶養」を担っていると解釈している．その際，彼らは自らが「息子老親扶養規範」に照らしても，「十分に老親扶養を担っている」「最低限は息子としての責任は果たしている」と解釈している．彼らは「息子老親扶養規範」に呪縛されており，自身が「よき息子」であることを積極的に語る．

　次に，息子たちは「息子老親規範」を解釈するなかで，「経済的扶養こそが息子が担うべきこと」「非経済的扶養は娘が担うべきこと」と解釈している．とりわけ経済的に安定している息子ほど，自分たちが老親扶養で果たすべきは「経済的扶養」であると認識している．他方で，きょうだい，とりわけ女きょうだい（娘）が担うべき老親扶養は「非経済的扶養」であると意味づけたうえで，それを「娘としては当然」「たいした負担ではない」と過小評価している．

彼らは老親扶養をめぐるジェンダーの非対称性を前提に，きょうだい間で誰が何をいかに担うべきなのかを位置づけている．

　最後に，息子たちは娘の「非経済的扶養」を過小評価する一方で，妻（嫁）が自身の老親の「非経済的扶養」を担う場合には正当に評価する．他方で，妻（嫁）が彼女の老親の扶養を担うことに対しては「やりすぎ」「過剰」と指摘することで，「息子老親扶養規範」が遵守されている状態をギリギリのところで保とうとする．このように彼らは「息子老親扶養規範」を遵守しているかどうかによって自らと妻を評価し，「息子老親扶養規範」に抵触する他者の言動については過小評価することで——つまり娘の言動に不満を感じたり，娘たちの老親扶養の現実をスルーしたり，「親切な妹の夫」に感謝することで（特別な理由を言い立てることで）——「息子としてのメンツ」を保っている．

　このように，中国地方都市においては，経済的に安定する中年男性（息子）たちは，経済的に安定しているがゆえに，「息子老親扶養規範」に呪縛されており，そのため自らの老親扶養を相対的に高く評価すると同時に，女きょうだい（娘）の老親扶養を過小評価してしまっている．彼らはこれによって息子としてのメンツを保っているのである．楊（2008）は瀋陽市を事例に，激動する現代中国社会においては老親扶養が強化されており，親子の絆が強まっていると指摘するが，必ずしもそうではない．今回みたように，現実的には「息子から娘への移行」がなされながらも，経済的に安定している息子たちは「息子老親扶養規範」に呪縛されるがゆえに，必死になって「息子としてのメンツ」を保つような試みを行っていた．したがって，「家族の絆が強化されている」のではなく，「家族の絆という規範を持つ人びとの老親扶養に関する意識が強化されている」とみることもできるのではないか．また，施（2021）は都市に在住する既婚の子どもを持つ高学歴・高所得の女性たちが「父系親族規範」に呪縛されていることを指摘している．まさに経済成長を背景に中国が経済的に豊かになるなかで，経済的に安定している人びとは，経済的に安定しているゆえに，彼らが過去に存在していたとみなしている「老親扶養規範」「家族規範」に呪縛される形で自らのアイデンティティを保とうとしていると考えられる．

　今後の展望と課題としては，中年男性の視点からの老親扶養関係を考察するうえで，中年男性と中年女性を比較していく必要があると考える．さらに，老

親扶養をめぐる夫婦間の調整プロセスについても検討すべきだろう.

注

1) 本研究では「息子老親扶養規範」について，以下のように定義する.「息子老親扶養規範」は，「息子が老親を扶養すべきである」，また「息子であれば老親を扶養しなければならない（主に経済的側面を指しているが）」という規範を指す. 非経済的側面に関しては，女性が担うべきことだと認識されている. 近年,「非経済的扶養」の主たる担い手は「嫁」から「娘」に移行していると指摘されている（李 2023）. 中国においては，伝統的な老親扶養の形式はこうした「息子による老親扶養」であり，人びとに内面化・正当化されている.

2) 老親扶養の区分については，以下のように定義する.「経済的扶養」とは，金銭や物品による扶養を指す.「身体的扶養」とは，高齢者の身体に関わる身の回りの世話や病気の看護・介護などを指す.「心理的扶養」とは，経済・身体以外の親との連絡や関係維持という情緒的なつながりを保ち，高齢者の情緒的ニーズを満たすことを指す. 以上の定義に基づいて，主にこのうち「経済的扶養」を「経済的扶養」に,「身体的扶養」と「心理的扶養」を「非経済的扶養」とする二区分を用いて中年男性たちの「語り」の分析を行う.

3)「2019 年中国中小城市発展報告」によれば，都市を区分する最新標準は基本的に人口規模と経済発展水準，GDP などによって総合的に判断して分けられる. この最新標準によれば，Z 市は「中等城市」に当たる. 相対的に経済発展が進んでいないため,「地方都市」と表現しても問題ないと考えられる.

4) 中国政府の一人っ子政策は，地域や民族によって政策の実施基準が異なる. 1990 年河南省計画出産条例の規定によれば，農村出身の人は最初の子どもが女児の場合はもう一人子どもの出産が可能であった. 当時，中国で一番人口が多い河南省では，一人っ子政策が厳しく実施された時期においても，2 名以上の子どもを持つ家庭が珍しくなかった. しかし，きょうだいを持つことが一般的であった一方で，先行研究では，きょうだい間という「ヨコ」の関係からの老親扶養関係は十分に検討されてこなかった（李 2022）.

5)「経済的に安定している」というのは，あくまでも本人たちの自己定義に依拠しており，ほかのきょうだいと比較して相対的に経済的に余裕があることを意味している.

6)「親との居住関係」について，本研究では，同居・近居・別居の三種類に分類する. 親世代と一緒に同じ建物の中に住むことを「同居」，親世代と同じ Z 市（管轄下の地域を含む）で異なる建物に住むことを「近居」，親世代の住む Z 市（管轄下の地域を含む）以外の地域に存在する，親世代と異なる建物に住むことを「別居」とする.

文 献

陳柏峰，2009，「代際関係変動与老年人自殺——対湖北京山農村的実証研究」『社会学研究』4：157-76.

中国国家統計局，2022，『2021 中国統計年鑑』，（2022 年 2 月 8 日取得，http://www.stats.gov.cn/tjsj/ndsj/2021/indexch.htm）.

賀雪峰，2008，「農村家庭代際関係的変動及其影響」『江海学刊』4：108-13.

————，2009，「農村代際関係論——兼論代際関係的価値基礎」『社会科学研究』5：84-92.

平山亮，2017，『介護する息子たち——男性性の死角とケアのジェンダー分析』勁草書房.

岩井紀子・保田時男，2008，「世代間援助における夫側と妻側のバランスについての分析——世代間関係の双系化論に対する実証的アプローチ」『家族社会学研究』20(2)：34-47.

郭于華，2001，「代際関係中的公平邏　及其変遷——対河北農村養老事件的分析」『中国学術』4：221-54.

春日キスヨ，2000，『介護とジェンダー——男が看とる女が看とる』家族社.

河南省統計局，2022，『河南統計年鑑2021』，国家統計局河南調査総隊編，河南省統計局ホームページ，（2022年2月22日取得, http://oss.henan.gov.cn/sbgt-wztipt/attachment/hntjj/hntj/lib/tjnj/2021nj/zk/indexch.htm）.

李姝，2021，「中国河南省一地方都市における家族関係の変容のプロセス」『日中社会学研究』28：111-23.

————，2022，「現代中国の地方都市に在住する中年世代の老親扶養問題——きょうだい間の格差を中心に」中央大学研究年報編集委員会『大学院研究年報』51：159-78.

————，2023，「中国地方都市における「娘」たちの老親扶養からの"逃れ難さ"と葛藤——男きょうだいを持つ経済的に安定している中年女性の語りより」『家族関係学』42：51-64.

中西泰子，2009，『若者の介護意識——親子関係とジェンダー不均衡』勁草書房.

那須宗一，1970，「老親扶養研究の現代的意義」那須宗一・湯沢雍彦編『老親扶養の研究——老人家族の社会学』垣内出版，3-20.

施利平，2021，「後継者の獲得をめぐる世代間の交渉——中国の一人っ子世代の出生をめぐって」『比較家族史研究』35：90-131.

楊善華・賀常梅，2004，「責任倫理与城市居民的家庭養老」『北京大学学報（哲学社会科学版）』41(1)：71-84.

楊雪，2008，「中国都市部の高齢期の世代間援助に見られる家族戦略——瀋陽市の事例を通して」『家族社会学研究』20(1)：57-69.

若林敬子，1989，『中国の人口問題』東京大学出版会.

王躍生，2008，「中国家庭代際関係的理論分析」『人口研究』4：13-21.

張星眸・杉澤秀博，2014，「中国の一人っ子世代における老親扶養に関連する要因」『老年学雑誌』5：91-100.

abstract

The Norm that Sons Should Support Elderly Parents in a Regional City in China: Analysis of Narratives by Middle-Aged Men with Sibling

LI, Shu

Chuo University

In this study, intensive interviews were conducted with economically stable middle-aged men with siblings in regional cities in China, with the aim of elucidating how they perceive and interpret their roles in providing care for aging parents based on their narratives. The results reveal that economically stable middle-aged men (sons) in contemporary urban China are bound by the "norms for sons supporting elderly parents" due to their economic stability. Consequently, they tend to place a high value on their own contributions to elderly parent care while simultaneously undervaluing the caregiving efforts of their female siblings (daughters). Furthermore, despite the practical transition from "son-to-daughter support for elderly parents," economically stable sons find themselves constrained by the "norms for sons supporting elderly parents" and make desperate attempts to maintain their "son's identity." As a result, it is suggestsed that the apparent strengthening of family bonds in the context of elderly parent care is not genuinely occurring. Instead, it is revealed that such strengthening is observed among individuals who adhere to the norms associated with caregiving roles within the family, especially in the context of contemporary urban China.

Keywords：Chinese regional city, middle-aged men, elderly parental support norm

西下彰俊著
『東アジアの高齢者ケア
―― 韓国・台湾のチャレンジ』

須田木綿子

　本書の目的は，韓国と台湾の高齢者ケアシステムについて精査し，日本との比較を行い，現行のシステムの「再検討や改善」に資することである（p.12）．九つの章から構成され，まずは第一章にて上述の目的が示される．そして第二〜四章では韓国について，第五〜八章では台湾について検討し，終章は「東アジアの高齢者介護政策の未来」として提言が示される．

　韓国については，まず第二章で，2008年に導入された老人長期療養保険制度の概要が解説される．当該制度には在宅サービスと施設サービスの双方が含まれ，サービスの対象は原則として65歳以上の高齢者である．サービス利用に伴う自己負担割合はニーズのレベルやサービスの内容によって異なるが，概ね15〜20%である．そして，韓国の老人長期療養保険制度は日本の介護保険制度を踏襲したといわれるものの，依拠するモデルは異なることを指摘する．すなわち，日本の介護保険制度は，ケアを必要とする高齢者を支援する「高齢者本人モデル」（p.20）に基づく．世帯ではなく個人を単位として設計されていることが，その証左である．これに対して韓国の制度は，家族負担の軽減を主たる目的とする「介護者家族モデル」（p.19）であるという．そして韓国と日本の共通課題として，要介護認定の妥当性や介護人材の不足などがあげられる．また日本とは異なる点として，韓国には，家族療養保護費や家族介護慰労金の制度が導入されており，その現状と課題が整理される．第三章は，ケアマネジメントが主題である．韓国では当初，ケアマネジメントの機能を担う専門の職種は存在せず，サービス提供の標準的な内容を老人長期療養保険制度の保険者である国民健康保険公団が「参考資料」（pp.63〜4）として示すにとどま

すだ ゆうこ｜東洋大学社会学部・教授｜yukosuda@toyo.jp

っていた．しかしその後，サービス計画のあり方について改正が重ねられると
ともに，ケアマネジメント機能を担う職種として，国民健康保険公団では「ケ
ア調整者」が，在宅サービスを提供する事業者では「ケース管理者」が設置さ
れた．今後は，ケアマネジメントに関わる人材の育成や倫理が課題である．韓
国編最後の第四章では，介護予防，認知症ケア，高齢者虐待防止，サービスや
事業者評価に関する取り組みがトピック的に取り上げられる．介護予防につい
ては，高齢者の意向を運営に反映させる仕組みが紹介される．認知症ケアにつ
いては，家族を視野におさめた包括的かつシステマティックな支援が老人長期
療養保険制度を基盤に設計されており，この点について日本は「大いに学ぶべ
き」（p.103）との指摘がなされる．また，高齢者虐待やサービスや事業者評価
についても先進的なアプローチが採用され，成果を上げている様子が詳細に紹
介されている．

　台湾については，韓国や日本にあるような介護保険制度が今にも導入されそ
うな気配が 2010 年代から高まりつつ，未だその実現には至っていない．代わ
って，長期介護 10 年計画が策定されており，第一期が 2007〜2016 年，そし
て 2017〜2026 年が第二期である．第 5 章は，その内容を丁寧に紹介する．
長期介護 10 年計画は，在宅サービスと施設サービスの双方を包含し，サービ
スの対象には，65 歳以上の高齢者とともに，50 歳以上の障害者や 55 歳以上
の先住民が含まれる．利用限度額は，認定された要介護度とは別の基準で 1〜
8 の等級に区分されているのだが，その判別基準は公開されていない（p.161）．
サービス利用における自己負担割合は，在宅サービスは概ね 16％であるのに
対して，交通移送サービスなどは 30％と比較的高くなっている．また，第二
期長期介護 10 年計画では，サービス利用に伴う自己負担料金が変更となり，
日本の介護保険制度のようなサービス利用時間にもとづく設定から，4 分類さ
れたサービス内容ごとに（①介護・専門サービス，②交通移送サービス，③福祉用
具レンタル・購入，住宅改修，④レスパイト・サービス）異なる算出方法が適用さ
れることになった．目的は，介護職の待遇改善のための財源確保であるという．
さらに，介護度が比較的軽い段階から重度に至るまでの過程をシームレスに支
える地域包括ケアシステムが導入されるのだが，このシステムに参入するか否
かはサービスを提供する事業者の任意である．総じて，情報公開のあり方や事

業者の裁量の範囲が日本とは異なり，ケアマネジメントや長期介護に関わる関連機関を一元的に統制することが困難になっている．そしてその事情は，第 6 章における関係者への聞き取り調査でさらに深められる．第 7 章は，各家庭に住み込みで家事や介護を担う外国人労働者の課題が紹介される．本書では，外国人介護労働者とされているが，評者の知る限り，住み込みの外国人労働者は，保育や介護を含む家庭内の家事全般を安価で担う．これに対して，長期介護制度を通じて派遣されるホームヘルパーは介護のみを担当し，さらに別途自己負担料金も発生するので，家族にとっては住み込みの外国人労働者にすべてをまかせてしまう方が利便性が高く，またこういった事情が，包括的な介護保険制度の導入を難しくさせている一因である．したがって外国人労働者の存在は，重要な論点を構成する．台湾編最後の第 8 章では，認知症ケアについて国家規模の取り組みが進められて一定の成果をあげていることが示される．また，2019 年に施行された病人自主権利法とのかかわりで，延命治療をめぐる最新の動向が紹介される．

　終章では，韓国，台湾，日本の共通課題として，高齢者ケアに関わる財源確保の課題と認知症ケアについて改めて言及がなされ，サービス事業者については個人経営ではなく法人経営を，また介護に従事するケアワーカーや外国人労働者については待遇改善を，さらに日本を含む各国について自治体間の格差を解消するシステマティックな制度運営が重要であるとの提言がなされている．

　海外との比較研究においては，共通課題に着目する立場と，差異に着目する立場がある．評者は 2018 年に，本学会の平岡公一前会長と，森川美絵会員との共編著で，『東アジアの高齢者ケア——国・地域・家族のゆくえ』を東信堂より上梓したのだが，この著作は，前者の立場であった．韓国，台湾，そして日本のそれぞれに制度や社会・文化・歴史的背景は異なるものの，高齢者ケアには共通課題がある．それについて論考を深めることが主題であった．これに対して本書は，韓国と台湾の制度と背景事情を丁寧に紹介しており，日本との差異が明確化される．本書もたびたび指摘するように，韓国と台湾の近年の意欲的かつ先進的な取り組みには，学ぶところが多い．

　評者がとりわけ関心を喚起されたのは，以下の 3 点である．ひとつは，財源の確保についてである．日本の介護保険制度ではサービス利用にあたっての

自己負担割合が未だに 10％であり，その引き上げが議論の遡上にのせられて久しい．これに対して，韓国や台湾は 15〜30％の範囲であり，さらに本書によれば，台湾では，たばこ税と相続税を新たな財源として充当しているとのことである（p.154）．このような他国の取り組みに関する情報は，日本の介護保険制度の今後を検討する上で有用だろう．第二に，高齢者ケアの管理運営についてである．本書は，統合的かつシステマティックな体制を促す．しかし，日本の一元的な体制こそが例外的であるようにも思われ，時に過度の管理主義と感じられる側面もある．このようななかで評者がたまたま目にしたカナダからの報告では，家族が知り合いを老親のケアワーカーとして雇用し，その経費が公費で賄われる仕組みが紹介されていた（Kelly, Jamal, Aubrecht, and Grenier, 2021）．ケアの内容や質の管理は自ずから困難であり，また，ケアを依頼できるようなネットワークから排除されたマイノリティ集団の不利性などが課題として指摘されているのだが，それでもこのような制度を是とする背景には，柔軟性や個別性を尊重する価値観が関わっていることを見逃してはならないだろう．最後に，韓国ではサービス事業者には個人事業者が多いという報告をとりわけ興味深く拝読した．日本では，サービス供給組織のチェーン化が注目され，昨年末には大手事業者の M&A による統廃合や外資の参入が話題になったことと対照的である．サービスを供給する事業者の体制もまた，今後は重要な論点を構成するであろうことを，本書は示唆している．

　最後に申し添えたい．本書の著者は，前述の評者らの著作にも寄稿していただいた陳正芬氏を台湾に訪ねられており，その折のご様子を，陳正芬氏を通じてうかがっていた．このような台湾と日本の学術的交流に尽力されてきたのが，台湾国立中正大学の官有垣教授である．先年，急逝された．陳正芬氏は，官教授の一番弟子である．台湾と日本の交流はひきつがれ，深められ，広がりつつある．本書を通じてそのことを再確認させていただき，とりわけの感慨を覚えた．

（Ａ 5 判・252 頁・本体 2750 円・新評論・2022 年）

文　献

Kelly, C., Jamal, A., Aubrecht, A. and Grenier, A., 2021, "Emergent issues in directly-funded care: Canadian perspectives," *Journal of Aging and Social Policy*, 33: 626–46.

須田木綿子・平岡公一・森川美絵編著，2018，『東アジアの高齢者ケア──国・地域・家族のゆくえ』東信堂．

野辺陽子編
『家族変動と子どもの社会学
——子どものリアリティ／子どもをめぐるポリティクス』

三輪　清子

　「子どものため」という言葉がまるで合言葉のように，あちこちから聞こえるようになって久しい．「子どものため」に動く大人たちの「子どものため」はそれぞれの立ち位置や状況によって異なる．たとえば，一人の「子どものため」に，3人の大人がかかわれば，それぞれが考える「子どものため」は三者三様の方法と結末がある．そして，当事者である子ども本人が，実はそれを望んでいないことも往々にしてある．従来，「子どものために」というとき，「子どものために」何をするべきかが常に問題になってきた．しかし，本書はそうした視角からではなく，人びとが何を「子どものために」ととらえるのかという視角から「子ども」をみつめることを通して，現在，子どもに何が起きているかを描き出す．本書の各章の内容は以下の通りである．

　序章は，野辺陽子氏が，家族変動と子どもをとらえる視点について述べる．「家族の個人化」では，個人の自由な選択の結果，ケアを必要とする子どもをどう安定的なケア関係のなかに置くかが課題として残されている．また，近年になって，制度に子どもの意思をかかわらせる制度改革や当事者として自ら声を上げるという子どもの準主体化への動きが顕在化してきた．本書の目的は，子どもが現在の「家族の個人化」や自身の「準主体化」をどのように経験しているのかに主眼を置き，子どものリアリティと子どもをめぐるポリティクスをみていくことで，家族の個人化や多様な親子関係・ケアの議論について新たな視点を付け加えることである．

　第1章は，元森絵里子氏が，「子どものため」の社会学的記述に向け，課題と展望を述べる．本章では，まず，家族社会学において，子どもの選好・意見

みわ　きよこ｜明治学院大学社会学部・准教授｜miwa@soc.meijigakuin.ac.jp

が等閑視され，「子どものため」「子どもの視点」などをどうみるかという論点は，いまだ正面から取り組まれてはいないことなどを指摘する．続いて，教育学・教育社会学領域を中心に展開された 1980 年前後からの学際的子ども研究の機運，研究関心の転換の流れを概観し，社会学的課題は，「子ども」とは何か，何が「子どものため」かを語る際に持ち出される「子どもの視点」や「脆弱さ」がどのように構築されるのかを，描き出し分析していく作業，ミクロな子ども／大人関係や，親子関係の文脈にあたる事象の連環をみていく必要があると指摘する．そして，欧州子ども社会学の知見から，日本においても，価値的な議論に進む前に子どもの「未熟さ」「脆弱さ」などをいかに理論的に問い直しながら記述していくかが，もっと検討される必要があると述べる．現代の子どもと家族を解きほぐすには，不可欠と指摘する．

　第 2 章は，野田潤氏が，子どもを含むさまざまな立場の人びとが離婚における「子どものため」をどのように語ってきたかに注目する．『読売新聞』の身の上相談欄を対象とし，親の離婚や不仲について子どもの意向がどう語られてきたかを，子どもからの語りと大人（親や回答者）からの語りを比較しながら分析している．その結果，親の離婚や親の不仲について，子ども自身が何を望むかは多様であり，子どもを取り囲む状況も子ども自身の考え方もさまざまであることが明らかになった．さらに，子どもの声に対する回答者の語りは時代によって異なっていた。現代では，夫婦仲の悪化については，子どもはそのことで深く傷つく当事者として語られるにもかかわらず，離婚が問題になるケースについては，子どもは夫婦関係の部外者として非当事者化されるという．「子ども」や「子どものため」が非常に多義的であることをくみ取り，親子の間であっても「幸せ」の形にはズレが存在しうることを可視化させ，受け止める必要があることを浮かび上がらせた．

　第 3 章では，日比野由利氏が，「第三者」（精子や卵子，受精卵の提供，代理出産など）を利用した家族形成をめぐって，親と子どもの立場の相違や語り，これらの背景にあるポリティクスを明らかにする．「第三者」がかかわる生殖技術によって出生した人びとの一部には，成人後，その事実を偶然知り，ドナーが誰かを知ることができないだけでなく，親から事実を隠されてきたこと，自分たちの同意なしにそうした技術を提供した医療に対しても強い憤りを感じて

いる人びとがいるという．一方で，「第三者」を利用する人びとは増え続けている．不妊治療の範囲を超えて，子どもを持つ有力な手段だからだ．そして，「第三者」の関わる生殖は，多額の金が動くビジネスでもある．筆者は，テリングやゲイカップルと家族を形成する子どものインタビュー映像などを例示し，その背景にあるポリティクスを浮き彫りにする．最後に，世界では「第三者」の商業化は加速しており，親の都合や権利ばかりが優先されていると批判されても仕方のない状況が続いていると結んでいる．

　第4章は，三品拓人氏が，児童養護施設に入所している子どもたちの人間関係に焦点をあて，施設で暮らす子どもの日常生活のリアリティの一面を明らかにする．調査の対象は，児童養護施設Xで暮らす小学校1年生から6年生の男子18人である．児童養護施設Xで生活する子ども同士は〈友人〉というよりは，きょうだい関係や〈仲間〉関係に近い側面があるという．施設にいるときは完全な孤立感がないことや，初めて入所した子どもでも，お互い境遇が近いため溶け込みやすいという利点もある．しかし，施設内での多様な〈仲間〉関係が形成される一方で，学校における〈友人〉形成が（施設内外で友達と遊ぼうとする際の施設側の配慮やルールによって）制限される特徴があるという知見を提示した．子どもが意見を表明する〈場〉（施設）自体に制約があり，表明された内容や形成された意見が，子どもの純粋な意思ではない可能性を指摘している．

　第5章では，根岸弓氏が，児童虐待対応における，子どものエイジェント経験および「子どものため」の経験に焦点化する．子どもの権利条約第12条の子どもの意見表明権の構成を整理し，被虐待児へのインタビュー調査を通して，「子どものため」の支援が行われるときの経験，家族に関する経験と考えについて記述している．インタビュー調査の対象者は10代20代の元／現要保護児童である．被虐待児の経験を子どもの権利条約に照らしてみると，子どもと大人との共同性のなかで意思決定を行うことを子どもの権利の本質とする関係的権利説にあたる．ただし，これまでの関係的権利説は子どもの側の積極的な関係性への働きかけが想定されていたが，今回の声は子どもの消極的な働きかけの在り方が示された．加えて，協働する大人に対する選択性も子どもの関係的権利に含まれうる可能性も示唆された．筆者は，「子どものため」は，

支援者の視点からみえる文脈と被虐待児の主観による文脈の双方に依存し，いずれによっても可変的なものとして経験されると指摘する.

　終章では，野辺陽子氏が，1 章から 5 章を整理し，最後に 2 つの論点を提示している．ひとつは親子関係，とくに親・子どもに葛藤をもたらす家族規範の相対化が困難な要因を述べ，親子関係の相対化には閾値があるのではないか，と指摘した．2 つ目はケアである．親子一体視を相対化し，子ども独自の人格を認めると，親の個人化に反応して子どもの自由と選択を認める子どもの個人化の議論も立ち上がる．子どもがケアを受ける場合も保護という意味でケアを与えるのみならず，自己決定の基盤となる自立も保障する必要がある．一方で，保護がない状態で子どもに自立を要求するなら，それはケアの放棄にもつながりかねない．今後，家族変動と子どもをめぐる理論的・経験的研究をさらに展開させるためには，さまざまなレベルでの社会変動と「子ども」の構築や，それに関与する子どもを含むさまざまなアクターの実践を突き合わせて検証していく必要があるだろうと結論付けている.

　以上が本書の構成である．子どもをめぐる大人たちの思惑や考え，価値観も一枚岩ではないが，当事者である子どもの思いや願い，考えも決して一枚岩ではない．本書が伝えるように，「子どものため」にどうするべきか，各々の思惑がうごめくなかでそれをみつけるのは容易ではない．児童福祉の現場では「子ども中心」「子ども真ん中」「子どものため」が，今まさに盛り上がろうとしているところではある．しかし，子どもとそのほかの人びとのさまざまな立ち位置を考えるとき，「子どものため」に行えることはすでに行き詰っているかのような錯覚にすらとらわれる．「子どものため」に何ができるのかではなく，人びとが何を「子どものために」と捉えているのか，その複雑さをそのままに描き出した本書は，その意味で新鮮かつ今後の「子どものため」を考えるときに重要な一石を投じている．本書がいうように，この作業はまだ途に就いたばかりである．子どもと子どもを取り巻く人びとについてのさらなる検証に期待したい．今現在，子どもがどのように捉えられているのか，そしてそれを子ども自身がどう経験しているのかということが俯瞰できれば，今後「子どものため」にどうしていけばよいのかは自ずとみえてくるのかもしれない.

（四六判・248 頁・本体 2300 円・新曜社・2022 年）

| 書　評 |

神原文子・田間泰子編

『ひとり親のエンパワメントを支援する
——日韓の現状と課題』

相馬　直子

　家族研究をリードしてきた編著者らによる，日韓のひとり親研究の必読文献
である．「エンパワメント」という鍵概念を軸に，ひとり親当事者のみならず，
実践現場の支援者もエンパワメントできるようになるための課題を問うている.
本書で「エンパワメント」とは二つの意味がこめられている．第一に，一人ひ
とりが本来持っている力を発揮し，自らの意思で自らの生き方を選択できるこ
とである．そして第二に，人びとがつながり，より良い社会への変革をめざす
主体になることである．

　このエンパワメントの源は何か．ピアサポートと，そして子どもの存在が，
エンパワメントを生み出している．ピアサポートとは，同じひとり親の立場で
悩みや苦労も共感しながら仲間同士支えあうことであり，これまで支援を受け
ていたひとり親が，今度は支援する側になり，ピア関係のなかでエンパワメン
トされていく．また，わが子を育てるという責任を自ら選び取り，かけがえの
ない子どもに対する責任を引き受けることそのものがエンパワメントの行為で
もある．著者自身の当事者性も，分析の行間から強く伝わってくる．

　また，200 ページ弱の編著にもかかわらず，非常に中身の濃い構成になって
いる．論点をみると，コロナ禍の調査分析（コロナ禍での子づれシングル世帯の
社会的排除や生きづらさの深刻さ（第 1 章）），政策や実践の日韓比較（民間ひとり
親家族支援団体の日韓比較（第 2 章と第 3 章），ひとり親家族支援の日韓比較（第 4
章）），特徴ある支援実践現場の分析（日本の支援現場について男女共同参画セン
ター（第 5 章），移住女性ひとり親家族支援（第 6 章），シングルマザーの企業支援（第
7 章）），最後に総括的な章として，日韓の未婚・非婚母のエンパワメントの比

そうま なおこ｜横浜国立大学大学院国際社会科学研究院・教授｜soma-naoko-vr@ynu.ac.jp

較分析（第8章）があり，巻末に，ひとり親支援団体・移住女性ひとり親支援団体の一覧という貴重な資料が添えられている．以下，本書のエッセンスを紹介しながら，その意義や課題を考えたい．

1.　研究対象・支援対象

　まず，本書における研究対象を指す用語の確認をしておきたい．本書では，「子づれシングル」（第1章），「ひとり親家族（支援）」（第2〜6章），「シングルマザー」（第7章），「未婚母・非婚母」（第8章）という用語で分析対象を設定している．

　第一に，「子づれシングル」とは，「子どもを養育している無配偶の生活者」という編者（神原文子）の造語である（p.11）．第二に，「ひとり親家族支援」とは，支援団体や政策に言及するときに用いられている．「ひとり親支援」との略語で記述されている部分もある．一方で，第2章でも，「死別，離婚，未婚／非婚により，無配偶で，子どもを養育している方々を「子づれシングル」と表記する」（p.27）と示されているように，ひとり親当事者を「子づれシングル」と表記している．

　さらに，第7章での「非婚母」は，「法的婚姻関係にない男性との子どもを産み育てる女性」と定義される．ここでは，①子どもを妊娠・出産した時の婚姻関係，②子の父による認知，③女性自身の婚姻制度への明確な意思，という3点について，その有無を問わない．ただし，本章では，妊娠・出産のプロセスでの男性との関係性での女性の主体性（エイジェンシー）に焦点を当てるため，異性愛の女性に限定し，同性パートナーとの間に子どもを持った女性は含まないという位置づけになっている（p.189）．

　このように，「ひとり親家族」「ひとり親」「子づれシングル」の表記が本書で混在しているものの，それは，政策用語や行政用語，支援団体を指す際の一般的な呼び方，著者の問題意識や概念定義を反映したものである．各章の趣旨をきちんとつかみながら，読者は分析対象の特徴を理解することができる．逆にいえば，比較の際，無理にひとつの言葉に統一せず，研究対象や支援対象の共通性や違いを明示的にして分析することの大切さを，本書は教えてくれる．

2.　統計の不備

　しかし，この「非婚母／未婚母」の現状を知るための公的統計が不十分であ

る．非婚母の実態を把握するには，3つのアプローチがある．

　第一に，全出生に占める，嫡出でない子の割合である．2020年現在，日本が2.38%，韓国が2.59%で，OECD諸国で両国が最下位を占めている．しかし，両国の歴史をみると，日本では人びとの規範意識が緩やかに変化しているのに対して，韓国では，制度と人びとの価値観が大きく変化しているという違いがある．日本は戦後に家族関係の法律に変化があったものの，それ以降大きな変化はなく，堕胎罪も戦前から変わっていない．一方で韓国は，人口政策のもとでの海外養子縁組の奨励から近年では中絶を許容しつつ，未婚母の養育支援へと公的な支援が転換してきた．実態の数字が似通っていても，その背景にある歴史や近年の制度改革に大きな違いがみられるのは興味深い．第二に，非婚母と子の世帯数は，日本も韓国も厳密にはわからない．日本の場合，近年の国勢調査や国民生活基礎調査で母子世帯数は調べることができるが，そのうちの未婚母子世帯数など未婚母子世帯については公表されていない．第三に，母子世帯の状況にかんする調査として，日本の全国ひとり親世帯等調査報告がある．しかし，この報告では，離別による母子と一緒に未婚母子が把握されており，未婚母自体の実態把握ができない．統計整備に大きな課題が残り続けている．

3. 政策や民間支援活動の特徴と日本の目指すべき方向性

　政府の実態把握や制度改革に課題が残り続けるなか，日韓のひとり親支援をめぐっては，民間の支援団体が大きな役割を担ってきた．本書では，日本の民間ひとり親家族支援団体の特徴や支援内容（第2章），日本の男女共同参画センター（第5章），移住ひとり親家族支援（第6章），シングルマザーの起業支援（第7章）と，豊富な事例紹介と実践の分析がなされている．また，日本と韓国の民間ひとり親家族支援団体の活動を，比較表で整理し，その特徴を析出している．日本と比べて韓国は，教育費支援，当事者教育，エンパワメント教育，自助グループ形成と運営，活発な連携が特徴的である．

　また，本書では中央政府レベルの政策比較だけではなく，ソウル特別市と東京都のひとり親支援策の比較分析によって，多様な特徴が描き出されている．ソウル特別市と東京都の支援策の大きな違いは，ひとり親支援の大きな考え方にある．つまり，ソウル特別市では韓国政府の社会的包摂の理念にもとづき，

差別や偏見を被ることの多いひとり親家族が，多様な家族の一形態として地域社会で包摂されることを目指している．一方，東京都では日本政府の考え方として，ひとり親支援が児童福祉施策のなかに位置づけられており，子どもの養育への家族支援になっている．

　豊富な日韓の比較分析をふまえ，日本のひとり親支援の目指すべき方向性として，次の四点があげられている．本書の結論でもいうべき点なので，以下に引用する (p.100)．

① 多様性の尊重とひとり親家族に対する差別解消，および，子づれシングルの間の差別解消
② 職場，家庭，地域におけるジェンダー平等の実現
③ 子づれシングルのエンパワメントと支援者のエンパワメントを支援する
④ 子づれシングルが自らの人生を生きられる支援と，子どもが自らの人生を生きられる支援は，どちらも重要であり，別立ての支援策が求められる

　以上の点について，読者も共感しながら読み進めることができ，研究と実践と両方に有益な，バイブルのような本である．

4. 本書が投げかける課題

　本書では数えきれないほどの考えるべき課題が提示されているが，最後に人権と連帯の二つの視点から考えたい．

　第一に，国連子どもの権利委員会は，2011 年に「青少年未婚母を含め，未婚母に対する十分な支援を提供すること」と，韓国政府に勧告している．未婚母と子どもへの差別禁止の勧告である．2010 年に国家人権委員会も，青少年未婚母の教育権の保障に関する法制度の整備を勧告してきた．それだけ未婚母への偏見や差別が根強いことを象徴している．国家人権委員会や子どもの権利保障院の設置など，人権保障の一環として，ひとり親問題がとらえられてきた．一方，日本は人権保障の視点が非常に弱い．人権保障としてのエンパワメントという視座で，この問題をとらえなおしたい．

　第二に，ひとり親の連帯についてである．筆者が韓国調査をした際に，ひとり親支援団体の連携の重要性は強調しすぎることはない一方で，一言で「ひと

り親」といっても，離別，死別，未婚で置かれている状況が異なり，ひとり親全体で連帯していくことの難しさも語られた．たとえば，未婚母ネットワークが形成されればされるほど，離別・死別ひとり親とは異なるような，「未婚母」の問題化・支援の必要性が要求され，支援は細分化され，そのカテゴリーは強化される．地域には，階層，年齢，人種などさまざまに異なる「ひとり親」が暮らすなか，より対象別の支援をもとめる戦略にするか，婚姻や年齢ごとの不公平をなくし「平等」を訴える戦略にするか，当事者団体はジレンマを抱えながらも，女性団体がひとり親団体の橋渡し的な役割を果たしていた．一方で，本書を通じて，日本の男女共同参画センターが抱える厳しい状況やジレンマ（第5章）に頭を抱えざるを得なかった．日韓の学びあいを通じ，ひとり親支援をめぐる日本型連帯の可能性や課題という宿題を，本書は提示している．

（四六判・208頁・本体2200円・白澤社・2023年）

| 書　評 |

加藤旭人著

『障害者と健常者の関係形成の社会学——障害をめぐる教育，福祉，地域社会の再編成とポリティクス』

土屋　葉

本書は 2020 年 3 月に著者が博士を授与された学位論文に加筆・修正を加えたものである．まず概要を記す．

序章では，本書の目的，研究の対象と方法，構成が示される．本書の目的は「1990 年代以降における教育政策，福祉政策，地域社会の再編成のなかで障害者と健常者の間にどのような関係のあり方が作られてきたのかを，東京都多摩地域を事例として，社会政策と社会運動の相互交渉の過程に注目して明らかにすることである」とされる．

第 1 章では，1990 年代以降の教育・福祉政策の変化が確認されたうえで，本書における理論的視座，分析課題が示される．とりわけ著者は要田（1999）の試みを，ミクロな場面における障害児とその家族に対する差別の経験と，家父長制資本主義というマクロな社会構造を切り離さずに描こうとする重要な研究として捉え，これを批判的に継承するという立場を示す．さらに障害を「政治」的な文脈に埋め戻すことの必要性を説き，アクターの経験というミクロレベルの分析，それを取り巻くマクロな政策等の動向に規定される地域社会というメゾレベルの分析を結びつけながら，考察を進めていくと述べている．

第 2 章および第 3 章をとおして，新自由主義的な行政財改革を背景にもつ教育政策・福祉政策およびそれとの共変動としての社会運動の対立，連携，妥協といった相互交渉の展開が，障害者と健常者の関係形成にかかわる，構造的な制約と可能性をもたらしたことが明らかにされる．

第 2 章では，東京都立立川養護学校で行われた取り組みを対象として，東京都多摩地域における養護学校への週五日制の導入とその対応をめぐる一連の

つちや よう｜愛知大学文学部・教授｜yout@vega.aichi-u.ac.jp

過程，すなわち保護者と教員，地域活動の取り組み，東京都社会教育行政の対応等が描かれる．

　第3章では，第2章で分析した地域活動が，地域社会における自主的な活動（X会）として定着していく過程，さらに市民活動が福祉政策の変化のなかで福祉事業体として組織を変容させ，別の組織（団体Y）を結成していく過程に焦点化される．ここでは社会教育制度と結びついた「ボランティア」として活動を行う前者と，社会福祉制度と結びついた「支援」として活動を行う後者は，運動内部に「教育と福祉のジレンマ」を抱えていたことが指摘される．

　第4章，第5章では，X会の活動のミクロ分析により，障害者と健常者の関係性のあり方を枠づけようとする構造的な力学と，個々の社会的な文脈における関係のありようのせめぎあいのなかで創出される，障害者と健常者の関係性が明らかにされる．

　第4章では，X会の活動に参加する人びとへの聞き取り調査から，X会の担い手が活動に対して与える個人的な経験に即した意味づけに注目し，X会のもつ組織のあり方の特徴が示される．かれらは自らの経験に根ざしながらX会の活動を意味づけている（たとえば「仲間と出会える場」，「密着した家族関係を一時的に解除する場」，「普段自らが感じている支援の見方を相対化してくれる場」，「障害者と出会い社会へとつながる場」）こうしたアクターの個別の経験を媒介しながら，X会がゆるやかな基盤を形成していることが指摘される．

　第5章では，X会の音楽活動を事例として，いかにして多様なアクターが関係形成を行っているのかが，フィールドワークから明らかにされる．X会の音楽活動は，その活動が行われる時空間内において「『できる人ができない人に配慮する』というかたちの権力関係」を流動化させながら，障害者と健常者の関係を形成していたという．

　終章では，以上について「社会政策と社会運動の相互交渉」という全体の分析課題に立ち返ってまとめ，「障害のポリティクス」の視座から検討される．

　本書の成果のひとつは，多様な人びとによる実践と教育政策・福祉政策の展開の相互交渉の過程に着目しつつ，障害者と健常者の関係形成が行われる動態的なプロセスを明らかにした点にある．とりわけ個々人の経験というミクロレ

ベルの分析と，教育政策・福祉政策といったマクロな動向，そしてこれに規定
される地域社会というメゾレベルの分析を結びつけた点が注目される.

　マクロ・メゾ・ミクロを結びつける試みは，障害の社会学的研究においても
かつてから課題とされてきたが，ミクロな場面を視野に収めつつ社会制度と多
様なかかわりを示すことに困難を抱えてきた．この意味で本書は理論的な課題
に挑む意欲的な取り組みであるといえるだろう.

　また著者は，アリソン・ケイファーの「障害の政治／関係モデル」（political/
relational model of disability）という視座に注目し，障害をさまざまな実践の
せめぎあいの場として捉え，障害が介入されたり変更されたりする歴史的，政
治的な文脈に埋め戻す試みを行っている．本書のいまひとつの成果は，まさに
「障害のポリティクス」を明らかにすることで，障害が社会構造的な力学によ
る介入の場であると同時に，アクティヴィズムの取り組みによって意味が再想
像される集合的な場であることを示したことである．本書の文脈に沿って詳し
くみていこう.

　学校五日制の導入は，多くの「学校しか行く所の無い」子ども，「母子密着」
の生活を送っている子どもに「公的に保障された重要な場」の削減という不利
益をもたらすと認識され，保護者たちによる反対運動が立ち上がる．一方で教
員たちは，業務軽減を歓迎する裏で「子どもたちをどうする？」という痛みを
感じ，保護者たちとともに，障害者の余暇支援を目指す団体を結成する．こう
した動きは「相互的で偶発的な連関の過程におけるせめぎあいの帰結」と指摘
される.

　このなかで，本書が指摘するのは福祉事業化の影響である．この背景には本
書で指摘される社会政策のほかに，子どもが学校を卒業し，支援の供給先を福
祉領域に求めるという流れもあったのだろう．ときどきの社会政策の変化と，
そのために生起する生活課題をめぐる困難に対応する必要に迫られたX会は，
つねに不安定さを抱えることになる．利用可能な資源も限られていたことから，
公的な資源を獲得すると同時に，個別の教員，普通校のPTA，ボランティア
といった人びとと柔軟に結び付く必要があった．たとえば障害のない子どもの
親が「仲間」として加わっていく．「X会の場合はなんていったって○○さん
の信念みたいなものがあって，絶対地域だと，親が中心であってはいけないと.

（……）その時に，そうだね，地域の問題だねって思う我々がいた．だから仲間になれた」というある母親の語りは，このプロセスを象徴的に示している．こうして地域社会における障害者の生活が，さまざまな限界がありつつも押し広げられていく．

　福祉事業化の過程においては，数ある課題のなかで何に重点を置くかといった問いに直面することになり，また担い手および組織間のずれや対立も残った．社会運動が社会政策のエージェントとなることは，結果的に運動の可能性を広げるだけでなく狭めるという両義的な帰結をもたらしたこと，また運動側が政策の変更という点では極めて限定的な役割しか果たせなかったという指摘は，他領域における運動と政策の動きをみる際にも重要だろう．

　一方で，こうした構造的な力学に巻き込まれつつも，障害者と健常者の関係形成が行われる現場では，構造的な力学を押しとどめる社会空間を創出する主体的な取り組みが行われていたことを明らかにした点にも，本書の意義を見出すことができる．著者は障害者と健常者の関係のあり方の可能性は，集合的な営みを絶えず呼びかけること，また同時に集合的な営みを特定の枠組みに閉じ込めずに開き続けることに宿っていると述べる．また現場における「極めて微細なふるまい」が，障害者と健常者の間の「できる／できない」をめぐる非対称性を本人に帰属させず，動態的に作り替えていく可能性を指摘している点は重要だろう．

　最後に，評者が気になった点についていくつか示しておきたい．第2章，第3章と第4章，第5章の記述には，やや齟齬があるように思われた．前半で述べられている1990年代以降の社会政策と社会運動の相互交渉を経てから30年弱の年月が流れている．現在は，X会の設立当初からかかわり社会教育という位置づけを強く意識して活動に参加している人と，歴史的経緯をほとんど知らない人が混在していることが推測される．こうしたこの数十年の歴史や人の継続あるいは断絶について，本書では明確に示されていない．もちろんそれがなくとも分析は可能であるが，この部分が補われることにより，さらにリアルな「動態的なプロセス」が浮かび上がったのではないか．

　また「障害」と「非障害」の境界を流動化していく試みが示されながらも，本書では一貫して，「障害者」「健常者」を二項対立的に捉えているようにみえ

る．障害者と健常者の関係を異なる方向へと開いていく実践の重要性は——著者が指摘するように現状では社会システムや主流文化からは受け入れられずとも——いうまでもない．ここから得られた知見を今後の研究に生かしてほしいと思う．

　本書は「障害者運動」，「批判的障害学」，「障害者政策」に関心のある人のみならず，社会運動・社会政策全般，あるいは多様な人びととともに在ることの理論・実践等，さまざまな方向へ議論が開かれる可能性を有している．より広い読者に読まれることを願う．

（四六判・304頁・本体3000円・花伝社・2023年）

文　献

要田洋江，1999，『障害者差別の社会学——ジェンダー・家族・国家』岩波書店．

| 書　評 |

国立社会保障・人口問題研究所編

『生活不安の実態と社会保障
──新しいセーフティーネットの構築に向けて』

池田　　裕

　本書は，2017 年の「生活と支え合いに関する調査」に基づく論文集である．国立社会保障・人口問題研究所の「生活と支え合いに関する調査」は，2007 年の「社会保障実態調査」に由来し，2012 年，2017 年，2022 年に行われている．2017 年の本調査は，18 歳以上の全国代表標本に基づく留置調査である．田辺国昭が「はしがき」で指摘するように，調査票が世帯票と個人票で構成されることや，社会的孤立を測定する項目が多いことが本調査の特徴である．そのような特徴を生かし，福祉の提供における家族の役割や，社会的孤立の原因と結果を調べるのが本書の目的である．調査票は本書に含まれないが，オンラインで利用可能な調査報告書に掲載されている．

　調査概要と主要知見を報告する序章と終章を除いて，本書は 11 章で構成される．執筆者は，社会保障研究を主導する国立社会保障・人口問題研究所のスタッフと外部研究者である．社会保障研究といえば，社会保障の発展に影響する要因の研究や，社会保障の効果の研究を思い浮かべる人が多いと思われる．タイトルに社会保障という言葉が使われている本書も，社会保障の効果に関心があることは間違いない．しかし，多くの章の研究課題は，社会保障の効果を調べることではない．むしろ，社会経済的に不利な立場にあるにもかかわらず，社会保障の恩恵を受けることができない人への関心が本書の特徴である．本書は，彼らの不安定な生活の実態や，いわゆる制度の狭間の問題に関心がある人にとって特に有益である．各章の概要は以下のとおりである．

　第 1 章では，阿部彩が，子どもがいないこととソーシャル・サポートの関係を調べている．子どもがいない高齢者は，「日頃のちょっとしたことの手助け」

をしてくれる人も「愚痴を聞いてくれる」人も持たない傾向が強い．同じこと
が，子どもがいない有配偶の若者にも当てはまる．子どもの存在がソーシャル・
サポートにつながるという発見は興味深い．他方で，データの説明で，本調査
では所得が測定されていないと報告されているが，実際には個人票に可処分所
得に関する質問がある．評者は所得の使用が必須だとは思わないが，所得を統
制しないことを正当化するには，他の理由が必要である．加えて，ロジスティ
ック回帰では，係数と標準誤差ではなくオッズ比が報告されている．オッズ比
しか報告されないと，正の係数と負の係数の両方があるときに，効果の大きさ
を比較するのが難しいし，交互作用があるときに，単純主効果を解釈するのが
難しい．本章のように，交互作用があるロジスティック回帰を行うなら，係数
と標準誤差を示す表を作ったうえで，予測確率を示す図を作るのがよいと思わ
れる．

　第 2 章では，石田光規が，メンタルヘルスの悪さで測定される不幸感に対
する経済的豊かさの効果を調べている．暮らし向きが普通の人と比較して，暮
らし向きが悪い人だけでなく，暮らし向きが良い人も不幸を感じる傾向が強い．
加えて，暮らし向きの効果は「喜びや悲しみを分かち合う」人がいない人でよ
り大きく，交互作用の存在が示唆される．交互作用の統計的有意性が報告され
ていないのは残念だが，これは興味深い結果である．経済的豊かさの指標とし
て，所得ではなく暮らし向きの評価が使われており，評者は客観的な経済的脆
弱性と主観的な経済的脆弱感の違いについて考えさせられた．評者は独立変数
としての心理的変数の使用が制限されるべきだとは思わないが，内生性の問題
があるので，そのような変数選択を正当化するには，十分な理由が必要である．

　第 3 章では，蓋若琰が，長生きが良いと思うかどうかに影響する要因を調
べている．年齢が高いほど長生きの評価が低く，健康状態が悪い人，メンタル
ヘルスが悪い人，誰も頼れる人がいない人は特に長生きの価値に懐疑的である．
長生きが良いと思うには，心身の健康とソーシャル・サポートが必要であるこ
とがわかる．回帰分析によれば，中所得者と生活保護を受けていない人も長生
きの価値に懐疑的であり，これは中間層の高い経済的不安によって説明される
と考えられている．しかし，生活保護受給者の経済的不安が低いという仮定は
経験的証拠を必要とする．クロス集計によれば，長生きの評価は生活保護を受

けていない人でより高く，結果に一貫性がないことに注意する必要がある．

　第4章では，暮石渉が，「いざという時のお金の援助」で頼れる人の不在が収入減少と消費の関係に影響するかどうかを調べている．氷河期以前の世代と異なり，氷河期世代と氷河期以後の世代では，頼れる人の不在と収入減少の交互作用が負で，統計的に有意である．「いざという時のお金の援助」で頼れる人がいない人の収入が減ると，借入制約のために，消費が減ると考えられている．しかし，他の章と異なり，本章では有意水準が10%であることに注意する必要がある．加えて，単純主効果を解釈するには，主効果と交互作用の両方を考慮する必要があるが，交互作用しか考慮されていないのは残念である．

　第5章では，序章と終章の執筆者でもある西村幸満が，誰が生活費を稼いでいるかを調べている．女性と非正規労働者は本人だけが生活費を稼いでいると答える傾向が弱く，女性と有配偶の交互作用も負で，統計的に有意である．女性の自立が難しく，家族の支援が必要であることがわかる．他方で，クロス集計によれば，未婚であるにもかかわらず，配偶者や本人と配偶者の両方が生活費を稼いでいると答えた人がいるが，西村は理由を説明しない．加えて，仕事をしたことがない未婚者の多くが親の支援を受けていることから，西村は彼らを潜在的な生活保護受給者とみなしているが，分析の対象が学生を含むことに注意する必要がある．

　第6章では，藤間公太が，小学生以下の子どもがいる女性の正規雇用に対する保育所・幼稚園，延長保育，学童保育の利用の効果を調べている．学童保育の利用の効果は統計的に有意でないが，保育所・幼稚園と延長保育の利用者は正規労働者である傾向が強い．一部の独立変数が従属変数の影響を受けると考えられるので，内生性の問題がある．それでも，保育サービスの利用可能性の低さが，失業者の転職や非正規雇用から正規雇用への移行を抑制する可能性があるという指摘は重要である．

　第7章では，百瀬由璃絵が，障害者手帳を持っていないが，心身の不調がある「グレーゾーン」の特徴を調べている．学生を除く59歳以下のグレーゾーンでは，社会経済的地位が低く，剥奪指標と社会的孤立の程度が高い．障害者手帳を持つ軽度障害者と比較しても，グレーゾーンが社会経済的に不利な立場にあることがわかる．他方で，心身の不調がない人と比較して，グレーゾー

ンの学歴が低いことから，健康格差が教育格差を生むと考えられているが，逆の因果関係に注意する必要がある．すなわち，高学歴者の高い社会経済的地位が個人を心身の不調から保護しているかもしれない．

　第 8 章では，榊原賢二郎が，64 歳以下の障害者手帳を持つ人の特徴を調べている．障害者手帳を持つ人は就業者である確率が低く，これは特に精神障害者に当てはまる．療育手帳と精神障害者保健福祉手帳を持つ人は正規労働者である確率が低いが，同じことが身体障害者には当てはまらない．療育手帳と精神障害者保健福祉手帳を持つ人では，就業者の所得，配偶者がいる確率，子どもがいる確率が特に低く，同居の親がいる確率が特に高い．障害の種類を考慮することの重要性がわかる．

　第 9 章では，杉山京・藤森克彦が，医療費と介護費の負担感に影響する要因を調べている．生活保護を受けていないが，健康上の問題がある単身後期高齢者では，預貯金額と世帯所得による負担感の違いがある．預貯金がない低所得者は，医療費と介護費の負担が重いと思う傾向が強く，医療と介護を受けるのをためらう可能性がある．医療と介護の自己負担額の基準として，世帯所得だけでなく預貯金額も使うことが提案されている．

　第 10 章では，藤森克彦・杉山京が，40 歳代と 50 歳代の中年未婚者の社会的孤立に影響する要因を調べている．クラスター分析によれば，会話頻度，サポート受領，サポート提供，社会参加の項目を使うと，回答者は「非孤立群」，「孤立予備群」，「孤立群」に分けられる．非孤立群が最大の集団で，孤立群が最小の集団である．孤立群では男性と就業者でない人の割合が高く，メンタルヘルスと経済状況が悪い．中年未婚者の就労支援の重要性がわかる．

　第 11 章では，斉藤知洋が，45 歳から 64 歳までの中高年未婚者の特徴を調べている．65 歳以上の高齢未婚者と比較して，中高年未婚者では単独世帯の割合が低く，同居の親がいる人の割合が高い．性別にかかわらず，初職が非正規雇用である人は未婚である傾向が強く，初職の長期的効果がわかる．加えて，中高年有配偶者と比較して，中高年未婚者では相対的貧困率が高い．特に女性では，相対的貧困率が単独世帯よりも非単独世帯で高い．同居の親やきょうだいが経済的に豊かだとは限らないという指摘は重要であり，評者は家族が個人を貧困のリスクから保護するという仮定の限界について考えさせられた．

　本書は，社会経済的に不利な立場にあるにもかかわらず，社会保障の恩恵を受けることができない人に注目することによって，グレーゾーンのような，制度の狭間の問題に直面する人の生活の実態を示すことに成功している．各章の結論は多くの政策提案を示しており，そのような努力が社会保障改革に寄与することは間違いない．加えて，評者にとって興味深いのは，障害の効果が検出されていることである．障害者手帳を持つ人などのマイノリティの研究を可能にする十分に大きな標本も，本調査の重要な特徴である．本書のように，統計的分析もマイノリティの研究に寄与することができるということは，いくら強調してもしすぎることはない．

（A 5 判・306 頁・本体 4500 円・東京大学出版会・2022 年）

| 書　評 |

吉武由彩著

『匿名他者への贈与と想像力の社会学
——献血をボランタリー行為として読み解く』

桜井　政成

　本書は「何度も献血している人びと」（本書のいい方では多数回献血者）に焦点を当てた研究である．これまでの先行研究では，献血や臓器提供のドナーには身内や親しい者に被提供者が存在していることが繰り返し指摘されていた．しかしそれに対して本研究では，家族や友人に血液製剤を使用したことがない者が血液を提供しているのはなぜか，量的・質的な調査の結果からその背景や動機を探り，明らかにする．そして，減少傾向にある現在の国内外の献血者数に対し，それを推進するための政策的示唆を提供している．理論的枠組の提供，先行研究の考察，そして量的・質的調査の結果と考察，という流れで構成される本書は，著者の研究が極めて緻密に，また粘り強く行われたことが随所にうかがわれる．論文としても発表された内容が複数含まれ，質の高い重厚な労作である．

　本書で分析の枠組みに採用しているのが贈与論である．コミュニティ内の社会的連帯が贈与交換によって形成されていることを示唆したのは M. モースであった．モースのモデルにおいては贈与に対する返礼贈与の存在が強調されており，それがコミュニティを成す源泉ともいえる．しかし，献血とは返礼義務が生じない「匿名他者への贈与」であることを指摘し，本書はその立場から研究を行っている．

　献血が興味深いのは，それが社会保障のように半強制的に加入させる，制度化されたものではなく，かといってモースが提唱した贈与のように，返礼贈与の期待が存在するわけではない点である．贈与のアイディアを献血に援用したのは R. M. ティトマスが嚆矢であった．彼は『贈与関係論』のなかで，利他

さくらい　まさなり｜立命館大学政策科学部・教授｜sakunary@gmail.com

的で自発的な血液提供によってこそ安全で効果的なその連帯的供給システムが可能となるとした．本書はティトマスの贈与に基づく献血システムという考え方を踏襲しながら，しかしモースとティトマスの贈与論の間隙にある「匿名他者への贈与はなぜ行われるのか」という問いに答えようとしている．そのときに本研究の分析の補助線として使用される概念が「想像力」である．

　想像力といえばC. W. ミルズの「社会学的想像力」概念がまず想起される．しかし本書の想像力とはそれとは微妙に異なる．社会学的想像力概念も参照しながら，本研究では先行研究を整理したうえで，その想像力を，「自らの経験や現前の知覚物のみにとらわれることなく，それらを越えて，自らとは異なる立場にある他者を推し量ること．その際，他者に同一化することはできないことを自覚しつつ，他者を推し量ること」と定義している（p.47）．

　そして本書が注目するのは，家族や友人に受血者がいない場合（「受血者不在」）の人びとの献血動機における想像力である．先行研究からは周囲の人間に受血者がいることで，人びとは献血をよりするようになるという分析結果が度々示されてきている．これは，献血という贈与の受け手が，そうした受血者によってイメージされやすくなるためであろう．しかし，受血者不在の人びとによる匿名他者への贈与も，何らかの想像力によってなされるのではないか．そうした人びとがもつ想像力について，ここでは，「互酬性の予期」という概念が提起される．それは，受血者不在の献血者も，自分や周囲の親しい人間が未来において血液製剤を使用する可能性を想像しているためではないか，という仮定である．それが本書のサブ・クエスチョンとなっている．

　ここで改めて本書の構成を概観しておこう．本書はⅢ部からなり，序章と終章を除いて9章立てとなっている．序章・第1章では先行研究などから本書の重要な概念の説明と課題の導出が行われる．第2章では日本における血液事業の変遷，献血の動向，献血推進政策について紹介される．第3章では国内外の献血研究についての整理がなされる．ここまでが第Ⅰ部である．

　第Ⅱ部（第4章・第5章）は「献血者とは誰か」と銘され，献血者に対する質問紙調査による結果から献血要因の分析（第4章），およびインタビュー調査から多数回献血者が持つ想像力について分析（第5章）がされている．ここでは献血者は「受血者不在」の場合に限定せず，広く対象を扱った分析となっ

ている.

　第Ⅲ部は第6章から第9章までで構成される. ここは本書のもっとも重要な研究結果が示されているところであり, またリサーチクエスチョンへの解を提示するところでもある. ここでは家族や友人に受血者がいない献血者が対象となったインタビュー調査結果から分析がなされる. 第6章では受血者不在の人びとの献血動機について確認される. 第7章では献血者の生活史を聞き取りした内容から, 調査対象の人びとにとっての献血の意味が分析される. 第8章では献血動機のなかでも先述した「互酬性の予期」が, 語りにどのように現れているかについて分析をしている. 第9章では献血動機のなかでも「生きづらさ」に焦点が当てられ, 分析がなされる. そして終章で本書の知見が整理される.

　本書の調査結果として, 献血のきっかけ, 継続動機はきわめて多様なものであったとされている. 周囲に血液製剤利用者という受益者が存在していた者(互酬性の予期)も多かったが, そうでない者もいた. そうでない, 「ふつう」の人びとが, 献血バスが来たというような少しのきっかけにより献血を始め, それを重ねていく姿が明らかにされている. 多数回献血者の語りの記述からは, 「役に立つ」こと, すなわち利他的な意義を考えるさまや, 自身の健康管理や気分転換, 一種の張り合いになっているといった, 自己再帰的な意味が示されている.

　また, 献血者の生活史の分析からは, 対象者は献血を, ボランタリー行為の一つと捉えながらも, 比較的簡単で参加しやすい行為として捉えていたことも明らかとなっている. 受け手が眼前にいないために気軽であるとともに, また, 献血者にとっては「趣味」や「生きがい」にもなっているという声も聞かれたのだった. これを本書の著者は「受け手との相互作用がないからこそ, 『重たくない』行為として参加しやすいこともうかがわれた」としている(p.185).

　さらに, 献血を重ねることについての言説の分析から, 互酬性の予期には, そのシステムへの信頼が下支えとなっていることも本書では明らかにしている. このことは, 近年, 国内外で活況を呈している福祉国家への信頼の議論・研究にも有意義な示唆を与えるだろう.

　本書がもたらした重要な研究結果は, 受血者不在の多数回献血者が再帰的に

「互酬性の予期」を認識していたということである．このことは，社会保障の
ように半強制的に加入させるわけではない，制度化されていない福祉システム
において，返礼贈与の期待がないボランタリーな行為者がどのように贈与を行
っているかの説明を提供する．さらには，ティトマスが描いた利他主義に基づ
く血液供給システムの秩序が，日本で今なお機能していることを再確認するも
のとなっているといえよう．

　しかしそれは逆にいえば，現状日本においてなぜ献血者が減少傾向にあるの
か，という疑問の回答にはなっていないとも考えられる．ボアス（2022）はティ
トマスのモデルが，「国民国家の身体政治のなかで自らを構成員として認識
した個人の行為によって連帯が達成されるというリベラルモデルの反映」
（p.647）であることを指摘している．そしてそのモデルが「身体の一部を移植
する技術の倫理的枠組み」として受け入れられたとき，それは社会的行動を促
進するリベラル的・個人主義的認識論を再生産するとしている．脱近代のこん
にちにおいては，こうしたティトマスの連帯観に基づくモデルはどこかで制度
疲労を起こしてはいまいか．そのことを注意深く，「社会学的想像力」によっ
て本書の研究結果を精査する必要があると考える．

　そのヒントはたとえば，第4章で行われた献血者の量的調査データに基づ
いた，多回数献血を規定する変数の重回帰分析結果に看取されるだろう．そこ
では献血回数10回以下と11回以上とで比較したモデルと，30回以下と31
回以上とで比較したモデルでの分析を行っているが，いずれも，既婚者に限定
しないモデルにおいて，近所付き合いをせず友人が多い者ほど献血回数が多い
ことがわかっている．すなわち，地縁ではなく広い社会ネットワークを有する
人ほど，献血を回数多く行っているといえるのだ．これはまさにティトマスが
想定したリベラル的・個人主義的な社会行動像そのものである．また学歴が（一
部のモデルでは）有意に影響を与えていたことも，それを支持するだろう．

　すなわち，「"利他的ドナー"は，その選好がリベラル・ブルジョアジーの想
像力のかなり限定された領域に位置する主体として想像され」（Boas 2022: 648）
ていないか，改めて検討をする必要があるのではないだろうか．たとえば，広
い友人ネットワークを持つことができない，ソーシャル・キャピタルが乏しい
人びとなどは，その贈与的連帯から疎外されてはいないだろうか．そしてそれ

が，献血システムの現在の綻びと繋がってはいやしないか．

　とはいえ，こうした議論はあくまで今後の研究課題としてあり得ることであって，本書の研究結果をいくぶんも損なうものではない．むしろ上記のように，贈与研究やボランタリー研究のこれまでの蓄積をさらに前進させる重要な成果であったといえるだろう．本書は間違いなく今後の献血研究，そしてそれを越えた多様な領域の基礎的文献の一冊となるはずである．

（A 5 判・288 頁・本体 5000 円・ミネルヴァ書房・2023 年）

文　献

Boas, H., 2022, "Beyond Altruism—The Moral Economy of Israelis Who Donated A Kidney to Strangers," *The American Sociologist*, 53(4), 644-62.

| 書 評 |

三谷はるよ著

『ACE サバイバー
——子ども期の逆境に苦しむ人々』

野辺　陽子

　家族が格差や不平等のひとつの要因であることは誰でも知っている．たとえば，親の学歴・職業・収入が低い場合，子どもの学歴・職業・収入も低くなりやすいことは，社会学者のみならず，多くの人が直感的に知っていることではないだろうか．しかし，学歴・職業・収入だけでなく，「たまたま生を受けた家族の境遇（生活環境）の格差が，生涯にわたる多面的な格差につながっている」（p.26）ことまでは，社会学者も，一般の人びとも，それほど意識していないかもしれない．

　本書で扱う「ACE（エース）：Adverse Childhood Experiences」とは，「逆境的小児期体験」「子ども期の逆境体験」などと訳され，0〜18歳までの子ども時代に経験する，トラウマとなりうるできごと，たとえば虐待やネグレクト，家族の精神疾患や依存症，近親間暴力などに晒される体験を意味する．1990年代からアメリカで始まったACE研究では，多くの逆境に曝された人ほど，生涯にわたって心身的，社会経済的に生きづらい状況に置かれやすいという知見が蓄積されてきたが，日本ではこれらの知見がほとんど知られていない．著者は，ACEサバイバーに過剰なまでに社会の不利が押し付けられている状況を，「社会問題である」（p.26）と受けとめ，ACEに注目が集まらない状況に一石を投じようとする．

　本書は，海外の研究を分野横断的にレビュー・紹介するのみならず，日本で行われた大規模データの分析等を通じて，社会学的な視点から子ども期の不利に起因する多面的な格差の実態を明らかにしようとする野心的な書である．以下，各章の内容を要約していこう．

のべ ようこ｜日本女子大学人間社会学部・准教授｜nobey@fc.jwu.ac.jp

　序章「人生に傷を残す ACE」では，ACE を論じる意義と，その際の注意点が論じられる．もともと家族は，対等ではない関係を含むため本質的に葛藤が生じやすく，被害が外からみえにくいという構造をもつ．さらに現代の日本では，以前より家族成員数，地域社会での交流が減少したことから，家族はさらに閉鎖的になり，経済不況の長期化も相まって，虐待やネグレクトなどが起こっても不思議ではない状況にある．ACE を経験しやすい現代だからこそ，ACE サバイバーの実態をデータから正確に把握し，さらに ACE サバイバーが生きやすい社会と ACE 予防のための対策を構想する必要がある．なお，ACE という概念は，当事者の主観的な認識が重要な「アダルトチルドレン」や「毒親」とは異なり，子どもが育つストレスフルな生活環境に着目する客観的な概念である．この概念の意義は，支援の対象者を浮かび上がらせることにあり，加害者の親も自身の親の被害者かもしれないため，親を糾弾することが目的ではない．また，ACE は本書（p.35）でリストアップされた項目だけではなく，また，成人期に抱える生きづらさの原因のひとつにすぎないことが ACE 研究に関して注意すべき点として論じられる．

　1 章「ACE の心身への影響」では，ACE が心身の疾患や健康リスク行動（飲酒，薬物接種など）に影響することを証明した海外の研究が紹介され，さらに日本における ACE と健康の関連についての実証研究でも，ACE サバイバーが身体的・精神的な疾患のリスクを抱えやすいことが示されていると紹介される．ACE が生涯にわたり心身の健康に負の影響を与えるメカニズムとしては，生物学的メカニズム（①ストレス反応の変化，②脳そのものの変化，③エピジェネティックな変化）と心理社会学的メカニズム（①ストレスへの対処のため喫煙，飲酒，過食などの不健康な生活習慣や高リスク行動，② ACE による低い社会経済的地位に起因する不健康）が考えられることが指摘される．

　2 章「ACE の社会経済的地位への影響」では，ACE サバイバーは脆弱な社会経済状況にも置かれやすいことを証明した海外の研究と，ACE が低階層をもたらす仮説として，①出身階層の低い社会経済的地位仮説，②若年 ACE サバイバーの（認知的・身体的・心理的な）不利仮説が提示される．日本で行われた全国 2 万人に対する社会調査のデータ（以下，LSW データ）の著者による分析から，多くの逆境経験がある人たちは，低学歴，失業，非正規雇用，貧困，

低収入になりやすいこと，また，その要因として，②若年 ACE サバイバーの不利が考えられることが指摘される．

3 章「ACE の人間関係への影響」では，ACE サバイバーは他者と人間関係を築くことにも困難を抱えやすく，その要因として①トラウマ体験に起因する障害，②愛着形成の不全が考えられることが指摘される．著者による LSW データの分析の結果，ACE サバイバーは未婚・離婚を経験する可能性が高く，周囲に頼れる人がいない可能性が高く，ACE スコアが高い親ほど，自身の子育てにおける身体的虐待，心理的虐待，ネグレクトに該当する割合が高い傾向があった．また，著者による「高知県子どもの生活実態調査」の分析でも，母親の ACE スコアが高くなるにつれ，自身の子育てにおいて身体的虐待，心理的虐待，ネグレクトが発生しやすい傾向があった．これらの結果から，逆境が次世代の逆境を生む「逆境の連鎖」が実証されたと論じられる．しかし，LSW データでは，約 4 割が逆境の負の連鎖を断ち切っていることから，その背景に注目する重要性も強調される．

4 章「ACE による悪影響を断ち切るには」では，ACE サバイバーのなかには「傷とうまく折り合いをつけて強く生きている人たちが存在する」（p.126）ことから，逆境から回復する現象であるレジリエンスと，それを高めるレジリエンス要因に注目している．レジリエンス要因は，良好な適応に直接的に寄与する「促進要因」と，逆境体験と相互作用してその悪影響を緩和し，良好な適応を強化する「保護要因」に分けられる．著者による LSW データの分析の結果，促進要因としての「子ども期の良い体験」は，メンタルヘルス，社会経済的地位，人間関係について効果があり，保護要因としての「子育て期のソーシャルサポート」は，親が ACE サバイバーである場合，身体的・心理的虐待のリスクを軽減することがわかった．しかし，すべての人が外部レジリエンス要因をもつわけではないため，親子の周囲に社会的な取り組みとしてのレジリエンス要因をいかに組み込めるかが重要だと主張される．

5 章「ACE サバイバーが語る人生」では，レジリエンス要因が個人の人生においてどのように機能しているのか，困難を乗り越えるための社会環境とは何かを考察するため，当事者 2 名の語りを紹介している．それぞれのレジリエンス要因は「好きなものに熱中できること」「身近な人をサポートすること」

と，「養母の抱きしめ」「生活支援制度と身近な理解者」であった．一方，2名に共通するレジリエンス阻害要因として，理解のない他者によってもたらされた傷つき体験＝「再トラウマ」が発見された．このことから，とくに支援者は，ACEサバイバーに再トラウマを生じさせないような対応が求められると指摘される．

終章「ACEサバイバーが不利にならない社会へ」では，これまでの章で議論してきたACEサバイバーがあゆむ人生の実態や，国内外の取り組みの先進事例を踏まえ，今後，著者が必要だと考えている「社会のしくみ」として，①支援者養成の場でのACE・TIC（トラウマインフォームドケア）教育，②小中学校でトラウマインフォームドな教育・支援，③児童虐待対応システムの改善，④妊娠期からの伴走型支援，という4点が提言される．

本書の意義は，第一に，子ども期の不利の影響を印象論や数例の事例から論じるのではなく，大規模なデータを用いた精緻な分析で論じていることである．「虐待の世代間連鎖」などをめぐっては，賛否両論があるだろうが，統計的にみて連鎖の傾向があるという事実を正面から受けとめることで，関連研究に新たな進展があるのではないだろうか．第二に，本書のなかで，累積リスクモデルの問題や想起バイアスの問題などのACE研究の課題も丁寧に解説されており（p.65），今後の研究を進展させやすい点である．

評者が関心を持った点は，ACEサバイバーの多様性の把握とそれに応じた支援策の構築である．ACEに含まれる児童虐待について，社会学者の和泉広恵（2021）は，「育児がストレスだ，うまく子育てができないと助けを求めて相談機関を訪ねる親」と「煙草の火を押しつけ，それが子どもが悪いからだと語る親，乳児を数日放置して死亡させる親」は，虐待する親として一括りにはできず，後者の防止には子育て支援などの社会資源では対応できないと指摘する（和泉 2021: 2-11）．著者も4章で対象者を「低リスク群」「高リスク群」に分けているが，ACEのなかの多様性・多層性と，それぞれに有効な支援を議論することは，専門家による家族の介入が支持されうる／支持されない文脈を分節化・考察していく作業にもつながり，さらには家族の介入に対する二分法──専門職による「統制統治論」という否定的評価と，「支援・実践論」という肯定的評価──によるまた裂き状態（天田 2017: 75）を止揚することに

つながるのではないだろうか．この作業は「個人や家族のために国家に何をさせるか／させないか」という理論的・認識論的立ち位置（天田 2017: 75-6）も射程に含む大きな議論にもつながっていくはずである．

（新書判・272 頁・本体 880 円・筑摩書房・2023 年）

文 献

天田城介，2017，「専門家による家族への介入をめぐる社会学」『家族社会学研究』29(1): 73-6.

和泉広恵，2021，「子ども虐待を考える」『日本女子大学紀要 人間社会学部』31: 1-13.

『福祉社会学研究』編集規程

2003 年 6 月 28 日制定

第 1 条　本規程は，福祉社会学会の学会誌『福祉社会学研究』（以下，本誌と略す）
　　　　の編集，刊行に関する事項を定めるものとする．

第 2 条　本誌は，原則として本会会員による福祉社会学研究の成果発表にあてる．

第 3 条　本誌は，年 1 回，刊行するものとする．

第 4 条　本誌の編集，および刊行のために編集委員会を設置する．

　　(1)　編集委員会は，理事会の議を経て会長が委嘱した編集委員長 1 名，編集
　　　　副委員長 1 名，編集委員 8 名以内の計 10 名以内によって構成する．

　　(2)　編集委員長は，理事会幹事会において，幹事の中から選任される．編集委
　　　　員長の任期は 2 年とする．連続する 2 期にわたって，その任につくことは
　　　　できない．

　　(3)　編集副委員長は，編集委員長の推薦により理事の中から選任される．編集
　　　　副委員長の任期は 2 年とする．連続する 2 期にわたって，その任につくこ
　　　　とはできない．

　　(4)　編集委員は，任期は 2 年とし，再任を妨げない．

第 5 条　編集委員会の構成員の役割は，以下の通りとする．

　　(1)　編集委員長は，編集委員会を主宰し，学会誌の編集を総括する．

　　(2)　編集副委員長は，編集委員長を補佐し，編集委員会の円滑な運営を図る．

　　(3)　編集委員は，学会誌編集の実務を担当する．

第 6 条　編集上の重要な事項は，理事会と協力の上で決定する．

第 7 条　本誌は，以下の論文等を掲載する．

　　(1)　特集論文

　　(2)　自由投稿論文

　　(3)　書評

　　(4)　その他，編集委員会が必要と認めたもの

第 8 条　第 7 条(1)に関わる特集は，編集委員会からの依頼論文によって構成される．
　　　　編集委員会は，提出された特集論文の修正に関する参考意見を執筆者に伝え
　　　　ることができる．

第 9 条　第 7 条(2)の自由投稿論文は，未公刊のものに限る．レフェリーによる査読
　　　　の結果に基づき，編集委員会が修正の指示および採否の決定を行う．

第10条　第7条(2)のレフェリーは，編集委員会が選定することとする．

第11条　第7条(3)の書評の対象となる著書，および評者は，編集委員会が選定することとする．

第12条　編集委員長は，少なくとも年2回，編集委員会を招集しなければならない．

第13条　編集委員会の事務局は，理事会の定めるところに置く．

附則　(1)　本規程は，2003年6月28日から施行する．

　　　(2)　本規程に関わる投稿規程，執筆要項等は，編集委員会が別途定め，理事会の承認を得るものとする．

　　　(3)　本規程の変更は，福祉社会学会総会の議を経ることを要する．

執筆要領

2003 年 6 月 28 日制定
2006 年 6 月 24 日改正
2017 年 5 月 1 日改正
2019 年 3 月 20 日改正
2020 年 7 月 12 日改訂

1. 特集論文，自由投稿論文，書評の分量は，それぞれ，16,000 字，20,000 字，4,000 字以内とする（図表・注・参考文献を含む）．図表は，A 4 判で，例えば，1/4 ページの場合，400 字，1/2 ページの場合，800 字として換算する．なお，特集論文，書評の執筆要領は，別途，依頼時に執筆者に送付することとし，本要領では，自由投稿論文について規定する．

2. 原稿は，Microsoft Word にて読み取り可能な形式（A4 判，横書き，白黒），1 ページ全角 40 字 ×40 行とする（空白部分は，上記分量に含まない）．ただし，英数字は原則として半角とする．

3. 自由投稿論文には，その他に，邦文要約（600 字以内），キーワード（日本語 5 語以内），英文要約（300 語以内），Keywords（英語 5 語以内），英文題目，所属の英語表記，執筆者名の英語表記（例，YAMADA, Taro）を一つのファイルに保存して提出する．なお，英文題目，英文要約，Keywords は，ネイティブチェックを受けることとする．

4. 文体等は，次の通りとする．(1)「である調」の文体とし，(2)現代仮名遣い，常用漢字を使用し，句読点は「，」と「．」を採用する．(3)文中の敬称は一切，省略する．(4)送り仮名，漢字等の統一は，ワープロ・ソフトの校正ツールにより，各自，行うこととする．

5. 自由投稿論文は，以下の構成とする．
    1 行目　和文題目（副題がある場合は，2 行にわたることも可）
    2 行目　空白行
    3 行目　所属，執筆者名
    4 行目　空白行
    5 行目　本文をはじめる．

6. 注は，本文中の該当箇所に，右肩上付きで，1)，2)，3) …と順に示し，注自体は本文の後に一括して記載する．

7. 参考文献は，注の後に一括して記載する（著者名のアルファベット順）．書籍は，

著者名・編者名，発行年（西暦），書名，出版地（和書の場合は省略），出版社の順に，論文は，著者名，発行年，論文名，掲載誌名，巻，号（または，編者名，収録書名，出版社），該当ページの順に記載する．欧文の書名，掲載誌名は，イタリック体（ないしは，アンダーラインを引く）とする．なお，WEB からの引用の際には，URL とともに引用日を掲載することとする．文献挙示の例は，以下の通りである．

副田義也，2003，『あしなが運動と玉井義臣――歴史社会学的考察』岩波書店.

Hicks, Alexander, 1999, *Social Democracy and Welfare Capitalism: A Century of Income Security Politics*, New York: Cornell University Press.

Spicker, Paul, 1995, *Social Policy: Themes and Approaches*, London: Prentice Hall/ Harvester Weatsheaf.（武川正吾ほか訳，2001，『社会政策講義――福祉のテーマとアプローチ』有斐閣.）

富永健一，2003，「福祉国家の分解と日本の国際的位置」『海外社会保障研究』142: 4–16.

藤村正之，2001，「高齢期における社会的不平等と社会的公正」平岡公一編『高齢期と社会的不平等』東京大学出版会，175–89.

Cohen, Erik H., 2000, "A Facet Theory Approach to Examining Overall and Life Facet Satisfaction Relationships," *Social Indicators Research*, 51(2): 223–37.

文献挙示の方法については，日本社会学会編集委員会『社会学評論スタイルガイド』第 3 版（ホームページ http://www.gakkai.ne.jp/jss/bulletin/guide.php）に準じること（2019 年 3 月 20 日現在）.

8.　参考文献の本文，注等における表示は，著者の姓（発行年（西暦）：該当ページ），ないしは，（著者の姓　発行年：該当ページ）とする．なお，本文や注で初出時でも姓のみを記載する．

9.　図表は Microsoft Word にて読み取れるファイルへ貼り付け可能な形式で作成し，通し番号（図 1，図 2…，表 1，表 2…）をつけて一つのファイルに保存して提出する．そして，本文中に各図表の挿入箇所を指定する．図表が，出版物からの引用の場合は，出典を明記し，必要に応じて，著作権者の許可を得なくてはならない．

投稿規程

2003 年 6 月 28 日制定
2004 年 12 月 23 日改正
2006 年 6 月 24 日改正
2009 年 3 月 31 日改正
2010 年 12 月 12 日改正
2017 年 5 月 1 日改正
2019 年 3 月 20 日改正
2020 年 7 月 12 日改正

1. 本誌の自由投稿論文は，福祉社会学会会員による社会保障，社会福祉，医療・保健，社会計画，社会問題などの分野における福祉社会学的な研究論文（日本語ないし英語）とする．共同執筆論文の場合，執筆者全員が，本会の会員であることを要する．なお，本会の会員とは，福祉社会学会会則第 4 条の要件を充足したものとする．

2. 自由投稿論文は，他に未発表のものに限る．投稿者は，投稿論文と内容が重複・類似した論文等がある時は，必ず当該論文等を電子ファイルにて提出することとする．投稿された論文は，編集委員会において，執筆要領の遵守の確認および必要な点検をおこない，協議の上，受理の諾否が決定される．

3. 投稿者は，別途定める執筆要領（形式，字数など厳守）に従い，自由投稿論文をMicrosoft Word にて読み取り可能な形式で作成し，電子ファイルにて提出する．

4. 投稿者は，原稿の電子ファイルと，別途定める投稿申込書を，編集委員会に締切日時までに電子メールで提出することとする．事務局に直接持参して提出することは受け取りの確認に疑義を生ずるため認められない．

5. 自由投稿論文の修正の指示，ならびに掲載の可否は，選定されたレフェリーの査読結果に基づき，編集委員会が決定する．

6. 査読終了後，掲載が決定した場合，投稿者は，必要な修正を行ったうえで，完成稿を電子ファイルにて提出することとする．

7. 著者校正は，初校のみとし，誤字，誤植，脱字の訂正以外は，原則として認めないこととする．

8. 本誌に発表された論文等の著作権は福祉社会学会に帰属する．

9. 本誌に発表された論文等を他の著作に転載する場合には，事前に文書等で福祉社会学会編集委員会の確認を得なくてはならない．

『福祉社会学研究 22』の原稿募集について

　下記要領で，自由投稿論文を募集します．

　投稿資格は会員に限ります．2024 年度の加入者については，<u>6 月の第 22 回大会</u><u>時までに入会済みであること</u>が条件となります．

1. 論文の種類，自由投稿論文
   福祉社会学研究の学術論文とします．
2. 掲載の可否
   レフェリーの査読結果に基づき，編集委員会が決定します．
3. 締切
   第 22 回福祉社会学会大会時の編集委員会で決定します．2024 年 9 月上旬を予定しています．詳細は大会終了後に，学会ホームページに掲載します．
4. 論文の分量
   20,000 字以内（図表等含む）とします．スペースは字数に含めません．
5. 投稿規程，執筆要領
   投稿規程，執筆要領は必ず，学会ホームページでご確認ください．論文の分量が超過するなど，投稿規程や執筆要領が守られていない場合，投稿論文は受理されません．学会ホームページにある「投稿申込書」の「(5) 論文の字数」に明記されているように，Microsoft Word の［文字カウント］機能の「文字数（スペースを含めない）」に表示される字数で本文をカウントし，図表は執筆要領ならびに投稿申込書のとおり換算してください。この方式で数えた総字数（本文の字数 ＋図表の換算字数）が 20,000 字を超える投稿論文については受理されませんので，くれぐれもご注意ください。
   書式等形式については，投稿規程・執筆要領の遵守を第一とし，投稿規程・執筆要領に記載されていない点については，日本社会学会編集委員会『社会学評論スタイルガイド』第 3 版（https://jss-sociology.org/bulletin/guide）への準拠をお願いします．
   投稿は紙媒体ではなく電子ファイルで行います．投稿の際は，ワードの文書ファイルの形式で，メールにて編集委員会事務局までお送りください（パスワードを付けた場合には別のメールにてパスワードをお知らせください）．紙媒体の提出は一切必要ありません．なお，原則として，編集委員会事務局に届いた

　　ファイルの差し替えはできませんので，十分に確認のうえお送りください．
　　投稿論文を添付するメールの件名は「自由投稿論文送付の件」としてください．
6.　提出先・問い合わせ先
　　編集委員会事務局とします．詳細は，大会終了後に学会ホームページに掲載します．
7.　受領通知
　　投稿は受領後に受領通知をお知らせします．受領通知の発行をもって，論文の投稿が成立します．投稿後 1 週間以上経過しても受領通知が到着しない場合には，編集委員会事務局までお問い合わせください．

———…———…———…———…———…———…———…———…···

書評対象の著作を募集します

『福祉社会学研究』22 号で取り上げる書評対象の著作を募集します．会員の著作であること，単著であることを原則とします．学会ホームページ「事務局」のフォームからご推薦ください．なお，9 月初旬の編集委員会で書評対象に選定された場合，対象書を一冊ご提供いただくことになります．

福祉社会学会編集委員会（第 11 期　2023 年 6 月～2025 年 6 月）

＊視覚障がいその他の理由で，本書のご利用が困難な方へ

　ご希望の方には，本書掲載論文のテキストデータをお送りしますので，下記のテキストデータ引換券を切り取り，お送り先住所を明記の上，学文社宛にお送りください．

福祉社会学研究
21 号（2024 年）
テキストデータ引換券

| 編集後記 |

『福祉社会学研究』21 号をお届けします．本号では 2 つの特集を組んでいます．ひとつは「福祉社会学の課題と展望——学会設立 20 年に寄せて」，もうひとつは「副田社会学の継承と発展」です．いずれも福祉社会学会第 21 回大会（2023 年 7 月 1〜2 日，同志社大学）における報告に基づいています．初代会長を務められた副田義也先生の学風を記念するとともに，福祉社会学会の次の 10 年を展望する機会にもなったかと思います．そのほか，本号には 4 本の自由論文と 7 本の書評を掲載しています．過去 5 年間の自由論文の掲載状況を見ると，17 号は投稿論文数 15，掲載論文数 7，掲載率 46.7%，18 号は投稿論文数 15，掲載論文数 4，掲載率 26.7%，19 号は投稿論文数 8，掲載論文数 0，掲載率 0%，20 号は投稿論文数 9，掲載論文数 4，掲載率 44.4%，21 号は投稿論文数 9，掲載論文数 4，掲載率 44.4% となっています．

　本号は，第 11 期編集委員会が担当した最初の号です．編集委員になって，査読制度が会員の皆様の協力によって薄氷上に成り立っていることを実感しました．査読者は，投稿論文が本誌への掲載に値するか否かを自身の識見に基づいて明確に判定しなければなりません．何が掲載に値する論文かの価値判断は人によって違うかもしれませんが，それを敢えて信頼するところに本誌の査読制度は成り立っています．投稿者には，思わぬ査読コメントが返ってくる場合もありますが，読者に読んでもらえる論文に仕上げるための好機と捉え，査読者とのコミュニケーションを積極的に活かしていただければと思います．貴重なボランティアで成り立っている査読制度を，福祉社会学の発展のために役立てたいものです．

　力作をお寄せ下さった皆様，御多用にもかかわらず査読を引き受けて下さった皆様，不慣れな委員長を支えて下さった委員の皆様，および学文社の皆様のおかげで本号の刊行に漕ぎつけました．ありがとうございました．

（編集委員長・上村泰裕）

福祉社会学研究 21

2024 年 5 月 31 日　発行　　　　　　　　　　　　　　　ISSN 1349-3337

編集者　福祉社会学研究編集委員会
発行者　福 祉 社 会 学 会
発行所　株式会社 学 文 社

福祉社会学会事務局　〒 100-0003　千代田区一ツ橋 1 丁目 1 番 1 号　パレスサイドビル 9 階
株式会社毎日学術フォーラム内

株式会社 学 文 社　〒 153-0064　東京都目黒区下目黒 3-6-1
電話 03-3715-1501（代）fax 03-3715-2012
E-Mail hensyu@gakubunsha.com